JOHN KAVANAGH
SIEGE ODER LERNE

JOHN KAVANAGH
Mit Paul Dollery

SIEGE ODER LERNE

Wie ich Conor McGregor zum MMA-Champion machte

Mit einem Vorwort von
Conor McGregor

Bibliografische Information der Deutschen Nationalbibliothek:
Die Deutsche Nationalbibliothek verzeichnet diese Publikation in der Deutschen Nationalbibliografie. Detaillierte bibliografische Daten sind im Internet über https://dnb.de abrufbar.

Für Fragen und Anregungen
info@m-vg.de

Wichtiger Hinweis
Ausschließlich zum Zweck der besseren Lesbarkeit wurde auf eine genderspezifische Schreibweise sowie eine Mehrfachbezeichnung verzichtet. Alle personenbezogenen Bezeichnungen sind somit geschlechtsneutral zu verstehen.

5. Auflage 2026
© 2017 by riva Verlag, ein Imprint der Münchner Verlagsgruppe GmbH
Türkenstraße 89
80799 München
Tel.: 089 651285-0

Die englische Originalausgabe erschien 2016 bei Penguin Ireland, ein Imprint von Penguin Random House, unter dem Titel Win or Learn. Copyright © John Kavanagh, 2016.

Alle Rechte, insbesondere das Recht der Vervielfältigung und Verbreitung sowie der Übersetzung, vorbehalten. Kein Teil des Werkes darf in irgendeiner Form (durch Fotokopie, Mikrofilm oder ein anderes Verfahren) ohne schriftliche Genehmigung des Verlages reproduziert oder unter Verwendung elektronischer Systeme gespeichert, verarbeitet, vervielfältigt oder verbreitet werden. Wir behalten uns die Nutzung unserer Inhalte für Text und Data Mining im Sinne von § 44b UrhG ausdrücklich vor.

Übersetzung: Christian Gonsa, Martin Rometsch, Ronit Jariv, Isabelle Brandstetter
Redaktion: Caroline Kazianka
Umschlaggestaltung: Laura Osswald
Umschlagabbildung: Esther Lin
Satz: Daniel Förster, Belgern
Druck: ScandBook, Litauen
Printed in the EU

ISBN Print 978-3-7423-0464-3
ISBN E-Book (PDF) 978-3-95971-996-4
ISBN E-Book (EPUB, Mobi) 978-3-95971-997-1

Weitere Informationen zum Verlag finden Sie unter
www.rivaverlag.de
Beachten Sie auch unsere weiteren Verlage unter www.m-vg.de

Für Mutter und Vater

*Ich danke ihnen dafür,
dass sie mir beigebracht haben,
an mich zu glauben.*

VORWORT
von Conor McGregor

Als ich John Kavanagh das erste Mal in seinem Fitnesscenter traf, machte er keinen großen Eindruck auf mich. Tom Egan, ein Schulfreund von mir, hatte bereits eine Weile lang die Mixed Martial Arts (MMA), die gemischten Kampfsportarten, trainiert. Ich boxte ziemlich gut, beschloss aber, mich auf die MMA zu konzentrieren. Tom versicherte mir, dass John der einzige Mann im ganzen Land war, der helfen konnte, wenn jemand in diesem Sport etwas erreichen wollte. Ich nahm ihn beim Wort.

Bevor ich John traf, stellte ich ihn mir als imposanten, massigen Kampfguru im Maschendrahtkäfig vor. In der Realität wirkte er sehr normal, eher wie ein Grundschullehrer als ein Meisterkämpfer. Aber dieser erste Eindruck änderte sich rasch. Als John begann, sein Wissen mit mir zu teilen, erkannte ich schnell, dass er ein außergewöhnlicher, ein ganz besonderer Mensch ist. Nun verstand ich, warum er einen derartigen Ruf hatte.

Ausgehend von meinen Boxerfahrungen war ich mir sicher, dass die MMA genau mein Ding waren und ich auf der Stelle Weltmeister werden könnte. Mit jedem Tag aber, den ich mit John trainierte und an dem er mich an seinem Wissen teilhaben ließ, verstand ich besser, dass ich von diesem Mann sehr viel lernen konnte. Ich war sicherlich ein passabler Boxer, bevor ich meinen Fuß erstmals in das Straight Blast Gym (SBG) setzte, aber verglichen mit einem erfahrenen Meister der Kampfsportarten wie ihm war ich nicht mehr als ein Anfänger mit einem langen Weg vor mir. Aber ich wusste, dass ich mit einem Mann trainierte, der mir den richtigen Weg weisen konnte. Genau das tat John und er tut es auch noch heute, zehn Jahre später. Sehr schnell war ich überzeugt davon, dass dieser Mann mich dort hinführen konnte, wo ich hin wollte. Ich glaube, dass das meine erste Vorhersage ist, die sich erfüllt hat.

Johns Leidenschaft zu lernen und zu lehren inspiriert mich. Eine seiner hervorstechendsten Eigenschaften als Trainer ist es, schwierige Dinge einfach aussehen zu lassen. Er analysiert sie auf eine Art und Weise, wie ich es niemals zuvor erlebt habe. Wenn man in der Boxhalle trainiert, schlägt man auf den Boxsack ein, absolviert sein Programm mit dem Sprungseil, macht ein Sparring – und dann geht man nach Hause. Man geht schnell hinein und schnell wieder hinaus. Bei John wird langsam gelernt, die Bewegung wird demonstriert, bis sie jeder exakt verstanden hat.

Ein Jahrzehnt und mehr hat er mich und meine Teamkameraden in der Sporthalle und im Wettkampf-Oktagon erfolgreich gecoacht, doch sein Einfluss macht sich auch in allen anderen Lebensbereichen bemerkbar. Ich hole mir Ratschläge von John zu allen Fragen, die mich beschäftigen, nicht nur zu solchen, die die Kampfkunst betreffen.

Es gab eine Phase in meinem Leben, in der ich meine Zeit mit falschen Freunden verschwendete, mich von der Trainingshalle fernhielt und auf gefährliche Abwege geriet. John hätte da nicht eingreifen müssen, aber er tat es und stellte sicher, dass ich nicht an den Punkt gelangte, von dem aus es kein Zurück mehr gab. Sein Eingreifen war ein Wendepunkt, nicht nur in meiner Karriere als Kampfsportler, sondern in meinem gesamten Leben.

John investierte im Lauf der Jahre viel Zeit und Mühe, und es war mir immer ein Bedürfnis, ihm das eines Tages zu entgelten. Als ich im SBG begann, waren wir eine kleine Gruppe junger Kämpfer, die der Wille einte, den Weg an die Spitze zu schaffen. Es freut mich außerordentlich, wenn ich sehe, wie viel Anerkennung er erhalten hat, seitdem wir das erreicht haben. Das gibt mir die Motivation, noch mehr zu leisten.

Was wäre aus mir geworden, wenn ich John nicht begegnet wäre? Natürlich ist es unmöglich, diese Frage wirklich zu beantworten. Aber ich bin dankbar, dass das gar nicht notwendig ist.

1

Ich verdiene meinen Lebensunterhalt damit, Menschen das Kämpfen beizubringen. Es mag daher überraschend sein, dass ich bis Anfang 20 Angst vor dem Kämpfen hatte. Ich hasste Streit, Lärm, Gewalt – im Grunde jede Art von Konflikt. Das ist an sich nichts Ungewöhnliches, aber bei mir ging es weiter, ich war ein Schwächling oder Weichei, wie einige meiner Schulkameraden mich nannten.

Aufgewachsen bin ich in der Nutgrove Avenue in Rathfarnham, einem Vorort im südlichen Dublin. Meine Schwester Ann war bereits zweieinhalb Jahre alt, als ich am 18. Januar 1977 das Licht der Welt erblickte. Mein Bruder James wurde erst um einiges später geboren.

Wir wohnten in einer Sackgasse, die anderen Kinder in der Straße waren Mädchen, was bedeutete, dass ich die meiste Zeit allein war. Es gab einen einzigen anderen Jungen, der aber viel älter war als ich, deshalb erlaubte man mir kaum, mit ihm zu spielen. Während Ann mit den anderen Mädchen zugange war, beschäftigte ich mich mit verschiedensten Krabbeltieren. Ich war schon früh begeistert von Spider-Man und interessierte mich auch sehr für echte Spinnen. (Das tue ich immer noch: Ich habe eine Tarantel im Büro, gleich neben meinem Schreibtisch. Aber keine Sorgen, sie macht keine Spaziergänge in der Sporthalle – ich halte sie in einem Behälter.) Eine meiner Lieblingsbeschäftigungen war das Füttern von Spinnen. Ich suchte Ameisen und warf diese dann in das Spinnennetz, um zu beobachten, wie die Spinnen sie auffraßen. Das gefiel mir.

Wenn ich mit Ann und ihren Freundinnen spielen wollte, schickten sie mich immer weg. Ich war ein Junge, die anderen waren Mädchen, also störte ich nur. Dennoch klopfte man mir immer wieder auf die Schulter und sagte: »John, später wirst du mit ihnen ausgehen.« Als einziger Junge in der Gegend war ich wohl so etwas wie der allgemeine Vorzeigefreund. Leider war das nicht auf meine Unwiderstehlichkeit zurückzuführen: Sie hatten einfach keine andere Wahl.

Laut meinen Eltern war ich kein besonders schwieriges Kind, dafür waren Ann und James ziemlich wild. Ich war wohl eher wie meine Mutter – ruhig und introvertiert. Es ist schwierig, mich auf die Palme zu bringen. Ann und James ähneln im Charakter mehr meinem Vater. Er hat ein hitziges Temperament, um es milde auszudrücken.

In der Schule wurde ich häufig schikaniert und gewöhnlich war es Ann, die mich rettete. Sie hielt mir immer den Rücken frei. Der Junge, der mich am meisten quälte, hieß Steven. Er war so jemand, der einem das Pausenbrot stiehlt oder auch das Geld, wenn man mal Geld hatte. Eines Tages sah Ann, wie Steven mich drangsalierte. Sie attackierte ihn sofort mit einem Regenschirm. Das war das Ende seiner Schikanen. Es gibt echt nichts Schlimmeres als ein Mädchen aus Dublin mit einem Regenschirm, das sieht, wie man auf ihrem kleinen Bruder herumhackt! Aber Steven war nicht der einzige Schultyrann. Doch ich war nie wirklich in einen Kampf verwickelt, ich ging dem meistens aus dem Weg. Wenn man mich schlug, schlug ich nicht zurück.

Obwohl wir sehr unterschiedliche Menschen sind, standen Ann und ich einander immer sehr nahe. Als Ann einmal am Zaun, der unseren Garten vom Garten des Nachbarn trennte, hinfiel, weinte ich mehr als sie. Immer wenn ich etwas geschenkt bekam – auch wenn es nur ein Biskuit war – fragte ich: »Und was ist mit Ann?« Ich nahm keine Kleinigkeit an, wenn nicht auch Ann etwas davon abbekam. Wir waren eng verbunden.

Mein Vater und ich waren uns in meiner Jugend nie sehr nah, erst mit Ende 20 begann ich eine Beziehung zu ihm aufzubauen. Gemeinsam mit meiner Mutter leistete mein Vater viel für unsere Erziehung, ich habe in dieser Hinsicht nichts auszusetzen, aber er war laut und aggressiv, er genoss es zu brüllen und zu streiten, während ich das genaue Gegenteil war. Mein Vater würde es mit zehn Gegnern gleichzeitig aufnehmen; ich hatte schon Angst bei der Vorstellung, einen einzigen Gegner zu haben, geschweige denn eine ganze Gruppe. Er bestand darauf, mit mir die *Sportschau* zu sehen – wahrscheinlich in der Hoffnung, mich für Fußball zu begeistern; aber ich hasste die Sendung. Schon die Eingangsmelodie machte mich wütend.

Aber im Lauf der Jahre änderte sich unser Verhältnis. Heute ist er mein bester Freund. Mit dem Alter begannen wir einander anscheinend besser zu verstehen. Aber auch heute noch genießt er einen Streit. Wenn wir einfach so zusammensitzen, dann wird er bestimmt ein Thema anschlagen, über das er streiten kann. Das ist eben sein Naturell. Mein Vater und James zanken ständig. Sie können nicht beieinander sein, ohne über irgendein schwachsinniges Thema zu debattieren. Für mich ist es unverständlich, dass das Menschen Spaß machen kann – für mich ist es einfach ermüdend, aber für sie ist das anders.

Ich finde Vergleichbares beim brasilianischen Jiu-Jitsu: Mir gefällt das so gut wie ihnen ein zünftiger Streit.

Dass ich von zu Hause auszog, als ich älter wurde, hat das Verhältnis zu meinem Vater auf jeden Fall verbessert. Wenn man auszieht, kann man seine Eltern endlich als Menschen sehen. Bis dahin sind sie einfach die Eltern.

Abgesehen davon, dass mein Vater mit wirklich jedem in seiner Umgebung darüber stritt, welche Farbe der Himmel hat, waren wir eine ganz normale irische Familie. Mein Vater ist ein großartiger Mensch. Er kümmerte sich um die Sportanlagen am De La Salle College, wo auch ich zur Schule ging, und später wurde er Bauunternehmer. Er ist ein unabhängiger Mensch, der sich selbst sehr gut motivieren kann. Was ich an unternehmerischem Denken habe, verdanke ich ihm. Mein Vater denkt keineswegs daran, jemals in Rente zu gehen. Er hat schon oft gesagt, dass man ihn eines Tages von einer Baustelle wegtragen wird. Er liebt seine Arbeit und wird sie niemals aufgeben.

Wenn ich darauf zurückblicke, wie er die Familie versorgt hat, als wir klein waren, muss ich ihn wirklich bewundern. Er arbeitete unglaublich hart, damit es uns an nichts fehlte, auch wenn wir keine wohlhabende Familie waren. Die Kehrseite der Medaille war, dass wir niemals Geld bekamen. Andere Kinder erhielten Taschengeld, was ich sehr erstaunlich fand. Wir bekamen niemals Taschengeld. Geld fürs Nichtstun zu kriegen, das hörte sich zu schön an, um wahr zu sein. Und so war es auch bei uns: zu schön, um wahr zu sein.

Mein Vater hielt mich immer auf Trab. Als Kind konnte ich niemals wirklich lange ausschlafen. Und wenn ich einmal den Fehler beging, zu sagen, dass es nichts zu tun gab, drückte er mir sofort eine Liste mit Aufgaben wie Wäsche waschen oder Rasen mähen in die Hand. Nach meinem 14. Geburtstag nahm er mich an den Wochenenden oder während der Schulferien häufig zur Arbeit mit.

Im Grunde war ich aber eher ein Muttersöhnchen. Meine Mutter war ein ruhiger, reservierter und stiller Charakter, sie regte sich niemals auf, daher konnte ich mich mit ihr viel leichter identifizieren. Sie nahm ab und zu Reinigungsjobs an, aber wie viele irische Mütter damals kümmerte sie sich vor allem um den Haushalt. Als ich in der Sekundarstufe war, ging ich zum Mittagessen nach Hause, wo bereits mein getoastetes Schinken-und-Käse-Sandwich auf mich wartete. Ich aß es, während ich mir im Fernsehen *Neighbours* ansah. Das tat ich immer in meiner Pause, die 45 Minuten dauerte. Ich genoss das. Mutter und ich sprachen kaum ein Wort miteinander, aber so gefiel es uns: friedlich und still. Es war perfekt – wenn nicht Vater früher nach Hause kam. Dann musste *Neighbours* abgeschaltet werden, weil wir vor 18 Uhr nicht fernsehen durften. Mein Vater kümmerte sich nicht um die Hochzeit von Jason und Kylie, solange es Hausaufgaben zu machen gab. Das bedeutete nicht, dass wir viele Aufgaben bekamen, denn für die letzten Jahre in der Grundschule im De La Salle hatten wir nicht einmal einen Lehrer. Der Schuldirektor beaufsichtigte die Klasse, aber er war ständig unterwegs, sodass wir die meiste Zeit allein waren. Im Rückblick hört sich das total verrückt an – wahrscheinlich waren Personaleinsparungen der Grund dafür. Auf uns selbst gestellt, schoben wir die Schulbänke an die Seitenwände und spielten »Royal Rumble«, ein Wrestling-Event. Ich stand an der Tür und spähte nach draußen, ob der Direktor zurückkam.

Als ich in die Sekundarschule kam, war ich ein schlechter Schüler. Die Aufnahmeprüfung war verheerend, weil ich die letzten beiden Jahre in der Grundschule kaum etwas gelernt hatte. Ich war kein besonders kluger Kopf, aber wenn es darum ging zu lernen und mich meiner Arbeit zu widmen, war ich gut. Auch wenn ich kein cooler Junge war, so war ich doch auch keiner der Streber. Tatsächlich war ich meistens allein oder mit meinem besten Freund Derek Clarke zusammen. Derek und ich hatten beide Taranteln.

Mit Ende 20 trainierte mein Vater ein wenig Karate. Es war das erste Mal, dass er etwas anderes tat als Fußball spielen. Er war ein guter Tormann zu seiner Zeit und auch als Schiedsrichter in der irischen Liga tätig. Fußball war ohne Zweifel seine große Leidenschaft, aber er begriff schon ziemlich früh, dass ich daran kein Interesse hatte.

Mit vier Jahren schickte mein Vater mich zum ersten Mal in einen Karate-Kurs. Es gab Klubs in unserer Nähe, aber wir fuhren zu einem Klub in der Sheriff Street im nördlichen Zentrum, weil mein Vater dort trainiert hatte. Er war 20 Kilometer entfernt und wir hatten kein Auto, aber mein Vater setzte mich auf die Lenkstange des Fahrrades und so fuhren wir hin und zurück. Trainer war ein Japaner der alten Schule: ein klassischer Sensei, umgeben von einem geheimnisvollen Flair. Zu Beginn der Achtzigerjahre waren die meisten Leute in Dublin nicht weiter als bis Mayo in Irland gekommen, ein Japaner war da eine ziemlich ungewöhnliche Erscheinung.

Zwei- bis dreimal in der Woche ging ich zum Training. Ich liebte es von Anfang an, aber nicht, weil ich schlagen und treten lernte. Was ich am meisten genoss, war die Ruhe, die ernste Atmosphäre. Für mich war das Training nicht ein Teil einer Ausbildung zum Kämpfer. Die sich wiederholenden Bewegungsmuster waren dem Tanzen ähnlicher als dem Kämpfen. Was ich tatsächlich tat, war nicht so wichtig. Es war das Ambiente, das wichtig war. Ich dachte niemals: *Ich lerne hier kämpfen, weil es das ist, was ich bis an mein Lebensende tun werde.* Ich liebte die Ruhe, und das Karate-Training verschaffte sie mir reichlich.

Der Trainer sagte meinem Vater ziemlich bald, dass er in mir etwas entdeckt hatte, was für ein so kleines Kind außergewöhnlich war. Ich konnte mich vollständig konzentrieren, ohne mich ablenken zu lassen. Wenn mich Eltern fragen, in welchem Alter Kinder mit dem Training beginnen sollten, antworte ich ihnen immer, dass es am besten ist, das Kind einfach vorbeizubringen, um zu sehen, wie es sich anstellt, denn jedes Kind ist anders. Ich konnte mich im Alter von vier Jahren auf ein einstündiges Karate-Training konzentrieren, bei anderen Dingen war meine Konzentration allerdings weit weniger gut. Als Kind ist es nicht einfach, konzentriert zu bleiben, aber bei mir ging das.

Wenn ich als Kind schikaniert wurde, half mir mein Karate-Training nicht wirklich. Ich war auch nie der Ansicht, dass es eine gute Form der Selbstverteidigung ist. Wenn man Karate in einer Sporthalle lernt, bereitet einen das nicht auf einen Straßenkampf vor. Sobald es zur Sache ging, erstarrte ich. Das ist vergleichbar mit dem Verhalten mancher Tiere in der freien Wildbahn, wenn sie gejagt werden. Tiere stellen sich oft tot in der Hoffnung, dass ihr Angreifer von ihnen ablassen wird. Obwohl Karate für meine Entwicklung wertvoll war – wenn mich jemand drangsalierte, war es so nützlich wie Ballettunterricht.

In der Pubertät machte ich weiterhin Karate und wurde immer besser. Mit zwölf Jahren bekam ich meinen schwarzen Gürtel. Im Teenageralter wechselte ich den Trainer und übte in der Sporthalle am De La Salle College. Dort bekam ich den zweiten schwarzen Gürtel. Im Alter von 15 Jahren errang ich in der National Basketball Arena in Tallaght den nationalen Meistertitel in Kenpo Karate. Da ich sehr hart dafür trainiert hatte, war ich auch sehr stolz auf den Titel. Es erschien sogar ein Artikel mit einem Foto von mir in einer Lokalzeitung. Noch lange danach bewahrte mein Großvater den Artikel in seiner Brieftasche auf und zeigte ihn jedem, dem er begegnete.

Mit 18 lernte ich den Trainer eines anderen Klubs kennen. Er wirkte unglaublich cool auf mich. Es war ein massiger Mann, der einen roten Karate-Dress trug, während wir alle einen schwarzen Dress hatten. Ich war fasziniert von ihm. Als er mich einlud, in seinem Klub zu trainieren, zögerte ich nicht, seine Einladung anzunehmen.

Eines Morgens tauchte mein Karate-Trainer vom De La Salle in der Haushaltswarenhandlung auf, in der ich am Wochenende arbeitete. Er hatte erfahren, dass ich auch anderswo trainierte und war gar nicht erfreut darüber. Er verlor völlig seine Beherrschung und beschimpfte mich vor meinen Kollegen und den Kunden. Ich konnte es nicht fassen, dass er so wütend war, verstand aber auch nicht, warum eigentlich. Schließlich trainierte ich immer noch in seinem Klub wie die letzten fünf, sechs Jahre auch. Ich war einfach ein Junge, dem Karate gefiel und der so viel wie möglich trainieren wollte. Aber er konnte damit nicht umgehen.

Das war eine ziemlich unreife Reaktion von ihm. Ich bin felsenfest überzeugt davon, dass das Training in unterschiedlicher Umgebung gut ist und gefördert werden sollte, aber er konnte das nicht verstehen. Während ich also in einem vollen Laden schweigend und vollkommen verblüfft dastand, brüllte dieser Mann etwas von Illoyalität und sagte, dass ich in seinem Klub nicht mehr willkommen sei. Dieser Vorfall hinterließ bei mir einen derart üblen Nachgeschmack, dass ich kurz darauf Karate ganz aufgab.

*

Mobbing blieb auch in der Sekundarschule Teil meines Alltags. Nach außen hin blieb ich ruhig und unbeeindruckt, aber in Wahrheit machte es mir schwer zu schaffen. Es gab nicht viel körperliche Gewalt; meistens beschränkte es sich auf Anrempeln und Stoßen, auf ein allgemeines Gefühl der dauernden Unsicherheit. Wenn mir jemand auf den Hinterkopf schlug, ging ich einfach weiter. Ich verteidigte mich niemals. Ich nahm den Schlag hin und wartete, dass der Sturm vorüberging. Trotz des ganzen Mobbings in meiner Jugend hatte ich nie ernsthafte Verletzungen davongetragen. Das änderte sich eines Abends im Alter von 18 Jahren. Ich war mit Freunden ausgegangen, wir nahmen ein paar Drinks in einer Bar in Rathmines mit dem Namen »The Station«. Danach wollten wir in »Sarah's Nightclub« in Rathfarnham gehen. Da es in dem Alter schwierig ist, in einer großen Gruppe in einen Nachtklub zu kommen, teilten wir uns in kleinere Gruppen auf, um nach Rathfarnham zu fahren.

Als ich mit meiner damaligen Freundin Richtung Taxistandplatz von Rathmines lief, kamen wir an einer Gruppe von sieben oder acht Jungs vorbei, die einen Jungen von seinem Moped gezogen hatten und ihm anscheinend grundlos eine Tracht Prügel verpassten. Die Leute, die vorbeigingen, schauten einfach weg und wir taten dasselbe. Doch der Mopedfahrer musste viele Prügel einstecken, und ich dachte: *Ich muss etwas tun, ich kann das nicht einfach zulassen.* Also ging ich zurück und versuchte, mit den Typen, die ihn schlugen, zu reden: »Lasst ihn los, der hat genug abbekommen.«

Da packten sie mich, hielten mich am Boden fest und verprügelten mich heftig. Ich kann mich heute noch an die Schreie meiner Freundin erinnern, als sie mein Gesicht auf den kalten Asphalt schmetterten. Sie schlugen mich sogar mit einem Ziegelstein und versuchten, mich vor einen vorbeifahrenden Bus zu werfen.

Glücklicherweise konnte ich mich befreien, als mein Freund Kevin McGinley auftauchte, der die Bar kurz nach uns verlassen hatte, und sah, was los war. Er tauchte wie ein Bulldozer in die Meute, um mir zu helfen. Wir schafften es bis zur lokalen Polizeistation. Ich war kaum wiederzuerkennen. Später erfuhr ich, dass mein Jochbein und mein Stirnbein gebrochen waren. Auf der Polizeistation glaubten sie wohl, dass ich irgendein Typ war, der auf Streit aus gewesen war, und warfen mich raus. Also nahmen wir uns ein Taxi und fuhren nach Hause.

Meine Eltern wollten das Wochenende wegfahren. Als meine Mutter am nächsten Morgen kurz in mein Zimmer schaute und sagte: »Wir sehen uns dann am Montag«, verdeckte ich mein Gesicht mit der Bettdecke und murmelte: »Ja, bis dann.« Die Burschen hatten ganze Arbeit geleistet, ich sah aus wie der Elefantenmann, aber ich wollte nicht, dass sie das sah.

Meine körperlichen Wunden heilten nach ein paar Tagen, aber ich brauchte lange Zeit, bis ich psychisch wieder zu mir kam. Vor seiner Freundin verprügelt zu werden, ist schrecklich für einen jungen Mann. Es ist überaus erniedrigend. Es gibt dir das Gefühl, nichts wert zu sein. Da spielt wohl die romantische Vorstellung eine Rolle, dass man die Bösen besiegt und mit dem Mädchen im Arm von dannen zieht.

Als ich sie nach dem Vorfall das erste Mal wiedersah, war es mir erst etwas peinlich. Aber alle reagierten großartig. Ihr Vater umarmte mich und meinte, dass ich das Richtige getan hätte. Ich war vor allem froh, dass meiner Freundin nichts passiert war, das hätte mich völlig fertig gemacht.

Beinahe ein Jahr lang verließ ich danach kaum das Haus. Ich wurde depressiv und hatte ständig Angst. Wann immer ich ausging, blickte ich über die Schulter, ob mich jemand von hinten attackieren wollte. Zu der Zeit, als ich verprügelt wurde, hatte ich mich bereits etwas von Karate entfernt. Immerhin war ich irischer Champion, aber was war das schon wert, wenn ich nicht in der Lage war, mich zu verteidigen? Schließlich kam ich zu der Überzeugung, dass ich lernen musste, mich aus einer derartigen Situation zu befreien, wenn ich jemals wieder hineingeraten sollte.

2

Geoff Thompson tauchte gerade zum richtigen Zeitpunkt in meinem Leben auf. Ich stieß erstmals in der Zeitschrift *Martial Arts Illustrated (MAI)*, die ich jeden Monat las, auf ihn. Er war ein englischer Türsteher, der gerade das erste einer Reihe von Büchern über Selbstverteidigung und das Leben als Türsteher in Bars und Nachtklubs veröffentlicht hatte. Er hatte Karate-Kenntnisse, aber da ihm das reine Karate nicht viel genutzt hatte, hatte er ein effektiveres System der Selbstverteidigung entwickelt. Ich konnte gar nicht genug bekommen von dem, was er schrieb, und studierte seine Bücher sorgfältig. Ich nahm sogar an einigen von Geoffs Seminaren teil, meist in Großbritannien. Dann begannen wir zu korrespondieren. Er war der erste Mensch, mit dem ich offen über meine Angst sprach. Eines seiner Prinzipien war: Es ist in Ordnung, wenn man Angst hat. Er sah furchterregend aus, ich hingegen fühlte mich als Schwächling, der einfach zu feige war, den anderen die Stirn zu bieten.

Von Geoff lernte ich wichtige Dinge in Bezug auf Technik und Körpersprache, vor allem sein Konzept des »Zauns« (*the fence*). Dabei geht es darum, die Handflächen so vor einem nach vorne zu strecken und den Blick geradeaus zu richten, dass man einen potenziellen Angreifer auf Distanz hält. Die Hände auf diese Weise einzusetzen, wirkt weniger aggressiv, als gleich auf jemanden einzuhämmern, aber dem Gegner wird damit dennoch signalisiert, dass man bereit ist, sich zu verteidigen. Laut Geoff ist es dann Zeit zu handeln, wenn der Gegner mehr als einmal in Kontakt mit dem Zaun gekommen ist.

Das Wichtigste allerdings, was Geoff mir beibrachte, war eine Vorstellung davon, was Angst ist und wie man mit ihr umgehen kann. Angst war der Hauptgrund dafür, dass ich mich unfähig fühlte, zu kämpfen. Natürlich ging ich davon aus, dass Männer, die so massig, stark und hart wie mein Vater und Geoff Thompson waren, niemals Angst hatten. Aber Geoff offenbarte mir, dass das falsch war. Auch er hatte Angst, aber er erklärte mir, dass das Gefühl der Angst vor einem Kampf dem Körper ermöglicht, Adrenalin auszuschütten. Dieses Gefühl der Schwäche in meinen Armen und Beinen war also völlig normal. Mein Körper bereitete sich einfach auf den Kampf vor.

Ich organisierte mit einigen Freunden unser eigenes Selbstverteidigungstraining in der Turnhalle meiner alten Schule in Rathfarnham. Wir waren eine kleine Gruppe, die auf einigen dicken Matten trainierte, und ich war der Trainer – ich glaube, das war mein erster Posten als Trainer. Dabei stützte ich mich auf das, was ich von Geoff Thompson gelernt hatte, und würzte es mit einigen Karatetechniken und Fitnessübungen. Es war eine wilde Mischung verschiedenster Bestandteile, aber im Grunde versuchten wir, einen Straßenkampf nachzustellen – wir benutzen dabei den »Zaun« sowie einige grundlegende Grifftechniken und Unterarmwürgegriffe, die ich von Geoff gelernt hatte. Wir waren Anfänger, aber wir genossen das Training und, was am wichtigsten war, wir begriffen allmählich, wie wir uns verteidigen mussten.

Ende 1996, kurz vor meinem 20. Geburtstag, war ich an einem Freitagnachmittag mit Robbie Byrne, einem Freund von mir, im Stadtzentrum unterwegs. Wir beschlossen, in den Laser-Video-Store in der George's Street zu gehen. Ich liebte diesen Laden, weil er eine große Auswahl an Videos hatte, die man sonst nirgendwo bekam. Beim Stöbern stießen wir auf ein Video, das wie ein völlig durchgeknallter Kampfsportfilm aussah. Eine Gruppe von Männern bekämpfte sich in einem Käfig, wobei alle Mittel erlaubt waren. *Das kann doch nicht wahr sein*, dachte ich. Aber ich war dennoch fasziniert. Also liehen Robbie und ich uns eine Kopie von *Ultimate Fighting Championship: The Beginning* und fuhren nach Hause.

Es stellte sich heraus, dass es sich um eine Dokumentation handelte, in der es um die Entstehung des heute dominanten Veranstalters von Wettkämpfen in den gemischten Kampfsportarten – der Organisation UFC (Ultimate Fighting Championship) – ging. Als Robbie und ich das Video entdeckten, gab es – vor allem in Irland – kaum Menschen, die von diesem Sport gehört hatten. Die erste UFC-Veranstaltung fand am 12. November 1993 vor 7000 Zuschauern in Denver, Colorado statt. Heute, nach über 350 Veranstaltungen, ist die UFC eine professionelle Organisation, die keine Kosten scheut, und für die Wettkämpfe selbst gibt es ein striktes Regelwerk. Doch bei der Auftaktveranstaltung gab es einfach einen achteckigen Käfig mit einer schwach beleuchteten Arena. Solange die Kämpfer einander nicht bissen oder in die Augen stachen, konnten sie tun, was sie wollten.

Bei der Veranstaltung traten acht Kämpfer aus verschiedenen Sportarten an, die im Knock-out-System gegeneinander kämpften. Es gab keine Gewichtsklassen, und als ich das Video sah, beeindruckte mich zunächst, dass einer der Kämpfer, ein Brasilianer, um einiges kleiner als die anderen war. Seine Name war Royce Gracie. Er wirkte nicht sonderlich beeindruckend oder muskulös, Robbie und ich dachten, dass er wegen seiner körperlichen Unterlegenheit schnell ausscheiden würde. Bei Kämpfen mit der nackten Faust bedeutete die Reichweite schließlich alles ... Das glaubten wir zumindest.

Robbie und ich setzten uns ins Wohnzimmer und verfolgten mit wachsender Bewunderung, wie Royce alle seine Gegner besiegte – Art Jimmerson, Ken Shamrock und Gerard Gordeau – und als Sieger vom Platz ging. Er brachte sie einfach auf den Boden und setzte seine Jiu-Jitsu-Technik ein, um sie mit Würgegriffen zum Aufgeben zu zwingen. Alle drei Kämpfe zusammen dauerten nicht länger als fünf Minuten. Es haute mich völlig um, was Royce getan hatte. Ich konnte es einfach nicht fassen. Dieser kleine Kerl hatte den Mut, in einen Maschendrahtkäfig zu steigen mit diesen monströsen Gegnern, und einige Sekunden später brachte er sie dazu, um Gnade zu bitten.

In dieser Nacht konnte ich kaum schlafen. Die Leistung von Royce Gracie spukte mir durch den Kopf. Da ich als kleiner Junge das Mobbing durch größere und ältere Jungen hatte erleben müssen, beeindruckte mich das schwer. Es mag seltsam erscheinen, aber ich war den Tränen nahe. Aber ich war auch erleichtert, ich hatte das Gefühl, dass mir ein Licht aufging. Royce machte den Eindruck eines stillen, sanften Burschen. Er hatte die Schule des brasilianischen Jiu-Jitsu durchlaufen, einer Sportart mit speziellen Grifftechniken – von der ich noch nie zuvor gehört hatte.

Wenn Royce Gracie das kann, warum nicht auch ich?, dachte ich. Es waren schließlich reale Techniken, die er anwandte, keine Zaubertricks. Es ging allein um die Technik. Physische Stärke und Aggressivität waren nicht die entscheidenden Bestandteile, und das war gut für mich, da ich damals weder über das eine noch über das andere verfügte. Lange Zeit hindurch hatte ich nur gehofft, dass die Kampfsportarten helfen konnten, sich gegen einen stärkeren Gegner zu verteidigen, aber das war das erste Mal, dass ich tatsächlich sehen konnte, dass es funktionierte. Es war möglich. Diese Techniken erlauben es, einen Gegner schnell und effektiv zu besiegen, ohne ihn zu verletzen, was für mich ebenfalls wichtig war.

Als wir am nächsten Tag wieder unser Selbstverteidigungstraining am De La Salle hatten, gab es keine Liegestütze und kein Schlagpolsterboxen, stattdessen rollten wir über den Boden und versuchten, einander zu würgen. Ich hatte keine Ahnung, wie das ging, ich wusste nur, dass ich jemanden finden musste, der mir die Techniken, die ich bei Royce Gracie gesehen hatte, beibringen konnte.

1996 gab es in Irland niemanden, der brasilianisches Jiu-Jitsu (BJJ) praktizierte, also musste ich anderswo suchen. Ich fand heraus, dass Geoff Thompson in die USA gereist war und mit Mitgliedern der Gracie-Familie trainiert hatte – eine Dynastie, die in den Anfängen des BJJ Anfang des 20. Jahrhunderts große Bedeutung hatte. Geoff demonstrierte auch im *MAI* einige Grifffolgen; als ich erstmals über diese Ausgaben gestolpert war, hatte ich nicht erkannt, dass die Methoden, die er zeigte, ihren Ursprung im BJJ hatten. Ich schnitt mir alle seine Artikel aus und heftete sie in einen Ordner. Ich hatte einen Ordner für jede einzelne Griffgruppe – Hebel, Würger, Befreiungen und so weiter. Ich besorgte mir so viel Information wie möglich aus anderen Zeitschriften, Büchern und Videos. Alles kam in meine Ordner, die bald die Grundlage unserer Trainingseinheiten bildeten. Bevor ich die Techniken beim Training zeigte, übte ich sie an meiner Mutter und meinem Bruder. Ich muss wohl nicht eigens betonen, dass ich vieles über das Prinzip »Versuch und Irrtum« lernen musste.

Schließlich zog ich mit meinen Kursen in die Educate Together School in der Loreto Avenue um – dorthin, wo ich in die Grundschule gegangen war. Ich war Anfang 20, die Dinge nahmen langsam Form an und die Kurse wurden immer beliebter. Ich unterrichtete mehrere Male in der Woche eine Mischung aus Kickboxen und Grifftechniken, obwohl ich selbst noch an ihnen arbeitete.

Die Kurse waren erfolgreich, und aus diesem Grund wuchs auch mein Selbstvertrauen, aber mich beschäftigte immer noch die Tatsache, dass ich keinen waschechten Straßenkampf erlebt hatte, seit man mich in Rathmines zusammengeschlagen hatte. Das war natürlich einerseits gut, da ich niemals Ausschau nach einer Schlägerei hielt. Andererseits hatte ich zwar seither viel mehr über das Kämpfen gelernt und fühlte mich definitiv besser gewappnet für eine ähnliche Situation, aber ich konnte mir nicht sicher sein, solange es noch nicht so weit war. Ich hatte das Gefühl, dass ich einer realen Gefahrensituation ausgesetzt sein musste.

Auch hier brachte mich Geoff Thompson auf den richtigen Weg. Wenn ich als Türsteher in Bars und Nachtklubs arbeiten würde, so wie Geoff es getan hatte, würde sich mir sicher eine Gelegenheit bieten, mich meinen Ängsten zu stellen. Ich hatte immer noch das Mobbing und die Schläge im Angesicht meiner Freundin vor Augen, und ich war mir nicht sicher, ob diese Dämonen eines Tages von selbst verschwinden würden. Deswegen hatte ich das Gefühl, dass ich sie besiegen musste. Durch die Arbeit als Türsteher manövrierte ich mich in eine Situation, in der ich mich nicht einfach weigern konnte, mich zu verteidigen.

Ich war gerade bei meinen Eltern ausgezogen und der junge Mann, mit dem ich mir die neue Wohnung teilte, war zufällig ein Türsteher. Das hatte natürlich mit dazu beigetragen, dass ich auf diese Idee kam. Ich war damals fast 21 Jahre alt, sah aber aus wie fünfzehn. Ich war klein, dünn und hatte ein unschuldiges Kindergesicht. Nicht gerade die Merkmale eines respekteinflößenden Türstehers, oder? Ich hatte immer jünger ausgesehen, als ich war, aber gerade in dieser Phase war der Unterschied besonders groß. Doch da mein Wohnungsgenosse wusste, dass ich Kampfsportarten trainierte und Selbstverteidigungskurse gab, konnte er mir Arbeit verschaffen.

Da war ich nun, ein junger Mann, der niemals zuvor in einen richtigen Straßenkampf verwickelt gewesen war und nun versuchen sollte, Ruhe und Ordnung an den Türen einiger der beliebtesten Bars und

Nachtklubs von Dublin aufrechtzuerhalten. Ich arbeitete in mehreren Betrieben, am häufigsten aber in einem großen Pub in Temple Bar, dem »Turk's Head«, und in einem Nachtklub nah der O'Connell Bridge mit dem Namen »Redz«. Von Beginn an wurde ich attackiert, Nacht für Nacht. Ich stand nicht mehr nur an der Tür, um nach dem Schuldirektor Ausschau zu halten wie während einer heißen Runde Royal Rumble. Hier ging es ums Eingemachte.

Die Gäste, denen ich den Zutritt verweigerte, nahmen es niemals ohne Widerworte hin, dafür sah ich einfach zu jung und zu harmlos aus. Aber für mich war es an der Zeit, mich meinen Dämonen zu stellen. Das waren genau solche Typen, vor denen ich in der Schule Angst gehabt hatte, die mich in Rathmines zerlegt hatten. Hier standen mir die streitsüchtigen, zornigen und betrunkenen Burschen also nun von Angesicht zu Angesicht gegenüber und brüllten mich an. Das war meine Chance, mein Fluchtsyndrom zu überwinden. Die Bücher von Geoff Thompson, die ich gelesen hatte, bereiteten mich wirklich sehr gut auf die Schlacht vor. Natürlich hatte ich Angst, machte mir Sorgen, aber ich lernte, das als natürlich hinzunehmen.

Als ich dann tatsächlich in die ersten Kämpfe verwickelt wurde, war ich verwundert, wie einfach es war, einen anderen Menschen physisch zu besiegen. Ich musste an den Lieblingshelden meiner Jugend, Spider-Man, denken. Bevor er gebissen wurde, war er ein völliger Versager, und plötzlich war er seinen Feinden überlegen. Genauso fühlte ich mich, als ich begann, als Türsteher zu arbeiten.

Die psychologischen Aspekte des Jobs fand ich anfänglich schwierig, die körperliche Seite hingegen war klar. Ich war nüchtern, und obwohl es mir an Erfahrung fehlte, wusste ich, wie ich kämpfen musste. Die Kunden waren betrunken und konnten meistens nicht kämpfen. Wenn sie also auf mich einschlugen, war es ziemlich einfach, sie zu besiegen.

Die verbalen Auseinandersetzungen, das heißt, wenn mir jemand ins Gesicht brüllte, waren anfänglich schwieriger zu bewältigen, aber sobald es zur Sache ging, hatte ich niemals Probleme. Das führte dazu, dass ich Selbstvertrauen auch für andere Konflikte in meinem Alltag bekam – beispielsweise im Umgang mit einem Vermieter, der die Grenze des Tolerierbaren überschritt. Das wäre mir zuvor schwer gefallen. Aber wenn man Vertrauen in seine Körperkraft hat, dann bekommt man überhaupt mehr Selbstvertrauen. Man weiß, dass man die Oberhand behalten wird, wenn die Situation eskaliert und sich zu einem Kampf entwickelt. Das war also meine Art, mit dem Mobbing und der Demütigung des Verprügeltwerdens fertig zu werden. Ich suchte die Konfrontation mit dem Typ Mensch, der mich unterdrückt hatte, anstatt alles zu verdrängen. Wenn sie in meinen Schutzbereich eindringen, meinen »Zaun« überwinden wollten, dann stellte ich sicher, dass sie es nie wieder versuchen würden.

Ich könnte ein ganzes Buch mit meinen Erinnerungen aus den Jahren als Türsteher füllen. Eines Nachts arbeitete ich in der Bar »Turk's Head«, die sich im Kellergeschoss befand, während ein Freund von mir oben am Haupteingang postiert war. Er verweigerte einem Kunden den Zutritt, dieser aber hatte ein Glas in der Hand und schmetterte das Glas in das Gesicht meines Freundes. Er fügte ihm erhebliche Schnittwunden zu, dann suchte er das Weite. Das Erste, was ich über das Funkgerät hörte, war: *Zum Haupteingang! Sofort zum Haupteingang!*

Ich lief hinauf und man wies mir die Richtung, in die der Bursche gelaufen war, damit ich ihn verfolgen konnte. Ich erwischte ihn schließlich vor dem Pub »Bad Bob's«, aber als ich zu ihm aufschloss und er sich umdrehte, sah ich plötzlich, wie massig er war. Scheiße! Dieser Typ war ein Monster. Einen Moment dachte ich: *Verdammt. Was habe ich getan?* Aber zu diesem Zeitpunkt gab es kein Zurück mehr.

Letztlich konnte ich dem Herrn auf meine eigene Art und Weise vermitteln, dass es im »Turk's Head« nicht toleriert wurde, jemandem ein Glas ins Gesicht zu rammen, und ich bin ziemlich sicher, dass er die Botschaft verstanden hat.

Der Türsteher des »Bad Bob's« war ein Bekannter von mir, und mitten im Kampf kam er rüber und meinte: »Na John, wie geht es dir?«

»Äh gut, danke«, antwortete ich, »aber leider bin ich momentan beschäftigt.«

Ich kämpfte mit einem Burschen, der doppelt so groß war wie ich, und dieser Mann kam rüber, um mir freundlich Hallo zu sagen. Wer kann da noch behaupten, dass Türsteher keine angenehmen und freundlichen Menschen sind?

Als die Polizei eintraf, stellte sich heraus, dass der monströse Mann für sie ein guter Bekannter war – aber nicht, weil er die Hilfe der Polizei in Anspruch genommen hatte. An dieser Stelle ist es genug, wenn ich sage, dass sein Verhalten allgemein nicht gerade dem eines Friedensengels entsprach und dass sein Chef am nächsten Morgen sicher ein ernstes Wort mit ihm sprechen musste.

In meinen Nächten arbeitete ich damals also als Rausschmeißer, aber untertags studierte ich am Dublin Institute of Technology (DIT). Ich hatte alle möglichen Ideen, was ich in meinem Leben mit mir anfangen wollte, war aber noch zu keiner klaren Entscheidung gekommen. Erst versuchte ich es mit einem kleinen Landschaftsbaubetrieb, baute Zäune auf und Ähnliches. Etwa sechs Monate nach meinem Schulabschluss schlug mir meine Mutter vor, Maschinenbau zu studieren. Eigentlich weiß ich nicht, wieso, denn ich hatte keine besondere Vorliebe für Mathematik oder Naturwissenschaften. Aber irgendwie hörte es sich interessant an. Schließlich gefiel es mir sogar richtig und ich schloss das Studium mit gutem Erfolg ab.

Ich verbrachte fünf Jahre am DIT in der Bolton Street bis zu meinem Abschluss. Ich studierte am Tag eifrig, trainierte am Abend und arbeitete in der Nacht als Türsteher. Es war eine anstrengende Zeit, aber ich war besessen vom Training, musste Geld verdienen, und meine Mutter bestand darauf, dass ich meinen Abschluss machte. Ich allerdings war mir mit jedem Tag sicherer, dass mich nichts mehr begeistern konnte als die gemischten Kampfsportarten. Wenn es nach mir gegangen wäre, hätte ich mein Studium aufgegeben und mich vollständig dem Training gewidmet. Aber die Wünsche meiner Mutter zu missachten war einfach unmöglich!

Mit der Zeit sprach es sich in der Stadt herum, dass es einen jungen Mann in Rathfarnham gab, der sich mit Ultimate Fighting beschäftigte – mich. So traf ich Dave Roche, der bis heute einer meiner engsten Freunde ist. Dave war damals ein bekannter Straßenkämpfer. Er trainierte in einem Boxklub, in dem ohne Boxhandschuhe geboxt wurde, und galt als unbesiegbar. Dave besuchte unser Training in der Loreto Avenue und stellte sich zum Kampf. Ich lernte immer mehr Grifftechniken und war Abend für Abend als Türsteher in Raufereien verwickelt, mein Selbstvertrauen als Kämpfer war daher gewaltig gestiegen.

Dave und ich hatten ein hartes Gefecht, aber schließlich schaffte ich es, es Royce Gracie gleichzutun und ihn mit einem Armhebel zur Aufgabe zu zwingen. Dave ging es wie mir, nachdem ich das Video gesehen hatte, er war völlig überrascht. Dieser Kampf war der Beginn einer langen Freundschaft – wir mussten einfach anfangs ein paar Dinge ausboxen. Vor 15 Jahren hatte ich im selben Saal in einer Schulaufführung mitgespielt; nun stand ich hier einem Kämpfer gegenüber, der mit der nackten Faust kämpfte. Im Rückblick ist das alles ein wenig verrückt.

Das erste Mal, dass ich mit einem echten Trainer des brasilianischen Jiu-Jitsu in Kontakt kam, war 1999 in London. Es handelte sich um John Machado. Machado war ein Cousin der Gracies und eine der respektabelsten Erscheinungen im BJJ. Die Gelegenheit, mit ihm zu trainieren, war ein großer Gewinn für mich, denn bisher hatte ich mir alles mehr oder weniger selbst beigebracht. Er hatte einen hochgradigen schwarzen Gürtel, aber auch einen brasilianischen Akzent, das ließ ihn noch authentischer wirken. Robbie Byrne und ich reisten zu seinem Seminar und waren begeistert. Bei manchen der Techniken, die Machado demonstrierte, dachte ich: *Das ist unmöglich, das werde ich nie schaffen.* Aber wenn er uns dann zeigte, wie die Technik funktionierte, war es, als ob man uns verzaubert hätte. Mein Körper brachte Dinge zustande, die ich nie für möglich gehalten hätte.

Auf dem Heimweg wurde mir bewusst, dass ich wieder mit John Machado trainieren musste, wenn ich Fortschritte in Jiu-Jitsu machen wollte. Also sparte ich über ein Jahr lang mein Geld von den Selbstverteidigungskursen und dem Job als Türsteher. Im Sommer 2001, als frisch gebackener Absolvent des DIT, flogen Dave Roche und ich dann nach Los Angeles und trainierten drei Wochen lang in Machados Akademie. Es war eine wunderbare Erfahrung. Tag für Tag übten wir mit den besten Jiu-Jitsu-Sportlern und lernten von ihnen, darunter auch Mitglieder des Gracie-Clans. Am Ende wollten wir gar nicht wieder fort. Die Kampfkünste nahmen mich nun völlig in Beschlag. Wenn ich nicht MMA praktizierte, dann dachte ich daran. Als ich aus Los Angeles zurückkehrte, wusste ich, was ich tun wollte. Es war Zeit, eine eigene Sporthalle zu eröffnen.

3

Meine erste Sporthalle wirkte wohl eher wie ein Lagerraum für Farbdosen und alte Rasenmäher, aber ich sah das ganz anders. In meinen Augen war sie perfekt.

Im Grunde war es eine Bruchbude im Hinterhof eines Hauses in einer engen Gasse in Phibsboro. Der Schuppen war alt, kalt und staubig. Aber er gehörte mir – eine Trainingshalle, die ich nutzen konnte. Nun, das galt allerdings nur, solange ich die 450 Euro Miete an den Eigentümer zahlen konnte, einen netten Mann aus Mayo, der mich ständig dazu überreden wollte, einen der vorderen Räume seiner Liegenschaft »für 100 Euro zusätzlich« zu mieten.

Stellen Sie sich einen Betonrohbau vor, dazu ein Waschbecken und eine Toilette, die sich in einer Ecke befinden, und zwölf dünne Matten am Boden. Das war die Trainingshalle. Die Wände waren dünn, deshalb froren wir die ganze Zeit über. Eines Tages stürzte sogar ein Teil des Daches ein, während wir trainierten. Wir stellten einen alten Gasheizer auf, aber er zeigte kaum Wirkung.

Dave Roche und viele andere Jungs von unserer Trainingsgruppe in Loreto kamen in meine Trainingshalle, die wir »The Shed«, den Schuppen, nannten, aber ich konnte durch eine Anzeige in der Zeitschrift *Irish Fighter* auch neue Mitglieder gewinnen. Ich verbrachte so gut wie den ganzen Tag dort. Bisher hatte ich in viele verschiedene Disziplinen hineingeschnuppert, nun, in meinem eigenen Klub, wollte ich mich allen widmen – Kickboxen, Ringen, brasilianischem Jiu-Jitsu, einfach allem. Wir trainierten in kleinen Gruppen, aber eigentlich gibt es nur wenige Kämpfer, die in der irischen MMA-Szene aktiv sind, die nicht in irgendeiner Verbindung zu dieser Trainingshalle stehen. Wenn sie nicht selbst dort trainiert haben, dann war wahrscheinlich ihr Trainer irgendwann dort. In unserer Gruppe war Andy Ryan, der Team Ryano gründen sollte, und Dave Jones, der später Next Generation ins Leben rief. Ich glaube, ich kann mit einiger Berechtigung sagen, dass diese Trainingshalle der Anfang der irischen MMA war.

Anfangs nannten wir das Trainingszentrum »The Real Fight Club«. Das hatten wir sogar auf unseren schicken T-Shirts stehen, die im Rückblick schrecklich peinlich sind. Damals freilich fanden wir sie besonders cool.

Natürlich wollte ich auch meinen Eltern unbedingt die Trainingshalle zeigen. Schließlich begannen meine Karrierepläne sie allmählich zu beunruhigen. Nach meinem Abschluss verbrachte ich ja weit mehr Zeit mit den Kampfsportarten als mit der Jobsuche. Ich dachte mir, dass sie stolz auf mich sein würden und beruhigt wären, wenn sie sahen, dass ich mein eigenes Trainingszentrum eröffnet hatte.

Die Reaktion bei ihrem ersten Besuch war genau das Gegenteil von dem, was ich mir erwartet hatte. Mein Vater schüttelte nur seinen Kopf. Meine Mutter weinte.

»Warum verbaust du dir deine Zukunft?«, fragte sie. »Du warst fünf Jahre an der Uni, hast einen Abschluss, und jetzt verschwendest du deine Zeit mit deinen Freunden hier?«

Ihre Unterstützung wäre sicher wichtig für mich gewesen, aber ich kann ihre Reaktion auch verstehen. Um die Jahrtausendwende war UFC noch klein und nur sehr wenige Menschen in Irland hatten von der Organisation gehört. Meine Mutter war geschockt. In den Augen meiner Eltern jagte ich einer Illusion nach, die nicht existierte. Ich bin mir ziemlich sicher, dass sie dachten, ihr Sohn sei verrückt.

Heute habe ich Verständnis für meine Eltern und die Situation, in der sie waren. Sie machten sich Sorgen um die Zukunft ihres Sohnes. Vor allem meine Mutter war geschockt. Ihr Sohn strebte eine Karriere an, in der ein Erfolg unwahrscheinlich war. Noch schlimmer, es drehte sich um Kämpfe in einem Maschendrahtkäfig. Heute ist es nicht mehr ungewöhnlich, wenn junge Iren darüber nachdenken, professionelle MMA-Kämpfer zu werden, der Weg ist vorgezeichnet. Das war 2001 aber nicht der Fall. Im Grunde gab ich meinen Eltern zu verstehen, dass ich meine Zeit mit Kämpfen in einer Bruchbude verbringen wollte; ob das erfolgreich sein würde, stand aber noch nicht fest. Das klang alles andere als beruhigend in den Ohren meiner Mutter und meines Vaters.

Allerdings bewarb ich mich nach meinem Studium auch auf eine Stelle, natürlich wieder vor allem, um meine Mutter zu beruhigen, und um ein Haar hätte ich den Job bekommen. Es handelte sich um Boston Scientific, und für die Arbeit hätte ich nach Boston umziehen müssen. Ich schaffte es als einer der besten zehn Kandidaten in die letzte Bewerbungsrunde. Ich weiß noch, dass ich während des Gesprächs realisierte, dass ich die ganze Zeit über mit dem Stuhl rückwärts und vorwärts wippte wie ein Schuljunge. Ich sagte mir: *Was tust du? Das ist ein Bewerbungsgespräch, bleib gerade sitzen, du Clown.*

Ich weiß nicht, ob meine schlechten Stuhlmanieren eine Rolle spielten, aber ich bekam den Job nicht. Auch wenn es nicht beabsichtigt war, benahm ich mich vielleicht deswegen so, weil ich unbewusst meine Chancen verringern wollte. Denn nachdem ich endlich meinen Abschluss gemacht hatte und von dem Trainingscamp von John Machado in LA zurückgekehrt war, gab es eigentlich nur noch eines, was ich in meinem Leben tun wollte.

Ich wollte eine Karriere in den gemischten Kampfsportarten (MMA) machen, aber ich wusste nicht, wie. Fassungslos versuchten meine Mutter und mein Vater Monate, Jahre, mir das auszureden. Aber ich ließ mich nicht beeinflussen. Wenn ich meinen Ingenieurabschluss nutzen und eine Stelle annehmen würde, würde ich nie glücklich werden, das wusste ich. Das, was mir Freude und Befriedigung brachte, waren die Kampfsportarten. Möglicherweise würde ich scheitern, das war mir klar, aber ich blieb mir wenigstens treu, indem ich meiner Leidenschaft folgte. Wenn es nicht funktionierte, konnte ich mit erhobenem Haupt abtreten im Bewusstsein, alles versucht zu haben.

Ich war fast 25 Jahre alt, als ich mein eigenes Trainingszentrum eröffnete, doch ich hatte weder eine Hypothek zu bedienen noch ein Auto oder eine Familie zu erhalten. Mit anderen Worten. Ich hatte keine großen finanziellen Belastungen. Nichtsdestotrotz war ich nahezu immer pleite. Alles, was ich verdiente, gab ich für das Training oder für Reisen zu Seminaren und Kämpfen in England aus.

Noch heute fragen mich Kämpfer oft, wie ich damals durchkam. Die Antwort ist einfach: Ich hatte einen Job. Ich bekomme oft Nachrichten, in denen mir Leute erzählen, dass sie sich die Beiträge in Fitnesscentern und Trainingszentren nicht leisten können. Die Wahrheit ist, dass die Mitgliedschaft in einem Fitnesscenter mehr oder weniger ein Luxusgut ist. Man muss einen Job haben, um sie sich leisten zu können. So ist das Leben nun mal. Die heutige Generation der nach oben drängenden Kämpfer scheint zu glauben, dass man seine Arbeit aufgeben muss, um eine Profikarriere in den MMA zu machen, aber ich denke, dass Platz für beides ist. In den ersten zehn Jahren investierte ich jeden Cent, den ich verdiente, in die MMA.

Als ich mein Trainingszentrum aufbaute, hatte ich bereits einige Kämpfe absolviert. Bei meinen Besuchen in Großbritannien hatte ich mir ein nützliches Netzwerk an Kontakten aufgebaut. Die Kosten eines Flugs nach Großbritannien waren schon hoch genug, deshalb fragte ich normalerweise die Besitzer des Zentrums, in dem das Seminar stattfand, ob ich auf den Matten schlafen könnte. Ich legte mich in der Nacht einfach auf die Matten und benutzte meinen Rucksack als Kissen.

Der erste Kampf, den man mir anbot, fand im Rahmen einer Veranstaltung in einer kleinen Halle in Milton Keynes statt; die Show wurde von einem Mann namens Lee Hasdell organisiert. Er war selbst ein erfolgreicher Kämpfer und veranstaltete die ersten Events in Großbritannien, daher wird er als der Ahnherr der britischen MMA angesehen. Lee veranstaltete einen Wettkampf mit acht Teilnehmern, der Sieger sollte etwa 1000 Euro bekommen. Er wollte in der Pause nach den Semifinalkämpfen einen MMA-Kampf einschieben, damit sich die Finalteilnehmer ausruhen konnten. Das war mein Part.

Ich flog mit Robbie Byrne, natürlich auf eigene Kosten wie immer, denn bei regionalen Veranstaltungen wurde man damals für Kämpfe nicht bezahlt. Es gab keine wirkliche Unterscheidung zwischen Profi- und Amateurkämpfen wie heute. Ein Kampf war ein Kampf.

Ich war gerade mit dem Aufwärmen fertig, als man mir im Umkleideraum mitteilte, dass es ein Problem gab. Mein Gegner war nicht aufgetaucht. Da ich extra aus Irland gekommen war, war ich ziemlich sauer, die Reise schien sich als totale Zeitverschwendung zu entpuppen. Doch es war noch nicht alles verloren. Der Mann am Lautsprecher fragte, ob irgendeiner der Anwesenden an einem Kampf interessiert sei. Einer der Kämpfer, der in der ersten Runde des Grappling-Turniers ausgeschieden war, hob seine Hand lässig in die Höhe, und mein Kampf war wieder im Programm. Ich beendete ihn schnell, da ich ihn in der ersten Runde mit Dreieckswürger zur Aufgabe zwingen konnte.

Die nächste Chance auf einen Kampf ergab sich im September 1999 beim ersten MMA-Event überhaupt in Irland. Der Schauplatz war das Moyross Community Centre in Limerick, der Organisator war der Kickbox-Trainer Dermot McGrath, eine weitere Schlüsselfigur in der Frühzeit der irischen MMA. Auf dem Programm stand ein Turnier für vier Leichtgewichte, und ich gewann es mit zwei Hebeln. Es waren kaum Zuschauer in der Halle, nur Kämpfer, Trainer und Mannschaftskameraden. Da einige Jungs aus unserer Mannschaft mich auf der Fahrt in den Süden begleiteten, um zu kämpfen, hatten wir uns einen Minibus gemietet. Als wir nach dem Kampf abfuhren, wurden wir mit Steinen beworfen, ich kann mich nicht mehr erinnern, warum. Vielleicht schlug einer von uns jemanden aus Limerick, oder es war einfach, weil wir aus Dublin kamen.

Ich hatte erst wieder im folgenden Sommer einen Kampf, für den ich wieder nach Großbritannien fuhr, dort besiegte ich Leighton Hill mit einem Dreieckswürger in der ersten Minute in einer Freizeithalle in Worcester. Star der Veranstaltung war Mark Weir, der später einige Male bei der UFC kämpfte.

Durch diese ersten Siege baute ich mir einen guten Ruf auf, daher war mein Gesicht beim nächsten Kampf gegen Andy Burrows in Belfast auf den Plakaten, die überall in der Stadt ausgehängt wurden. Das war das erste Mal – eine große Sache. Für die Aufnahme nahm ich eine Pose ein, die bedrohlich wirken sollte, was aber völlig danebenging.

Meine ersten Kämpfe hatte ich noch in der Zeit auf dem DIT, und meine Mitstudenten waren begeistert, als sie es mitbekamen. Während sie am Montagmorgen freudig von ihren Streifzügen in Pubs und Nachtklubs am Samstag erzählten, rückte ich mit einem blauen Auge und einem geschorenen Kopf an, weil ich am Wochenende gekämpft hatte. Ich musste auch häufig mein Gewicht reduzieren, daher nahm ich kaum an Ausgängen meiner Mitstudenten teil. Ich kämpfte meist im Federgewicht (bis 666 Kilogramm) oder im Leichtgewicht (bis 70

Kilogramm), hätte aber sicherlich auch im Bantamgewicht (bis 61 Kilogramm) antreten können. Auch wenn ich das nicht tat, musste ich trotzdem beim Essen und Trinken aufpassen. Auf meine Studienkollegen traf ich am Abend eigentlich nur, wenn ich Rausschmeißer in den Lokalen war, in denen sie sich vergnügten.

Im »Schuppen« trainierte auch ein Bursche, der Terry hieß. Er stammte aus Dublin, hatte aber jahrelang in Südafrika gelebt. Nach der Eröffnung des Trainingszentrums im Jahr 2001 war er ein paar Jahre bei uns aktiv, bevor er nach Südafrika zurückkehrte. Kurz nach seiner Rückkehr rief er mich an und bot mir einen Kampf an. Das Event fand im November in Johannesburg statt und wurde vom Trainer des Fitnesscenters organisiert, in dem er trainierte. Ich wusste nichts über den Gegner oder die Show, aber ich packte die Chance beim Schopf. Wahrscheinlich interessierte mich vor allem die Reise selbst. Ich sollte nicht wirklich bezahlt werden, aber alle Kosten für die einwöchige Reise waren gedeckt. Das hörte sich für mich nach einer einmaligen Chance an, zumal ich die Natur liebte und eine Reise nach Afrika schon lange auf meiner Wunschliste stand. Man übernahm zwar keine Kosten für einen Betreuer, aber Derek Clarke entschloss sich, einen Ferientrip mit mir zu machen.

Als ich in Südafrika ankam, merkte ich beinahe sofort, dass das Ganze mir über den Kopf wuchs. Ich trainierte im Fitnesscenter meines Gegners, war allein dort, und seine Teamkameraden gaben mir deutlich zu verstehen, dass der Kampf sehr schwierig für mich werden würde. Damals konnte man noch nicht über YouTube den Gegner studieren, ich wusste daher bis zur Abwaage am Tag vor dem Kampf nicht einmal, wie er aussah. Ich wog etwa 68 Kilogramm, er um die 75 Kilogramm. Sein Name war Bobby Karagiannidis und er war nationaler Ringermeister in Südafrika. Es würde also sicher ein schwerer Kampf werden. Es war eine ziemlich große Veranstaltung in einer weiträumigen Halle im Carnival City Casino, wo nur einige Monate zuvor Lennox Lewis seinen Weltmeistertitel gegen Hasim Rahman verloren hatte. Bis dahin hatte ich nur in kleinen Hallen gekämpft, hier aber hatten sich Tausende Zuschauer versammelt.

Das Event wurde auch im südafrikanischen Fernsehen übertragen. Vor dem Kampf kamen die Kamerateams für ein Interview in die Umkleidekabine, und der Journalist konnte nicht glauben, dass ich ganz allein den weiten Weg aus Irland gekommen war. Als er mich nach meinen Trainingsmethoden fragte, versuchte ich einen Scherz zu machen, weil ich so nervös war. Ich sagte: »Ich habe lange Zeit das neue UFC-Videogame gespielt, ich fühle mich also gut vorbereitet.« Unglücklicherweise verstand er meinen Scherz nicht wirklich, und so sahen wir beide am Ende ziemlich dumm aus.

Als die Zeit für den Kampf kam, fühlte ich mich, als hätte ich einen Auftritt im »MGM Grand Hotel« in Las Vegas. Allein, Tausende Kilometer von der Heimat entfernt war alles ziemlich einschüchternd. Meine Kampfstrategie war es, Bobby auf den Boden zu bringen und zur Aufgabe zu zwingen, aber da er ein weit besserer Ringer war, konnte er meine Versuche leicht abwehren. Schließlich zog ich ihn mit einer Selbstfalltechnik zu Boden, schlang meine Beine um ihn und versuchte einen Beinhebel. Er stand aufrecht über mir und seine Schläge prasselten auf meinen Kopf nieder. Ich musste ziemlich viel einstecken, hätte den Versuch daher aufgeben und meine Position anpassen müssen, aber ich wollte unbedingt die Technik zu Ende bringen. Diesen Fehler machte ich niemals wieder, an jenem Abend jedoch musste ich hohes Lehrgeld bezahlen. Er landete Schlag auf Schlag, ich aber versuchte weiter den Fußhebel, um ihn zur Aufgabe zu zwingen. Ich dachte, er wäre in Schwierigkeiten ... plötzlich wachte ich in der Garderobe auf. »Habe ich gewonnen?«, fragte ich. Nicht wirklich. Ich war in der ersten Runde k. o. gegangen.

An jenem Abend bestritt Forrest Griffin, der sieben Jahre später UFC-Champion werden sollte, den Hauptkampf. Auch ein anderer künftiger UFC-Kämpfer, Rory Singer, nahm an der Veranstaltung teil. Nach der Show gingen wir alle gemeinsam aus und hatten einen tollen Abend. Ich hatte einen Knock-out erlebt, hatte eine Gehirnerschütterung davongetragen und trank dann dummerweise zu viel. Mein Hotel lag in einem Naturschutzgebiet, und um zwei Uhr morgens kam ich aus irgendeinem Grund auf die Idee, einen Spaziergang in der Anlage zu machen. Am nächsten Morgen erfuhr ich, dass ich Glück hatte, nicht von einem Löwen zum Frühstück verspeist worden zu sein.

Obwohl ich den Kampf nicht gewonnen hatte, sollte dieser verrückte Abend dennoch einer der wichtigsten meines Lebens werden.

Einer meiner Trinkkumpane war der Trainer von Bobby Karagiannidis, ein massiger Amerikaner namens Matt Thornton. Matt und ich unterhielten uns lange. Ich war fasziniert von dem, was er über das Coachen zu sagen hatte, wir passten wirklich gut zusammen. Er war in der Lage, in Worte zu fassen, was ich über das Coachen dachte. Matt beschäftigte sich schon lange mit den gemischten Kampfsportarten und war in den USA sehr bekannt, er hatte dort in Oregon seine eigene MMA-Akademie – das Straight Blast Gym – gegründet.

Am nächsten Tag hielt Matt in Johannesburg ein Seminar ab, und ich schaffte es, rechtzeitig meinen Kater zu überwinden, um dabei zu sein. Dort sprach er über seinen Zugang zum Training, den er mit dem Wort »aliveness« zusammenfasste, und das Konzept sprach mich wirklich sehr an. Es umfasste drei Prinzipien – Bewegung, Energie und Timing – und es ging darum, die realen Gegebenheiten der Kampfsituation im Training zu rekonstruieren, anstatt bloß Bewegungsmuster zu wiederholen; die Herausforderung zu suchen anstatt etwas zu demonstrieren; darum, das Können mit unkooperativen Gegnern zu perfektionieren. Matts Ansatz unterschied zwischen lebendigem, dynamischem und totem, statischem Training. Ich wusste, welche Art von Training ich vorzog. Es mag sich heute wie ein Allgemeinplatz anhören, aber dieser Ansatz war damals wirklich originell.

Nach meiner Rückkehr blieb ich mit Matt per E-Mail in Kontakt. Da ich enger mit ihm zusammenarbeiten wollte, lud ich ihn im folgenden Sommer nach Dublin ein. Die Kosten seiner Reise bedeuteten für mich ein Vermögen, aber es wäre eine starke Untertreibung, wenn ich nur sagen würde, dass es eine Investition war, die sich bezahlt gemacht hat.

Damals hatte ich bereits mit John Machado, dem Gracie-Clan und Geoff Thompson trainiert, sie alle waren auf ihre Art fantastisch. Matt jedoch hatte etwas Besonderes. Zunächst einmal war er höchst intelligent. Er war darüber hinaus der erste waschechte MMA-Trainer, der mir begegnete – ein Mentor, der in allen Disziplinen, das heißt vom Boxen bis zum brasilianischen Jiu-Jitsu bewandert war. Matt hatte den schwarzen Gürtel in BJJ und verlieh mir daher meine erste Graduierung überhaupt, als er in Dublin war. Er entschied, dass mein erster Gürtel die Farbe violett haben sollte.

Am meisten sprach mich an ihm aber seine Aliveness-Methode an. Ich konnte meinen Lebensschwerpunkt nicht in die USA verlagern, um dauerhaft mit ihm zusammenzuarbeiten, aber ich wusste, dass ich seine Methode in die Praxis umsetzen konnte, wenn er mich darin einweihte. Ich war voll Bewunderung für Matt, und anscheinend sah auch er etwas in mir. Denn ich wurde offiziell in die Straight-Blast-Gym-Familie aufgenommen und 2001 wurde der »Schuppen« zu SBG Irland.

Es war für mich immer eine Herausforderung, meine Leidenschaft für das Coachen und für das Kämpfen unter einen Hut zu bringen. Je mehr Zeit ich für die Arbeit als Trainer aufwendete, desto weniger Spielraum hatte ich, um für meine eigenen Kämpfe zu trainieren. Trotzdem machte ich weiter und schlug im Februar 2002 in Portsmouth einen Franzosen namens Tamel Hasar durch Aufgabe in der ersten Runde (mit Würgegriff von hinten). Bei dieser Veranstaltung wurde erstmals in einem Käfig anstatt in einem Ring gekämpft. Viele finden MMA-Kämpfe in einem Käfig barbarisch, wenn sie in einem Ring stattfinden, haben sie allerdings kein Problem damit – doch der Käfig ist in Wahrheit sicherer als der Ring, weil die Wettkämpfer nicht durch die Seile aus dem Ring fallen können, was schwere Verletzungen zur Folge haben kann.

Obwohl die Regeln dieselben sind, gibt es einen großen Unterschied zwischen dem Kampf im Käfig und dem im Ring. Wenn man hört, dass der Türriegel zuschnappt, überkommt einen mitunter ein klaustrophobisches Gefühl. Man ist gefangen. Das Erste, was man denkt, ist häufig: *Scheiße! Das ist verrückt. Was tue ich hier?* Es gibt aber auch technische Unterschiede: Es ist schwieriger, den Gegner in der Ecke festzunageln, wenn man sich in einem achteckigen Käfig befindet. Anderseits aber ist es auch leichter, ihn auf den Boden zu bringen, weil er sich nicht an Seilen festhalten kann. Ich war begeistert vom Kämpfen im Käfig, fühlte mich wie Royce Gracie, der in den Käfig stieg, um das brasilianische Jiu-Jitsu würdig zu vertreten, so wie bei der UFC 1 im Jahr 1993.

Nur zwei Wochen später war ich wieder in England, um in Salisbury mit Leigh Remedios zu kämpfen. Er besiegte mich durch einstimmige Kampfrichter-Entscheidung. Sein nächster Kampf ein paar Monate später war bereits für UFC.

Als ich mich für den Kampf mit Danny Batten in Milton Keynes im folgenden November vorbereitete, plante ich, dass das mein letzter Kampf sein sollte. Da das Coachen immer mehr Zeit in Anspruch nahm, hatte ich einfach nicht mehr genügend Zeit für das Kämpfen. Ich konnte meine beiden Leidenschaften nicht mehr unter einen Hut bringen. Wer Wettkampfathlet ist, muss sparsam mit seiner Zeit umgehen, ich aber verbrachte beinahe die ganze Zeit mit Coachen. Nach der Trainingsstunde musste ich Fragen der Schüler beantworten, anstatt mich rechtzeitig vor dem nächsten Training zu erholen oder an mir zu arbeiten. Meine Wettkampfstärke nahm dadurch ab, wichtiger aber: auch mein Wunsch danach. Ich hatte noch niemals mit meiner Schlagtechnik gewonnen, daher wollte ich im Bewusstsein, dass dies mein letzter Kampf sein sollte, unbedingt einen K.-o.-Schlag landen. Das versuchte ich auch in einer dominanten ersten Runde, konnte den Kampf aber nicht beenden. Am Ende der ersten Runde ging mir dann die Luft aus, er nutzte das voll aus und besiegte mich mit einem Unterarmwürgegriff gegen Ende der zweiten Runde.

Es war keine Schande, gegen Danny Batten zu verlieren – schließlich war er einer der besten Kämpfer in Großbritannien und wurde später Federgewichtsmeister der Cage Warriors –, dennoch war ich sehr enttäuscht nach der Niederlage. Ich hatte das Gefühl, dass ich besser war als er, aber den Preis für mein anstrengendes Leben hatte zahlen müssen.

Auf diese Art wollte ich meine aktive Wettkampfzeit natürlich nicht beenden. Also trat ich fünf Monate später in Milton Keynes gegen Robbie Olivier, einen anderen Top-Kämpfer in Großbritannien, an. Auch bei diesem Event war es offensichtlich, dass meine Trainierkarriere langsam die Oberhand gewann. Nur einige Kämpfe vor meinem eigenen betreute ich mit Adrian Degorski einen meiner eigenen Schüler in seinem Debütkampf. Als ich gegen Robbie antrat, wusste ich, dass es endgültig das letzte Mal war – gleichgültig, ob ich gewinnen oder verlieren sollte.

Ich war wohl auf der Suche nach dem idealen Abschluss meiner Karriere, und zu meinem Glück schaffte ich das. Ich besiegte Robbie mit einem Hebel in der ersten Runde. Nun konnte ich als Sieger abtreten.

Robbie Olivier machte eine gute Karriere in Großbritannien. Er schlug mehrere Kämpfer, die später für UFC kämpften – Brad Pickett beispielsweise –, es war daher überraschend, dass er selbst nie eine

Chance in der UFC bekam. Da ich Robbie besiegt hatte, stellte ich mir natürlich die Frage, wie weit ich gekommen wäre, wenn ich meine Karriere fortgesetzt hätte, und es freute mich auch, als ich sah, wie erfolgreich er war. Aber es war nur ein kleiner Teil von mir, der das wissen wollte. Das Trainerdasein war meine Leidenschaft. Ich hatte bereits relativ früh erkannt, dass mich das Kämpfen nicht so stark inspirierte wie das Coachen. Wenn ich mir die Kämpfernaturen ansehe, die ich im Lauf der Jahre trainiert habe, dann muss ich anerkennen, dass ich niemals so war. Ich hatte keine vergleichbare Wettkampfleidenschaft wie sie. Dennoch nahm ich viele Jahre immer meinen Mundschutz mit nur für den Fall, dass ein Kämpfer zurückzog und ein Ersatzmann gesucht wurde. Und ich kämpfte bisweilen auf Turnieren in brasilianischem Jiu-Jitsu. 2005 gewann ich mit dem violetten Gürtel die Goldmedaille bei den Europameisterschaften in Lissabon. Das war ein großer Moment für mich, und Matt Thornton belohnte mich mit der Verleihung des braunen Gürtels. Aber die MMA-Kämpfe wurden sehr schnell professioneller. Latente Wünsche nach einer Teilnahme an MMA-Turnieren verflüchtigten sich daher bald völlig.

Ich war immer ein Trainer und Mentor. Schon zur Zeit der Verleihung meines schwarzen Gürtels in Karate im Alter von zwölf Jahren half ich beim Anfängertraining aus, darunter waren auch Anfänger im Alter von 20 oder 30 Jahren. Ich war nicht der Chef auf der Matte, aber es machte mir Spaß, einen Teil der Verantwortung als Assistent des Trainers zu übernehmen. Auch in anderen Lebensbereichen war es so. Ich brachte meiner Mutter gute Computerkenntnisse bei. An der Universität half ich regelmäßig Studienkollegen, wenn sie Probleme hatten.

Um mich bei meinen Kämpfen zu motivieren, musste ich zu einem Mittel greifen, von dem ich meinen eigenen Schützlingen immer abriet: den Kampf emotional zu sehen. Mein Freund Robbie Byrne musste immer wieder verrückte Geschichten erfinden, um den Kampf zu einer persönlichen Angelegenheit zu machen: »John, er hat schreckliche Dinge über deine Schwester gesagt. Zahle es ihm heim.« Nur so konnte ich aus meiner Ecke stürzen und mich aggressiv auf meine Gegner werfen. Es störte mich nicht, dass das, was Robbie sagte, nicht wahr war, es reichte, um mich in Fahrt zu bringen.

Rückblickend weiß ich, dass das Kämpfen ebenso wie meine Arbeit als Türsteher in Bars und Nachtklubs ein Weg war, um mich von versteckten Ängsten zu befreien, die mich verfolgt hatten, seit ich in der Schule keine Möglichkeit hatte, mich zu verteidigen. Titelgürtel und Geld jedoch interessierten mich nicht. Ich verdiente ohnehin nichts an den Kämpfen, in Wahrheit kosteten sie mich sogar Geld. Und im Gegensatz zur Mehrheit der angehenden MMA-Kämpfer hatte ich sicherlich keine Karriere bei der UFC im Sinn, zumindest nicht als Kämpfer.

Kieran McGeeney, der im Jahr 2002 als Kapitän die Mannschaft Armagh zum Meistertitel in der All-Ireland Senior Football Championship führte, ist heute ein Trainer bei SBG Irland. Er sagt oft, dass Spitzensportler eine dunkle Seite haben müssen, wenn sie auf höchster Ebene Wettkämpfe gewinnen wollen. Wenn sie nicht über diese dunkle Seite, den Killerinstinkt, verfügen, werden sie scheitern. Ich bin ein Beispiel für einen Kämpfer, der keinen Zugang zur dunklen Seite hatte. Ich kann mich an Kampf-Situationen erinnern, in denen ich die Oberhand hatte und dabei den Drang verspürte, dem Gegner zu sagen, was er tun sollte, um aus der misslichen Situation wieder herauszukommen: »Nein, führe deine Hand in diese Position.« Coachen und lehren lag mir schon immer mehr als kämpfen und gewinnen.

4

Nachdem meine Wettkampfkarriere beendet war, konnte ich mich voll auf die Trainerkarriere konzentrieren. Für mich bestand die Herausforderung darin, SBG Irland erfolgreich zu machen und eine Mannschaft zu formen, die es würdig vertreten konnte. Das war nicht möglich mit unserem »Schuppen« in einem Hinterhof in Phibsboro.

Die Mitgliederzahl im »Schuppen« stieg nach einigen Jahren ständig, und das Gebäude bot nicht genug Platz für uns alle. Wenn das SBG weiter wachsen sollte, brauchten wir mehr Raum.

2003 siedelten wir daher in die Greenmount Avenue in Harold's Cross um. Das Gebäude schien uns im Vergleich zum »Schuppen« ein Palast zu sein. Es war viel größer, hatte mehr Licht und sogar eine Dusche. Dieser Luxus gab uns das Gefühl, an Wert gewonnen zu haben. Der Raum war zuvor als Thai-Boxing-Zentrum genutzt worden und war daher für das Training gut geeignet.

Trotzdem war ich traurig, als wir den »Schuppen« verließen.

Klar, er war klein, feucht, kalt und nicht geeignet für Spitzensportler, die wir ja sein wollten, dennoch bedeuteten mir die Räumlichkeiten viel, und die anderen fühlten genauso. Gleichgültig, was nun geschehen sollte, wohin die Reise gehen sollte, der »Schuppen« war der Ort, an dem alles begann. Deshalb wird er immer einen besonderen Platz in meinem Herzen haben.

Da ich meine eigene Karriere beendet hatte, konnte ich mich nun ganz der Aufgabe widmen, eine konkurrenzfähige Kampfmannschaft aufzubauen und sicherzustellen, dass sie gut trainiert wurde. Einige der Jungs hinterließen bleibende Spuren in der Szene Großbritanniens.

Mick Leonard war damals einer der besten Kämpfer des SBG; auch Andy Ryan konnte wichtige Siege verbuchen; und obwohl er nicht häufig kämpfte, zerlegte Dave Roche seine Gegner, wann immer er in das Oktagon stieg.

Der Athlet, der damals am meisten Eindruck machte, war wohl Adrian Degorski. Er war Pole, kam mit der großen Migrationswelle aus Osteuropa um die Jahrtausendwende nach Irland und war ein starker Boxer. Die Grifftechniken fielen Adrian niemals leicht, aber seine Schlagtechnik war außerordentlich und er war ein fantastischer Athlet. Er war Mitglied der polnischen Nationalmannschaft im Amateurboxen gewesen, seine Bilanz lag bei 50 Siegen und 1 Niederlage. Im einzigen Gefecht, das er verlor, hatte er mit einem gebrochenen Bein gekämpft, was nicht weiter erstaunlich war, wenn man ihn näher kannte, denn der Mann war hart wie ein Sargnagel. Er hatte auch ein hitziges Temperament. Nachdem ich ihm einen Job als Türsteher in einem Pub besorgt hatte, schlug er dort den ersten Kerl, der Streit suchte, mit einem einzigen Schlag k. o. Ich versuchte Adrian daraufhin zu erklären, dass er nicht alle niederschlagen konnte, die Probleme verursachten, aber ich bin ziemlich sicher, dass er glaubte, ich mache nur Spaß.

Ein anderes Mitglied, das schon zur Zeit des »Schuppens« zum SBG gestoßen war, war ein achtzehnjähriges Straßenkind aus Ballymun, das eines Abends mit Dave Roche mitkam.

»John, das ist Owen Roddy«, sagte Dave. »Er kann seinen Beitrag nicht bezahlen, aber wenn du ihn mittrainieren lässt, wird er die Matten putzen.«

»Ich reinige meine Matten selbst«, antwortete ich. »Dafür brauche ich nur 30 Sekunden.« Aber ich lasse mich in solchen Situationen oft breitschlagen. Dave drängte weiter und Owen schien ein wirklich netter Junge zu sein. Er war höflich und enthusiastisch – zwei wesentliche Merkmale für mich –, also gab ich ihm eine Chance. Heute bin ich froh, dass ich das getan habe. Owen war für SBG sein Gewicht in Gold wert.

Für diejenigen, die von Anfang an in der Szene waren, war 2003 ein aufregendes Jahr mit Veranstaltungen wie Cage Warriors und Cage Rage, die im Jahr zuvor in Großbritannien gestartet worden waren. Die

Szene war noch ziemlich klein. Die Veranstalter mischten daher immer wieder dieselben Karten. Wenn man bei einer Veranstaltung kämpfte, beobachtete man immer auch die anderen Kämpfe, weil es mehr als wahrscheinlich war, dass man es mit künftigen Gegnern zu tun hatte.

Meist mussten wir nach Großbritannien, wenn wir kämpfen wollten, manchmal gab es jedoch auch in Irland Veranstaltungen. Die größte, in regelmäßigen Abständen stattfindende Show war CageWars – die Veranstaltung, bei der erstmals in Europa im Jahr 2002 ein Käfig verwendet wurde. Sie wurde von Paddy Mooney und Tom Lamont gemanagt, zwei Organisatoren, die wirklich gute Events in der King's Hall in Belfast realisierten, bei denen Kämpfer wie Jess Liaudin und Samy Schiavo auftraten, die später auch bei der UFC zum Zug kamen.

Da mein Team weiter wuchs, gab es damals nicht genügend Veranstaltungen für meine hungrigen Kämpfer. Doch was konnte man tun? Ich entschied mich für eine Lösung, die ich bis dahin immer bevorzugt hatte: Ich wollte selbst etwas auf die Beine stellen. Ich hatte zwar keine Erfahrung als Veranstalter, aber ich dachte: *Wie schwer kann das schon sein? Wir organisieren einen Ring, stellen ihn in eine Halle, engagieren Jungs, die gegeneinander kämpfen, und lassen die Leute fürs Zuschauen zahlen.*

Veranstaltungsort war der Ringside Club, die kleine Halle in der Nähe des National Boxing Stadium in Dublin. Sie fasste etwa 300 Menschen, und obwohl es nicht einfach war, die Eintrittskarten loszuwerden – die sozialen Medien gab es damals noch nicht, wir konnten uns nicht auf Facebook und Twitter verlassen, um die Botschaft zu verbreiten –, schafften wir es doch, zwei bis drei Veranstaltungen im Jahr zu verkaufen. In dieser Show machten die meisten späteren UFC-Stars aus Irland ihre ersten Kampferfahrungen. Ein Ticket kostete 15 Euro, und ich war immer der Meinung, dass das Spektakel den Eintrittspreis wert war. Es waren Nächte, in denen man sich gut amüsieren konnte.

Ich nannte die Veranstaltung Ring of Truth, Ring der Wahrheit, da die Kämpfe in einem Boxring stattfanden und weil meiner Meinung nach die Essenz des Kämpfens zum Ausdruck kam: Zwei Kämpfer, die das gleiche Gewicht hatten, konnten verschiedenste Kampfstile mischen, um herauszufinden, wer von ihnen letztlich der bessere Kämpfer war. Später, als wir uns einen Käfig aus Großbritannien leisten konnten, änderten wir den Namen in Cage of Truth. Es war die erste regelmäßige Show in Irland, und da viele Fans durch sie erstmals mit den MMA in Berührung kamen, spielte sie eine wichtige Rolle für das Wachsen der Anhängerschaft in diesem Sport.

Die erste Veranstaltung fand am 1. Oktober 2004 statt. Es traten Kämpfer von Sporthallen im ganzen Land an, die extra für die Veranstaltung anreisten. Viele der Kämpfer – wie John Donnelly, Francis Heagney, Micky Young und Greg Loughran – legten hier den Grundstein für relativ erfolgreiche Karrieren.

Die ersten Shows hätten nicht einfacher sein können. Wir stellten einen Ring in die Mitte der Halle im Ringside Club und öffneten die Tore für die Kunden. Wir hatten keine gute Beleuchtung und auch TV-Kameras waren natürlich nicht dabei. Allerdings existieren einige YouTube-Videos schlechter Qualität, wenn Sie sich eine Vorstellung davon machen wollen, wie primitiv die Veranstaltungen waren. Es war alles sehr authentisch. Da ich sowohl als Veranstalter als auch als Trainer involviert war, fiel es mir nicht immer leicht, das Event richtig am Laufen zu halten und gleichzeitig meine Kämpfer zu coachen, aber es war immer sehr amüsant. Was die ärztliche Untersuchung betrifft – normalerweise machte ein Mann der St. John Ambulance keine großen Umstände: »Alles in Ordnung bei dir? Großartig, du kannst loslegen.« Das war alles. Die Untersuchungen sind inzwischen penibel genau, und das ist auch gut so, damals aber schien uns sein Verhalten richtig zu sein.

Die Show warf keinen Gewinn ab, aber führte auch nicht zu Schulden. Das Ziel war ja auch nicht, Geld damit zu machen, sondern meinen Burschen Kämpfe zu verschaffen, und in dieser Hinsicht war sie erfolgreich. Unser größtes Problem war, dass oft Kämpfer im letzten Moment zurückzogen. So musste ich oft den Tag vor der Veranstaltung vor dem Computer verbringen, um Zentren in Großbritannien und in Frankreich anzuschreiben, ob ein Ersatzmann vorhanden war. Einmal hatten wir zehn Kämpfe im Programm, die Kämpfer von sechs davon fuhren im Autokonvoi von Nordirland nach Dublin. Am Tag der Show war um 19 Uhr – die Türen waren offen, der Saal gefüllt und der erste Kampf lief – von den Burschen aus dem Norden nichts zu sehen. Panisch rief ich sie an und erfuhr, dass sie in Dublin eine Zeit lang im

Kreis gefahren waren, ohne den Veranstaltungsort zu finden, und daraufhin beschlossen hatten, wieder nach Hause zu fahren. Bei nur noch vier Kämpfen im Programm und 300 Besuchern, die für eine unterhaltsame Nacht gezahlt hatten, musste ich mir etwas einfallen lassen, um die Lücke zu füllen. Ich sprach also jeden im Saal mit einem Minimum an Erfahrung in den Kampfsportarten an, ob er mir helfen konnte. Am Ende machten zwei Männer im Ring eine Judo-Demonstration und ein kleiner Junge zeigte einige Karatetechniken. Es war ein absolutes Desaster, aber wir kamen mit einem blauen Auge davon.

Die MMA waren zu keinem Zeitpunkt illegal in Irland – und damals wusste auch die überwiegende Mehrheit der Iren noch nicht, dass es die Szene überhaupt gab –, aber wir waren niemals sicher, wie die Behörden reagieren würden. Glücklicherweise bekamen wir von dieser Seite niemals Schwierigkeiten. Ich glaube, das hing teilweise auch damit zusammen, wie wir die Veranstaltungen bewarben. Sogar als wir erstmals einen Käfig benutzten, sprachen die Plakate von einem Kampfsportereignis und nicht von einer Show mit Kämpfen im Käfig. Ob zu Recht oder zu Unrecht, die beiden Bezeichnungen erwecken anscheinend völlig verschiedene Assoziationen.

Eine andere Veranstaltung, die zu dieser Zeit in Dublin organisiert wurde, wählte eine andere Taktik. Sie sollte im »Red Cow Hotel« stattfinden, und da es eine einmalige Angelegenheit war, hatte ich sogar zugesagt zu kämpfen. Es war sehr reizvoll für mich, denn ich sollte in meinem Jiu-Jitsu-Anzug gegen Jim Rock, einen bekannten irischen Profiboxer, antreten. Ich sah mich selbst bereits den Part von Royce Gracie bei der UFC 1 übernehmen.

Leider fand die Veranstaltung niemals statt. Eine Woche vor der Show, als bereits 100 Tickets verkauft worden waren, wurde es von der Kreisverwaltung Süd-Dublin verboten. Die Veranstalter hatten Plakate angebracht, auf denen »Kämpfe im Käfig« beworben wurden, eines davon am Kreisverkehr vor dem »Red Cow«. Das zog wohl unerwünschte Aufmerksamkeit durch die Behörden auf sich, die schließlich für die Veranstaltung den Stecker zogen.

Eines Nachmittags im Jahr 2005 besuchte uns in der Sporthalle in Harold's Cross ein Mann aus Litauen. Ein Jahr später, beim Erscheinen von *Borat*, dem Film von Sacha Baron Cohen, fanden wir einen Spitznamen für ihn: »Borat«. Er sah ihm zum Verwechseln ähnlich. Sein Akzent und die protzigen Anzüge waren nahezu identisch.

»Borat« organisierte eine populäre Veranstaltung unter dem Markennamen Rings, unter dem er seit 1995 an die 100 Events rund um die Welt durchgeführt hatte. Er wollte seine Veranstaltung auch in Irland abhalten und fragte mich, ob einige der SBG-Kämpfer interessiert wären, mitzumachen. Die Show sollte am 12. März 2005 im Point Depot stattfinden, das Depot wurde später in O2 Arena umbenannt, heute ist es als 3Arena bekannt. Es sollte die bisher größte MMA-Veranstaltung in Irland werden, daher waren wir selbstverständlich mit dabei. Es wurden einige wirklich gute Kämpfer eingeflogen, um bei der Show mitzumachen, so etwa Gegard Mousasi, der später zum Champion von Strikeforce avancierte und bis heute ein Spitzenkämpfer bei der UFC ist.

Matt Thornton reiste aus den USA an, um dabei zu sein, und es versprach eine tolle Nacht für unser Zentrum zu werden. Wir hatten uns einen Ruf als das beste Team in Irland aufgebaut, mit Kämpfern, die es mit den besten Kämpfern aus Großbritannien aufnehmen konnten, nun hatten wir die Chance, uns auf internationaler Bühne zu beweisen. Es lag mir auch viel daran, einen guten Eindruck auf Matt zu machen. Ich war mir seiner Anwesenheit bewusst, als sich die Jungs aufwärmten und ich sie während der Kämpfe betreute.

Aber es wurde eine schlimme Nacht für SBG. Einige meiner Kämpfer wurden niedergemacht, und die Show insgesamt war eine Katastrophe. Manchmal gibt es Nächte, selbst auf höchstem Niveau, in denen die Kämpfe einfach nicht ansprechend sind, in denen die Menge unruhig ist und eher Hohnrufe als Jubel zu hören sind. Der Abend von Rings war einer dieser Abende. Der Tiefpunkt kam, als der Hauptkampf angekündigt wurde. Rodney Moore aus Nordirland sollte gegen Jimmy Curran kämpfen, einem bekannten Kickboxer aus Dublin, der aber kaum MMA-Erfahrung hatte. Wegen Jimmy wurden viele Eintrittskarten verkauft, so war er sozusagen der Star des Abends.

Rodney kam zuerst auf die Kampffläche und ging in seine Ecke, aber als Jimmys Name aufgerufen wurde, erschien er nicht. Es wurde unangenehm still, ehe »Borat«, der auch der Präsentator war, noch einmal ansetzte: »Versuchen wir es nochmals. Aus Dublin, Irland, Jimmy

Curran!« Aber er war wie vom Erdboden verschluckt. Die Menge war wütend und es flogen Bierflaschen in unsere Richtung, die wir nahe am Ring standen, sodass wir in Deckung gehen mussten.

Schließlich stellte sich heraus, dass Jimmy seine Meinung plötzlich geändert hatte und durch das Fenster geflüchtet war, als er auf die Bühne gerufen worden war. Leider bekam Jimmy bald andere, noch ernstere Probleme. Drei Wochen später wurde er bei einem nicht mit dem Kampf in Zusammenhang stehenden Vorfall in einem Pub in Dublin erschossen.

Ich war tagelang niedergeschlagen nach dem Rings-Event. Es war nicht nur für SBG enttäuschend gewesen, es war eine schlimme Nacht für die MMA in Irland insgesamt. Ich war zornig, schämte mich und war desillusioniert. Es war eine jener Nächte, in denen alles schiefgeht, was nur schiefgehen kann. Ich hatte einen Menge Kritik von irischen MMA-Fans auf Internetforen einzustecken – »John Kavanagh hat Irland auf der Weltbühne bloßgestellt«. Aber mir machte vor allem Sorge, was die verunglückte Veranstaltung für den Sport im Land insgesamt bedeuten würde. MMA musste ohnehin schwer um mehr Popularität kämpfen, und das war sicherlich nicht dienlich gewesen. Für viele Menschen war diese Nacht im Point Depot der erste Kontakt mit dem Sport gewesen. Da konnte man ihnen keine Vorwürfe machen, wenn sie nichts mehr damit zu tun haben wollten. So schlimm stand es um unseren Sport.

Die Phase danach war eine echte Herausforderung, aber in schweren Zeiten muss man eben durchhalten. Es war eine schwierige Periode, aber ich dachte niemals daran, das Handtuch zu werfen. Bald waren wir wieder alle in der Trainingshalle und bereiteten uns auf die nächsten Kämpfe vor. Viele glauben, dass die MMA in Irland stetig an Popularität gewannen, doch ich muss sagen, dass das ganz und gar nicht der Fall war. Es gab beinahe ebenso viele Tiefs wie Hochs, vor allem zu Beginn, und diese Nacht war nur einer von mehreren Rückschlägen. Wie auch immer, man kann nicht erfolgreich sein, wenn man nicht auf dem Weg dahin auch Rückschläge verkraften kann. Die Menschen, die wichtig sind, lassen sich nicht davon beeindrucken, ob man gewonnen oder verloren hat. Man verliert am Samstagabend, und startet am Sonntagmorgen neu durch. Deshalb bin ich bei Siegen niemals allzu euphorisch bei der Siegesfeier, bin aber auch nicht über die Maßen niedergeschlagen in den Zeiten nach einer Niederlage. Sieg und Niederlage sind bloß zwei Seiten derselben Medaille. »Siege oder lerne« ist das Motto von SBG, nicht Sieg oder Niederlage.

Einer der vielen Vorteile, die Mitglieder der Straight Blast Gyms haben, ist, dass sie andere Menschen aus der SBG-Familie rund um die Welt kennenlernen; einige von ihnen sind inzwischen enge Freunde, Karl Tanswell in Manchester beispielsweise. Karl ist ein hervorragender Trainer und ein großartiger Partner. Bei den gemeinsamen Reisen für den Sport, den wir lieben, konnten wir großartige Eindrücke teilen.

Irland ist meine Heimat und wird es immer bleiben, aber einen Platz in meinem Herzen hat auch Island. Das erste Mal flog ich 2005 nach Island, auf Anfrage von Matt Thornton sollte ich in einem Zentrum namens Mjölnir in Reykjavík Seminare abhalten und als Trainer arbeiten. Matt fuhr einmal pro Jahr dorthin, aber 2005 fragte er mich, ob ich ihn ersetzen könnte. Für mich war es eine Art Urlaub in einer interessanten Region. Ich dachte nicht im Traum daran, dass das nur die erste einer Reihe von Reisen nach Island sein würde. Es war auch eine Ehre für mich, dass Matt mir so großes Vertrauen schenkte.

In Mjölnir warteten viele enthusiastische Sportler auf mich, aber zwei Burschen stachen sofort hervor; einerseits Arni Isaksson, ein intensiver Charakter, immer bereit, sich selbst zu prüfen. Sein Spitzname »The Ice Viking« war absolut passend. Andererseits ein sechzehnjähriger Junge namens Gunnar Nelson. Man hatte mir schon in Dublin von Gunni erzählt. Er hatte hervorragende Karatekenntnisse, die Grifftechniken waren jedoch noch neu für ihn, aber er machte sich damit rasch vertraut.

In Island angekommen, fragte mich Gunni, ob ich ihm eine Privatstunde geben konnte. Sein Potenzial habe ich beim Training sofort erkannt. Nur um ihn daran zu erinnern, wer der Trainer war, hielt ich ihn gegen Ende eine Weile fest und kitzelte ihn.

Mein erster Kontakt mit Arni verlief nicht so gut. Nur mit Thai-Shorts bekleidet und schweißgebadet kam er nach dem Training zu mir und fragte mich mit einem irren Blick in gebrochenem Englisch: »Du aufstehen?«

Ich dachte, er wollte mit mir kämpfen und antwortete: »Nicht mit dir, nein.«

Aber eigentlich hatte er nur fragen wollen, ob ich auch Standkampf coachte. Nach dem anfänglichen Missverständnis verstanden Arni und ich uns aber wirklich prächtig. Er war erst 21 Jahre alt, aber schon ein guter Kickboxer, der in den MMA Spuren hinterlassen wollte. Als ich nach Dublin zurückkehrte, kam Arni mit mir, um im SBG zu trainieren.

Der ursprüngliche Plan war, dass er einige Wochen in meiner Wohnung in Ranelagh bleiben sollte, bis er eine eigene fand. Drei Monate später lebte er immer noch bei mir. Tag für Tag durchsuchte ich Zeitungen und Websites nach einer Mietwohnung für ihn in Dublin. Ich schickte ihn zu den jeweiligen Adressen, aber er kam immer mit schlechten Nachrichten zurück nach Hause.

»Habe sie nicht bekommen.«

Was war da nur los, fragte ich mich. Arni war ein netter Junge. Es war doch seltsam, dass niemand ihm ein Zimmer vermieten wollte. Das nächste Mal ging ich mit. Und da begriff ich, warum ihm niemand eine Wohnung geben wollte.

Als wir beim Haus ankamen, öffnete eine junge Frau die Tür und Arni bellte einfach: »Ich Zimmer haben.« Er hatte ein blaues Auge und eine Kapuze auf dem Kopf. Erschreckt von diesem wilden Ausländer mit geschwollenem Auge, der da vor der Tür stand, sagte die junge Frau nur: »Es ist schon weg«, und schlug die Tür zu.

Verwirrt wandte sich Arni zu mir und sagte: »Jedes Mal dasselbe.«

2005 debütierte Arni in den MMA, der Auftakt zu einer erfolgreichen Karriere, in deren Verlauf er Typen wie Greg Loughran und Dennis Siver schlug und einen Cage-Warriors-Titel im Weltergewicht gewann.

Ein weiterer vielversprechender Nachwuchskämpfer im Zentrum in Harold's Cross war ein enthusiastischer Siebzehnjähriger, der Tom Egan hieß. Tom war wirklich wendig auf den Beinen, er hatte viel Charisma und war ein hervorragender Athlet. Von den Nachwuchskämpfern im SBG war er die herausragende Erscheinung. Und es gab auch eine erste weibliche Kämpferin, Aisling Daly. Als sie das erste Mal in meinem Zentrum auftauchte, hatte ich Zweifel, ob eine Teenagerin mit einer Meute Jungs trainieren konnte. Außerdem schien sie ein ziemliches stilles Mädchen zu sein, das nicht für diese Umgebung geschaffen war. Ich musste Aisling natürlich genauso behandeln wie alle anderen, also ließ ich sie durch die Hölle gehen, um zu sehen, ob sie die Voraussetzungen für eine Kämpferin hatte. Sie kam immer wieder und wollte mehr.

Das Trainingszentrum wuchs, wir nahmen eine Reihe neuer Mitglieder auf, von Teenagern bis Veteranen. Im Sommer 2006 konnte ich SBG Irland dann weiter aufwerten. Ich vereinbarte die Anmietung einer wirklich schönen Halle in Tallaght und teilte dem Eigentümer des Gebäudes in Harold's Cross mit, dass ich es räumen würde.

Doch drei Wochen vor der Umsiedelung lösten sich alle Pläne in Luft auf. Der Eigentümer von Tallaght sagte, er habe seine Meinung geändert, obwohl wir bereits Monate zuvor mit Handschlag die Vereinbarung abgeschlossen hatten. Er meinte, es sei zu schwierig, die Baubewilligung für ein MMA-Zentrum zu bekommen. Deshalb nehme er seine Zustimmung zurück. Doch nun war es zu spät, um das Gebäude in Harold's Cross zu behalten, also hingen wir wirklich in der Luft.

Die vier Monate, die wir für die Suche eines neuen Gebäudes brauchten, waren extrem schwierig für mich. Ich musste als Notlösung meinen Unterricht stundenweise in einer Schulturnhalle in Crumlin geben. Mir war bewusst: Je länger die Phase der Unsicherheit dauerte, desto schädlicher war es für die Zukunft von SBG Irland. Wie konnte man uns als internationale Kampfmannschaft ernst nehmen, wenn wir nur ein paar Mal in der Woche in einer Schulhalle trainierten?

Die Umstellung auf Teilzeitbetrieb schadete auch meinen Einnahmen, und in der Folge musste ich wieder mehrmals in der Woche als Türsteher in Bars und Nachtklubs arbeiten. Einige Jahre zuvor, als das Zentrum gewachsen war und ich den Job als Türsteher an den Nagel hatte hängen können, hatte ich mir geschworen, dass ich meinen Traum von einer erfolgreichen Karriere in den Kampfkünsten aufgeben würde, wenn ich jemals gezwungen sein würde, wieder auf diese Arbeit zurückzugreifen. Nun begann ich den Druck zu spüren, mir eine »normale Arbeit« zu suchen, wie sich meine Eltern ausgedrückt hätten. Einmal sperrte ich mich ins Badezimmer meiner Wohnung, kauerte mich mit dem Rücken gegen die Tür auf den Boden und weinte einfach einige Stunden vor mich hin. Ich hatte Angst, dass ich Jahre meines Lebens vergeudet hatte, weil ich eine Sackgasse genommen hatte, anstatt meine Ausbildung zu nutzen.

Doch zum Ende des Sommers hin fanden wir endlich ein neues Zuhause. Es war ein Industriekomplex in Rathcoole, etwa 15 Kilometer vom Zentrum Dublins entfernt. Die Lage war keineswegs ideal. Man musste mindestens einmal umsteigen mit dem Bus, um aus dem Zentrum dorthin zu gelangen. Aber es war ein schönes Gebäude für ein Trainingszentrum. In all der unproduktiven Zeit hatten wir auch kein einziges Mitglied verloren. Der Traum war also noch nicht ausgeträumt.

5

An einem Nachmittag im Jahr 2006 kam ein achtzehnjähriger Bursche mit geschorenem Kopf in die Trainingshalle in Rathcoole. Er ging mit Tom Egan in die Schule, der uns bekannt machte.

»Das ist ein Freund von mir, Conor McGregor. Er hat einige Jahre lang geboxt, aber er würde gerne mit uns trainieren und bei den MMA einsteigen.«

Ich kann mich nicht mehr genau daran erinnern, was Conor bei unserem ersten Treffen sagte, doch er bezeichnete sich im Verlauf des Gesprächs als künftigen UFC-Champion. Es war also von vornherein klar, dass seine Karriere sicherlich nicht an mangelndem Selbstbewusstsein scheitern würde. Conor war wild darauf, bei seinem ersten Sparring im SBG einen guten Eindruck zu machen. Das Ergebnis war, dass er Owen Roddy mit einem schweren Körpertreffer zu Boden schickte. Das war nicht der Sinn des Sparrings im SBG, aber ich ließ es durchgehen. Ich konnte seinen Enthusiasmus verstehen, da es seine erste Trainingseinheit mit Owen war, der in dieser Zeit wirklich gut drauf war und der bereits mehrere Profikämpfe bestritten hatte. Conor wollte an einem unserer besten Kämpfer zeigen, was er konnte. Ich wusste aber auch, dass sich Owen früher oder später revanchieren würde.

Was dann geschah, war aber wirklich inakzeptabel. Während ich in meinem Büro saß, hörte ich draußen jemanden sagen: »Der Typ will Ais zu Boden bringen.« Ich wusste sofort, dass Conor gemeint war, da Aisling Daly nach Owen in den Ring gestiegen war. Ich verließ mein Büro und sah Aisling im Ring liegen. Sie war in Tränen aufgelöst. Conor hatte sie mit einem Körpertreffer verletzt.

Okay, dachte ich, *einmal habe ich dir so was durchgehen lassen, aber wenn du glaubst, du kannst die Leute schikanieren, hast du dich verrechnet.*

»Gut, Conor«, sagte ich, »ich bin der Nächste.« Ich zog mir die Handschuhe an, stieg in den Ring und verprügelte ihn, bis er die Botschaft verstand: *Diese Sportler sind deine Kameraden, nicht deine Feinde.*

Nachdem alles vorbei war, sah mich Conor an und meinte: »Okay, das habe ich verdient.«

Er war ein Schläger, als er zu uns kam. Ein Schläger alter Schule, ganz einfach. Der Crumlin Boxing Club, wo Conor trainiert hatte, ist ein Platz für Kämpfer. Wer dort hingeht, sieht nur Kämpfe, Kämpfe und noch mehr Kämpfe. Im SBG aber geht es ums Lernen.

Nachdem ich ihm meine Botschaft auf diese Art und Weise vermittelt hatte, verstanden wir uns außerordentlich gut. Conor war am nächsten Tag wieder da und lebte sich schnell in der neuen Umgebung ein. Manchmal ging sein Ehrgeiz noch mit ihm durch, aber es war schwer, Conor böse zu sein, da er immer fröhlich und lustig war. Eines Tages machten wir eine Ringerübung, bei der der Sieger auf der Matte blieb und einen neuen Gegner bekam. Nachdem Conor zu Boden gegangen war, kämpfte er einfach weiter.

»Conor«, sagte ich, »hast du nicht mitbekommen, dass dein Rücken auf der Matte aufkam? Das war der Ende des Kampfes.«

Er gab bei jedem Training alles und war sehr ehrgeizig. Nach dem Training hatte er auch immer viele Fragen. Kaum war ich zu Hause und sah fern, da kam auch schon eine Nachricht: »Diese Befreiung, die du heute Abend vorgezeigt hast, könnten wir das morgen wiederholen.« Er war besessen davon zu lernen. Ich glaube nicht, dass er jemals abschalten konnte.

In der folgenden Woche machten wir dieselbe Ringerübung nochmals, und diesmal schaffte es Conor, mich auf den Boden zu bringen. Bevor ich noch auf die Beine kommen konnte, stellte er sich vor mir auf und wiederholte: »Hast du nicht mitbekommen, dass dein Rücken auf der Matte aufkam? Das war der Ende des Kampfes.« Es war nicht das erste Mal, dass er mich zum Lachen brachte, und es war auch nicht das letzte Mal. Den Mannschaftskameraden ging es genauso. Er war ein Mensch, der alle unterhalten konnte, der durchaus auch Charme hatte. Seine Kameraden sahen natürlich, dass er über die Maßen selbstbewusst war, aber diese Überheblichkeit ging nie auf ihre Kosten. Die anderen Kämpfer im Zentrum respektierten ihn und er revanchierte sich mit dem gleichen Verhalten. Conor war gerne Teil der Mannschaft.

Als ich Conor sah, dachte ich sofort: *Das ist ein Weltmeister.* An seiner Persönlichkeit und seiner Athletik konnte man klar erkennen, dass er alle Voraussetzungen dafür hatte. Kämpfer können ihre sportlichen Fähigkeiten bis zu einem Spitzenniveau entwickeln, wenn sie viel in ihr Training investieren, aber können sie sich auch das gewisse Etwas aneignen, das den entscheidenden Unterschied ausmacht, um ein Champion zu werden? Ich habe noch niemanden gesehen, der das geschafft hätte, denn es ist etwas, das der Kämpfer von Anfang an in sich haben muss. Conor hatte es.

Er besaß ein enormes Potenzial und eine außerordentlich gute Schlagtechnik, aber auch große Lücken in der Bodentechnik, die erst geschlossen werden mussten. Und das ging nicht über Nacht.

Ein anderes Problem war, dass er anscheinend abseits des Trainings mit Dingen beschäftigt war, die ihn ablenkten. Dublin ist keine übermäßig große Stadt, und so fand ich bald heraus, dass er mit Typen herumhing, die man besser meiden sollte, wenn man ein erfolgreicher Profisportler werden will. Conor war über mehrere Wochen viele Stunden am Tag im Training – und dann war er plötzlich verschwunden, und wir bekamen ihn Wochen hindurch nicht zu Gesicht. Er hatte auch das Talent, gerade dann zu verschwinden, wenn es Zeit war, seinen Mitgliedsbeitrag zu zahlen.

Aber wenn er wieder zurück war, war er vollkommen konzentriert und aufmerksam. Mit Tom trainierte er auch zu Hause. Tom brachte ihm das brasilianische Jiu-Jitsu bei, während Conor ihm etwas von seinen Boxkenntnissen vermittelte. Als Conor mit dem Training im SBG begann, boxte er parallel dazu auch noch, was mich überhaupt nicht störte. Seine Boxtrainer sahen das wohl etwas anders und so fällte Conor letztlich eine Entscheidung. Seine Zukunft waren die MMA.

Als wir in Rathcoole trainierten, arbeitete ich mit einigen sehr vielversprechenden jungen Kämpfern zusammen, die damals noch am Anfang ihrer Karriere standen, daher erinnere ich mich gerne an diese Tage. Aber auch ich selbst erreichte Ziele, die ich mir gesteckt hatte.

Im Jahr 2007 fuhr ich in die Türkei, um bei den World Grappling Championships teilzunehmen, deren Ausrichtung in die Zuständigkeit von FILA, dem Weltverband der Ringer, fällt. Es waren viele Spitzensportler aus der ganzen Welt dort, und als ich einige der Namen las, hatte ich Angst, mich in dieser renommierten Gesellschaft zu blamieren. Doch ich hätte mir keine Sorgen machen müssen.

Ich schaffte es bis ins Finale, wo ich durch einen Fußhebel besiegt wurde, und zwar von Ricky Lundell, der später Spitzenkämpfer der UFC wie Jon Jones und Frank Mir trainierte. Da ich bis ins Finale gekommen war, war ich natürlich enttäuscht, dass ich nicht gewonnen hatte, aber es war ein Meilenstein in meiner Karriere, und aus heutiger Sicht kann ich meine Leistung noch besser würdigen. Es war ein großartiger Moment für mich, als ich auf dem Podium stand und meine Silbermedaille in Empfang nahm, während die irische Flagge hinter mir hochging und die Nationalhymne gespielt wurde. Meist waren es amerikanische Flaggen, die während des Turniers gehisst wurden, daher war es schön, dass auch Irland einmal vertreten war.

In Rathcoole erreichte ich auch die höchste Stufe in der Hierarchie des brasilianischen Jiu-Jitsu. Es ist extrem schwierig, einen schwarzen Gürtel im BJJ zu bekommen. Ich liebe alle Kampfsportarten, aber wenn jemand einen schwarzen Gürtel in Karate trägt, kann das ganz unterschiedliche Dinge ausdrücken. Es kann sich um ein achtjähriges Mädchen handeln, das eine fast tänzerisch angelegte Choreografie zeigt, wie ich es getan habe, als ich begann.

Ebenso kann es auch ein Mann sein wie Lyoto Machida, der sein Karate bei den MMA einsetzte, um seine Gegner jahrelang auf brutale Weise auszuknocken. Der Punkt ist, dass man nicht wissen kann, ob jemand, der den schwarzen Gürtel in Karate hat, tatsächlich kämpfen kann, bis man ihn in Aktion sieht. Wenn jedoch jemand einen Gürtel in BJJ hat, kann man davon ausgehen, dass er ein ziemlich harter Bursche ist.

Um der erste Ire zu sein, der nach langen Jahren des Trainings einen schwarzen Gürtel im brasilianischen Jiu-Jitsu erhielt, musste ich eine letzte schwere Hürde überwinden. Matt Thornton kam in mein Trainingszentrum in Rathcoole, um meine Leistung bei der letzten Herausforderung zu bewerten. Sie nennt sich »Iron Man« und besteht darin, mit allen Personen im Trainingszentrum bis zur Aufgabe zu kämpfen. An diesem Abend waren 70 Personen in der Halle.

Es war eine gewaltige Herausforderung und ich musste meine allerletzten Reserven mobilisieren, sowohl physisch als auch psychisch. Als es schließlich zu Ende war und Matt mir den schwarzen Gürtel um meine Hüften band, kämpfte ich mit den Tränen. Ich war völlig überwältigt. Das erste Mal hatte ich BJJ bei mir zu Hause am Fernsehschirm gesehen, als ich Royce Gracie bei der UFC 1 bewundert hatte. Damals hatte ich keine Ahnung, was er machte und wie er es machte, aber ich wusste, dass ich genau das lernen wollte. Knapp zehn Jahre später war ich ein anerkannter Meister eben dieser Kampfkunst. Das Erreichen des schwarzen BJJ-Gürtels war schon lange ein Ziel von mir gewesen, aber lange Zeit hindurch schien es nur ein Wunschtraum zu sein. Niemand in meinem Land hatte jemals dieses Niveau erreicht, doch so etwas hat mich noch nie abgeschreckt.

Das Wunderbare am brasilianischen Jiu-Jitsu ist, dass die Reise nicht zu Ende ist, wenn man an der Spitze ankommt. Im Gegenteil. BJJ ist so komplex, dass man niemals in allen seinen Aspekten perfekt sein kann. Man ist nie am Ziel. Obwohl ich wirklich zufrieden war, als ich meinen schwarzen Gürtel bekam, war ich schnell wieder bei der Einstellung, die ich im Sport immer an den Tag gelegt habe: *Okay, es gibt noch sehr viel zu lernen, also zurück auf die Matte und weiterlernen.*

Ebenso wie es für mich ein wichtiger Moment war, war es auch für BJJ und die MMA in Irland insgesamt bedeutsam. Das Land hatte nun seinen ersten Schwarzgurtträger und es gab viele andere, wie etwa Andy Ryan, die Fortschritte auf dem Weg nach oben machten. Es war ein weiteres Zeichen dafür, dass die irischen MMA sich in die richtige Richtung entwickelten.

2007 hatte sich allgemein herumgesprochen, dass die Kämpfer von SBG Irland ein Team bildeten, mit dem man rechnen musste. Owen Roddy, Aisling Daly und Tom Egan gewannen regelmäßig. Das tat auch Gunnar Nelson. Gunni kam erstmals im Jahr 2006 nach Dublin zum Training, ein Jahr nachdem ich ihn in Island kennengelernt hatte. Die Fortschritte, die er in dieser kurzen Zeit gemacht hatte, waren erstaunlich. Gunni wurde von seiner Familie stark unterstützt, besonders von seinem Vater Halli. Sie standen ihm immer zur Seite bei seinem Streben nach Erfolg in den MMA, ob es nun notwendig war, zum Training nach Irland zu gehen, in die USA oder wohin auch sonst. Als Gunni in Dublin war, wohnte er in meiner Wohnung. Er war besessen davon, sich zu verbessern. Manchmal klopfte es um ein Uhr morgens an meiner Zimmertür. Das war Gunni, der nicht einschlafen konnte, weil er noch eine Frage zu einer Technik hatte.

»Gunni, geh schlafen. Das können wir morgen diskutieren«, antwortete ich ihm dann verschlafen.

Er kämpfte im Jahr 2007 fünfmal, wobei er nach einem Unentschieden in seinem Debütkampf viermal in der ersten Runde gewann. Schon im Alter von 19 Jahren war klar, dass Gunni eine große Zukunft hatte. Eine seiner wertvollsten Eigenschaften war seine Gelassenheit. Ob er fernsah oder in den Ring stieg, Gunni wirkte immer völlig unbeeindruckt. Er blieb vollkommen ruhig, eine höchst seltene Eigenschaft. Nach einem Sieg gab es da keine ausgelassenen Siegesfeiern. Er überlegte nur, wohin wir essen gehen sollten. Dann konzentrierte er sich sofort auf seinen nächsten Kampf.

Gunnis Fortschritte waren einzigartig. Er hatte in den MMA, aber auch bei BJJ-Turnieren viel Erfolg. Nur drei Jahre, nachdem wir uns kennengelernt hatten, verlieh ich ihm daher seinen braunen Gürtel. Das war auch für mich ein toller Moment, denn wir waren uns, als er bei seinen Reisen bei mir gewohnt hatte, sehr nahegekommen und er war fast wie ein Bruder für mich. Vier Jahre nachdem er mit dem BJJ begonnen hatte, erhielt er dann seinen schwarzen Gürtel. Nur ein Einziger konnte ihm in dieser Hinsicht das Wasser reichen, und zwar der legendäre UFC-Champion BJ Penn.

Conor McGregor stieß 2007 als Amateur zur Kampfmannschaft, im folgenden März hatte er sein Debüt als Profi. Er wurde mit seinen ersten beiden Gegnern mühelos fertig, weil seine Schlagtechnik auf nationaler Ebene einfach dominierend war. Nach seinem ersten Sieg musste ich Conor am folgenden Montagmorgen in mein Büro bitten. Denn er hatte seinen Sieg zu ausgiebig bejubelt und seinen Mundschutz in die Menge geworfen. Dabei hatte er einen Zuschauer im Gesicht getroffen, der darüber natürlich ganz und gar nicht glücklich gewesen war. Auch wenn ich Conors Euphorie verstehen konnte – schließlich war es sein allererster Kampf –, musste ich ihm doch klarmachen, dass er sich unter Kontrolle halten musste. »Mach so etwas nie wieder«, ermahnte ich ihm, »dafür trainieren wir hier nicht.«

Ich entschloss mich, die Messlatte bei seinem dritten Kampf höher zu legen. Bei Cage of Truth 3 am 28. Juni 2008 stand ihm Artemij Sitenkov aus Litauen gegenüber. Dieser Gegner war älter und erfahrener, doch er würde Conor keine Schwierigkeiten bereiten, wenn der Kampf im Stand bliebe. Jedoch war Sitenkovs Hintergrund die russische Kampfsportart Sambo, die ihre Wurzeln in verschiedenen Formen des Ringens hat, inklusive vieler Bein- und Armhebel. Mit anderen Worten, ich wusste, dass der Kampf für Conor zu Ende war, wenn es zum Bodenkampf kommen würde. Vielleicht sagte mir eine Stimme in meinem Inneren, dass dieser großspurige Kämpfer einmal geschlagen werden musste, um die Wichtigkeit dieser Seite seines Sportes schätzen zu lernen. Und auch, dass ihm eine Lektion erteilt werden musste, da er anscheinend immer noch mehr auf das Feiern als auf das Training fokussiert war. Wenn Kämpfer in mein Trainingszentrum kommen, gebe ich ihnen alles, was sie brauchen. Aber ich schleife sie nicht zum Training. In dieser Hinsicht muss jeder selbst die Verantwortung übernehmen.

Die Strategie von Conor in diesem Kampf war, seine Schläge zu landen und sich dann zurückzuziehen, aber Sitenkov verlor keine Zeit und zog ihn sofort auf den Boden. Conors Plan war also wertlos. Er verteidigte sich allerdings überraschend gut gegen den Versuch, ihn zu Boden zu bringen. Sitenkov legte sich auf den Rücken und schlang die Beine um Conor. Dieser versuchte, stehen zu bleiben, und schlug auf ihn ein, aber dann machte er einen schweren Fehler. Durch seinen Versuch, sich selbst auf den Rücken zu legen und die Verteidigung von Sitenkov zu durchbrechen, ermöglichte er es Sitenkov, seine Position zu verändern und sein Knie zu fixieren, um einen Kniehebel anzusetzen und ihn zur Aufgabe zu zwingen.

Ich saß am Ring und dachte: *Was in aller Welt machst du da? Du weißt doch noch nicht einmal, wie man in die Rückenlage geht!* Weil so viele Verwandte und Freunde unter den paar 100 Zuschauern waren, war er offenbar aufgeregt und machte auf der Suche nach einem schnellen Ende eine vorschnelle Bewegung, deren Technik er noch nicht wirklich beherrschte. Als Sitenkov versuchte, Conors Bein zu strecken und den Hebel zu vollenden, probierte dieser, ihn mit Schlägen am Boden daran zu hindern. Doch Sitenkov kam zum Ziel und Conor musste abklopfen, um die Aufgabe zu signalisieren.

In dieser Nacht traf ich Conors Eltern zum ersten Mal. Sie waren gekommen, um ihn kämpfen zu sehen, aber nach 69 Sekunden war alles schon vorbei. Eltern und andere nahestehende Personen machen sich oft Sorgen darüber, dass die Kämpfer schwer verletzt werden könnten, aber das ist für sie selbst niemals die Hauptsorge. Ihre größte Angst ist, vor Menschen, die sie kennen, gedemütigt zu werden. Unzählige Male haben ich von Jungs in der Umkleidekabine gehört: »Was auch immer geschieht, ich möchte nicht doof dabei aussehen.«

Einige wenige finden es sogar gut, in eine brutale Schlägerei verwickelt und niedergemacht zu werden. Aber einen schnellen Knock-out zu erleben oder zur Aufgabe gezwungen zu werden, ist der Albtraum jedes Kämpfers, und genau das passierte Conor gegen Artemij Sitenkov.

Doch das war nicht das einzige Problem bei diesem Kampf. Als Veranstalter von Cage of Truth überließ ich den lokalen Kämpfern Eintrittskarten für den Verkauf an Freunde und Familie. Sie gaben die Einnahmen an mich weiter, erhielten aber eine Prämie. Conor hatte 25 Eintrittskarten zu jeweils 20 Euro bekommen, ein Wert von 500 Euro.

Nach Ende der Veranstaltung, als die anderen Kämpfer der Show mir das Geld aus den Ticketverkäufen aushändigten, meinte Conor, dass er es nicht dabei hatte.

»Entschuldigung, John, ich habe vergessen, es mitzubringen«, sagte er. »Ich gebe es dir nächste Woche.«

Das war nicht ungewöhnlich für Conor. Er zahlte auch nur selten seinen Mitgliedsbeitrag, aber ich drückte immer eine Auge zu, vielleicht im Wissen, dass es sich letztlich lohnen würde. Die Wahrheit aber war, dass er das Geld nicht mehr hatte. Nachdem er die Tickets im Vorfeld der Veranstaltung verkauft hatte, gab er die Einnahmen aus und wollte sie später ersetzen. Letztlich hatte er jedoch alles ausgegeben und es war kein Cent mehr übrig.

Die Woche ging vorbei, und es kam kein Lebenszeichen von Conor. Aus einer Woche wurde ein Monat. Schließlich gab ich es auf, ihn anzurufen.

Nach einem weiteren Monat erhielt ich einen Anruf von den McGregors, aber nicht Conor war am anderen Ende der Leitung. Es war seine Mutter. Ich hatte sie am Abend des Kampfes mit Sitenkov zwar kennengelernt, aber wir hatten bisher noch nicht wirklich miteinander gesprochen. Als sie mir am Telefon sagte, wer sie war, dachte ich erst: *Oh, der Mistkerl, der ist mit meinem Geld auf und davon. Was will jetzt seine Mutter von mir?*

»Könnten Sie nicht vorbeikommen, um nach Conor zu sehen«, bat sie mich. »In letzter Zeit hat er überhaupt nicht trainiert, er ist etwas von seinem Weg abgekommen. Wir machen uns Sorgen um ihn.«

Um ehrlich zu sein, interessierte mich das anfangs wenig. Warum sollte ich ihm helfen? Conor war es, der mir etwas schuldete. Ich schuldete ihm gar nichts. Mein Trainingszentrum schwamm zu diesem Zeitpunkt nicht gerade in Geld, also konnte ich bei einer Summe von 500 Euro nicht großzügig sein.

»Verzeihung«, fragte ich nach, »wie war noch mal Ihr Name?«

»Margaret.«

Das berührte mich irgendwie, denn auch meine eigene Mutter hieß Margaret. Nur eine kleine Gemeinsamkeit, aber sie wirkte sofort. Schlagartig spürte ich, dass sie nur eine besorgte Mutter war, die mich bat, ihrem Sohn zu helfen. Wenn ich vor 15 Jahren eine schwierige Phase durchgemacht und meine Mutter eine andere Person um Hilfe gebeten hätte, wie wäre es da gewesen, wenn diese sie ignoriert hätte? Aus den Worten Margarets ging eindeutig hervor, dass irgendetwas nicht in Ordnung war. Es hörte sich nicht gut an, als sie sagte, dass Conor eine schwierige Zeit durchmache.

»Ich glaube nicht, dass ihm ein anderer helfen kann«, sagte sie.

Es überraschte mich nicht, als ich erfuhr, dass Conor in den Wochen, die er nicht im Training erschienen war, vom Weg abgekommen war. In der kurzen Zeit, die ich ihn kannte, war mir klargeworden, dass er leicht abglitt.

Also willigte ich ein, bei der Familie in Lucan vorbeizuschauen, um mit Conor zu sprechen. Die ganze Familie war versammelt: Conors Eltern und seine beiden Schwestern. Sie sahen alle besorgt aus und bangten um ihren Sohn, ihren Bruder.

Zunächst bekam ich einige weitere Informationen von ihnen. Anscheinend war er depressiv und weigerte sich, sein Zimmer zu verlassen.

Er wollte nicht trainieren. Er wollte überhaupt nichts tun – nichts als den Leuten zu sagen, sie sollten sich zum Teufel scheren und ihn in Ruhe lassen.

Conor wusste nicht, das ich unten mit seiner Familie zusammen war. Er rechnete überhaupt nicht mit mir. Ich ging hinauf und klopfte an der Schlafzimmertür.

»Was?«, brummte eine Stimme.

Als ich die Tür öffnete, blickte er mich an, als wäre ich ein Gespenst. Er wirkte überhaupt nicht mehr wie der gesunde junge Athlet, den ich kannte.

Ich setzte mich zu ihm ans Bett und wir unterhielten uns. Ich erklärte ihm, dass ich wusste, dass er sich mit Menschen abgab, mit denen er besser keinen Kontakt haben sollte, und mit Dingen beschäftigte, die er lieber bleiben lassen sollte. Ich sagte ihm auch, dass ihm das alles auf keinen Fall gut tat. Zum Schluss bat ich ihn, mir zu sagen, ob ich nur meine Zeit verschwendete. Sollte ich das Haus verlassen und nie wieder zurückkommen? Oder war es ihm lieber, frei von Schulden durchzustarten?

Es war Freitagabend, ich versprach ihm, die Tickets zu vergessen und ihm die Möglichkeit zu geben, von vorne anzufangen, wenn er am Montag zum Training erschien. Aber zuallererst musste er sich seiner Verantwortung bewusst werden: *Ja, ich habe Scheiße gebaut, und ich werde alles tun, um meine Lage zu verbessern.* Wenn er das nicht eingesehen hätte, wäre ich sofort gegangen. Und das wollte ich nicht. Trotz des Vorfalls mit den Eintrittskarten mochte ich Conor und wusste, dass er die Fähigkeiten hatte, in den MMA sehr weit zu kommen. Seine Familie hatte sich sehr bemüht, mich dazu zu bewegen, vorbeizukommen und mit ihm zu sprechen. Ich war auch wirklich bereit, Conor seine Schulden zu erlassen, aber ab Montag durfte er sich nie wieder so gehen lassen.

»Ich werde dir alles geben, was du brauchst«, sagte ich. »Aber du darfst nicht wieder rückfällig werden und von deinem Weg abkommen. Du musst mir alles zurückgeben, zu 100 Prozent.«

Conors akzeptierte alles, blickte mir in die Augen und sagte: »Du hast recht. Machen wir das.«

Er gab zu, dass er einen unguten Lebenswandel führte, sich mit den falschen Leuten umgab und einen gefährlichen Weg eingeschlagen hatte;

dass er im Grunde sein Leben vergeudete. Es gab Tränen sowohl von ihm als auch von mir – aber wir gingen in diesem Moment beide eine Verpflichtung ein. Am folgenden Montag war Conor zurück im Training.

Es ist schwer zu sagen, was aus Conor geworden wäre, wenn er das nicht getan hätte. Er war in ein gefährliches Fahrwasser geraten. Der Kampf war seine Leidenschaft. Was hätte er tun sollen ohne ihn? Ich bin wirklich froh, dass Conors Mutter den Telefonhörer in die Hand genommen und mich an jenem Abend angerufen hat. Und ich bin froh, dass ihre Eltern sich dazu entschlossen haben, sie Margaret zu taufen! Diese persönliche Verbindung hat ganz entscheidend dazu beigetragen, dass ich mich auf die ganze Sache eingelassen habe, obwohl ich Conor ohnehin mochte. Er war schon damals so etwas wie ein kleiner Bruder für mich.

Ich bekomme ziemlich häufig Anrufe von besorgten Eltern. Einmal rief mich die Mutter eines Jungen an, um mir zu sagen, dass ihr Sohn sich weigerte, seine Hausaufgaben zu machen. Sie reichte ihm den Telefonhörer und ich erklärte ihm, dass er nicht mehr im Zentrum trainieren konnte, wenn er seine Aufgaben nicht machte. Im Gespräch erkannte ich seine Stimme nicht und auch sein Name sagte mir nichts Als die Mutter wieder zum Hörer griff, fragte ich sie daher, ob er überhaupt ein Mitglied von Straigt Blast Gym war.

»Nein«, antwortete, »aber ich wusste, dass er auf Sie hören würde und dass Sie die Sache in Ordnung bringen können.«

Dagegen ist eigentlich nichts einzuwenden.

Es ist noch nicht allzu lange her, da erteilte man den Kids Hausverbot oder man nahm ihnen ihre PlayStation weg. Heute sagt man ihnen anscheinend, dass sie nicht ins SBG gehen dürfen, wenn sie sich nicht benehmen können!

Conor benötigte auch noch nach unserer Unterhaltung Kontrolle. Wenn er bis ein Uhr morgens ausging, wusste ich das und ließ ihn das auch wissen. So kam er nicht in Versuchung, zu weit zu gehen. Entscheidend aber war, dass er zum Training kam. Er blieb auf Kurs. Ich war immer noch nicht überzeugt, dass er bei seiner nächsten Niederlage nicht ähnlich reagieren würde, aber das musste die Zukunft weisen. Die Schulden von Conor nach der Geschichte mit Sitenkov zu streichen, kostete mich ein paar hundert Euro, aber es sollte sich bald erweisen, dass sie eine lohnenswerte Investition gewesen waren.

6

Ein Auge auf Conor McGregor zu haben, war jedoch nicht die einzige Herausforderung, die das Jahr 2008 brachte. Nach knapp zwei Jahren in Rathcoole hatten wir uns gut im neuen Trainingszentrum eingerichtet. Trotz der abgelegenen Lage wuchsen die Mitgliederzahlen stetig, vor allem unter den jüngeren Leuten.

Doch dann traf mich unerwartet ein Schlag, der mich weit mehr als jemals davor in die Versuchung brachte, das Handtuch zu werfen.

Als ich eines Morgens die Post durchging, stieß ich auf ein Schreiben des Eigentümers des Gebäudes. Es war kurz und bündig. Die Firmen, die in dem Industriekomplex auf beiden Seiten an unser Zentrum angrenzten, waren nicht begeistert davon, dass Jugendliche in dem Gebäude ein und aus gingen. Sie hatten Angst, dass eines der Kinder in einen Lkw oder einen Gabelstapler laufen könnte. Rückblickend muss ich sagen, dass sie absolut recht hatten: Es hätte sehr leicht ein Unfall passieren können. Aber damals sah ich das im Hinblick auf die Konsequenzen für mein Sportzentrum ganz anders.

Man gab mir eine Woche, um das Gebäude zu räumen. Ungläubig starrte ich auf den Brief. Das Gebäude in Rathcoole zu finden, war sehr schwierig gewesen, und nun, kaum zwei Jahre später, standen wir wieder ganz am Anfang: Wir mussten nach einem neuen Zuhause Ausschau halten.

Ich war mir ganz und gar nicht sicher, ob ich die psychische Kraft aufbringen konnte, das alles nochmals von vorne durchzumachen. Mein Vater half mir zwar bei der Suche nach einer Immobilie, aber seine Suche war ein wenig halbherzig. Glücklicherweise konnten wir den

Eigentümer dazu bewegen, uns ein paar Wochen mehr Zeit zu geben, damit wir weitertrainieren konnten, während wir nach einem neuen Gebäude suchten. Mir aber schien es so, als würde das Unvermeidliche dadurch nur aufgeschoben. Offenbar war ich an einem Wendepunkt in meinem Leben angelangt.

Meine Eltern standen noch immer nicht voll hinter meiner Beschäftigung mit den MMA, hatten aber gesehen, wie viel ich in das Unternehmen investiert hatte. Daher unterstützten sie mich in dieser schwierigen Zeit, aber letztlich hätten sie es immer noch vorgezogen, wenn ich meinen Abschluss als Maschinenbauingenieur genutzt hätte. Ich war niemals davon ausgegangen, dass die MMA mich reich machen würden, aber ich hatte doch geglaubt, dass es möglich sein musste, mein Auskommen mit einer Beschäftigung zu haben, die ich liebte. Sieben Jahre nach der Eröffnung meiner ersten Trainingshalle war ich jedoch anscheinend wieder ganz am Anfang angelangt. Klar, wir hatten einen weiten Weg zurückgelegt, und es gab einige sehr vielversprechende Kämpfer im Team, aber Fakt war, dass ich mit 31 Jahren und mit einem Ingenieurdiplom keine wirkliche Zukunftsperspektive und außerdem keinen einzigen Cent auf meinem Bankkonto hatte. Wenn ich Pro und Kontra einer Fortsetzung meiner Karriere als MMA-Trainer gegeneinander abwog, waren die Kontras weit schwerer. Zum ersten Mal in meinem Leben schlug ich in der Zeitung die Seiten mit den Stellenanzeigen auf und überlegte meine Chancen.

Als ich deprimiert und ohne Antriebskraft schon ganz nahe dran war, alles hinzuschmeißen, bekam ich einen Hinweis auf ein potenzielles neues Gebäude in der Long Mile Road. Vielleicht war das ja der Rettungsanker, den ich brauchte. Ich hatte keine Ahnung, ob das Gebäude überhaupt geeignet war, aber es war immerhin ein erstes positives Zeichen, seit wir drei Monate zuvor Rathcoole verlassen hatten. Also klammerte ich mich an die Hoffnung, dass etwas Positives dabei rauskommen würde. Zur Besichtigung nahm ich meinen Vater mit.

»Das ist eine Müllkippe«, schimpfte er. Und das sagte er, bevor er den Baum gesehen hatte, der im rückwärtigen Gebäude stand. Ein Baum! Im Inneren des Gebäudes! Wie war das überhaupt möglich? Offenbar handelte es sich um eine alte Wollfabrik, die seit Jahren nicht mehr benutzt worden war. Alles war vollkommen verdreckt. Aber es war ein Gebäude, das ich haben konnte. Mein Optimismus kehrte auf der Stelle wieder zurück. Mein Vater konnte sich gar nicht vorstellen, wie das funktionieren sollte, aber ich versuchte, ihn zu beruhigen: »Es ist nicht so schlecht. Man muss ein bisschen saubermachen, dann etwas Farbe und ein Baumfäller – dann geht das in Ordnung.«

»Um Gottes Willen, John, hier wachsen Pilze an den Wänden.«

Eine Tatsache jedenfalls sprach für das Gebäude, es lag viel näher am Stadtzentrum. Aber das würde mich auch etwas kosten. Ich war bereits mit 25 000 Euro in den roten Zahlen, da ich ein Darlehen für Rathcoole aufgenommen hatte. Für den Umzug nach Long Mile brauchte ich weitere 15 000 Euro. Aus diesem Grund forderte die Bank einen Bürgen. Offenbar hatten meine Eltern doch ein wenig Vertrauen in mich, denn sie standen zu mir, als ich sie brauchte, und setzten dafür sogar ihr Haus aufs Spiel.

Mit einem Kredit von 40 000 Euro im Nacken unterschrieb ich einen Mietvertrag, sodass das beste MMA-Team Irlands in eine alte Fabrik einziehen konnte, die so feucht war, dass darin sogar ein Baum wuchs. Auch wenn das alles sich nicht wie der ideale Standort präsentierte, war ich nach einer Entrümpelung am Wochenende doch dazu bereit, SBG Irland mit einer letzten Anstrengung wieder zum Laufen zu bringen. In der nächsten Zeit kamen nahezu alle der 60 Mitglieder vorbei und halfen, das Gebäude in ein Trainingszentrum zu verwandeln. Wo auch immer das Zentrum im Lauf der Jahre hinzog, alle Mitstreiter blieben mir treu und trugen das Ihre dazu bei, die jeweilige neue Version aufzubauen. Für diese unglaubliche Loyalität bin ich ihnen ewigen Dank schuldig.

Meine Eltern, meine Schwester und mein Bruder halfen beim Malern und Saubermachen kräftig mit. Als wir dann noch jemanden fanden, der den Baum entfernte, sah alles schon recht gut aus – wie ein Trainingszentrum, in dem wir auf Erfolge hinarbeiten konnten.

Sehr bald nachdem wir unser Lager in der Long Mile Road aufgeschlagen hatten, bot sich uns eine große Chance. UFC kündigte an, zum ersten Mal eine Show in Irland zu organisieren. Die Veranstaltung sollte am 17. Januar 2009 in Dublin stattfinden und es sollten Legenden wie Dan Henderson, Rich Franklin, Mauricio Rua und Mark Coleman teilnehmen.

Das war ein massiver Bedeutungsgewinn für die MMA in Irland. UFC war zwar 18 Monate zuvor in Belfast gewesen, aber das war eine britische Veranstaltung gewesen. Es war wichtig, dass UFC die wachsende Fan-Basis im Rest von Irland anerkannte. Seit der ersten Veranstaltung im Jahr 1993 hatte UFC sich zum weltweit größten Veranstalter in den gemischten Kampfsportarten entwickelt. Für ihn wollten alle Kämpfer antreten. Die MMA waren in Irland immer noch eine Nischensportart, aber die UFC hatte sich dennoch dazu entschlossen, zu kommen. Das war eine gewaltige Chance für SBG Irland.

Ich wusste, dass UFC nach einem lokalen Kämpfer Ausschau halten würde, um ihn in das Programm aufzunehmen. Meiner Ansicht nach gab es nicht den geringsten Zweifel daran, dass Tom Egan der richtige Mann dafür war. Er war 20 Jahre alt und hatte erst viermal gekämpft – und gewonnen –, war also noch ziemlich unerfahren. Er hatte bisher nur in kleinen lokalen Veranstaltungen gekämpft, der Schritt zur UFC war also gewaltig. Natürlich war es ein großes Risiko, aber ich war fest davon überzeugt, dass es richtig war, dieses Risiko auf sich zu nehmen. Wenn UFC einen Kämpfer suchte, der die irischen MMA vertreten konnte, gab es niemanden, der diese Aufgabe hätte besser erfüllen können als Tom.

Als angekündigt wurde, dass UFC 93 in der O2 Arena durchgeführt werden würde, besorgte ich mir die Kontaktdaten von Joe Silva, der die Kämpfe für UFC organisierte. Wochenlang bombardierte ich ihn mit E-Mails, in denen ich ihm erklärte, warum Tom Egan der Kämpfer war, der Irland repräsentieren sollte.

Schließlich antwortete er: »Sie wollen einen Burschen in die UFC bringen, der erst vier Kämpfe gemacht hat?«

»Sie werden das Debüt eines irischen Kämpfers auf dem Programm haben«, antwortete ich. »Glauben Sie mir, ich bin länger in der irischen Szene als alle anderen und kann Ihnen versichern, dass Tom Egan der beste Kämpfer im Land ist.«

Obwohl seine Grifftechnik noch nicht voll ausgereift war, war Tom damals vielseitiger als alle anderen Kämpfer in Irland, und seine Schlagtechnik war außerordentlich eindrucksvoll. Er war jung, charismatisch und er konnte sich vor einer Fernsehkamera gut präsentieren. Ich war überzeugt, dass das alles gut zur UFC passte.

Einige Tage später meldete sich Joe wieder und teilte mir mit, dass UFC Tom Egan einen Vertrag für vier Kämpfe anbot, beginnend mit einem Kampf beim UFC 93. Das war eine gute Nachricht. Die schlechte Nachricht allerdings war, dass Toms Gegner Dynamit war. John Hathaway war ein bisher ungeschlagenes Weltergewicht aus England, und obwohl auch er sein UFC-Debüt gab, war er viel erfahrener, da er sich mit einer Bilanz von zehn zu null, also zehn Siegen ohne Niederlage, durch die Szene in Großbritannien »gepflügt« hatte. Noch schlimmer war, dass er über eine hervorragende Grifftechnik verfügte.

Tom und ich hatten gehofft, dass er sich mit Dan Hardy würde messen müssen, der einige Monate zuvor sein UFC-Debüt gehabt hatte. Hardy war wie Tom eher ein Schlagtechniker. Hathaway dagegen war so früh in Toms Entwicklung als Kämpfer in den MMA ein wirklich schwieriger Brocken. Dennoch akzeptierten wir und bereiteten uns auf den Kampf vor. Tom ging zwar als Alibi-Ire in den Kampf, aber wir waren entschlossen zu beweisen, dass er sich diese Chance verdient hatte.

Es war großartig, die UFC in Dublin zu haben. Das erste Mal überhaupt schafften es die MMA in Irland in die Nachrichten. Die Veranstaltung wurde enorm beworben und die Eintrittskarten, knapp 10 000 Stück, waren in zwei Wochen verkauft. Da Tom der erste Kämpfer Irlands war, der im berühmten UFC-Oktagon kämpfen würde, musste er im Vorfeld des Ereignisses eine Menge Medientermine absolvieren. Doch das war für uns kein Problem. Denn das war es, was wir immer gewollt hatten, also genossen wird es. Es war komisch, Tom bei Pressekonferenzen und Fotoshootings gemeinsam mit den berühmtesten Kämpfern unseres Sports zu sehen. Nach Dublin kamen die ganze Woche über alle möglichen Leute, so zum Beispiel UFC-Präsident Dana White und andere. Wir schnupperten das erste Mal Luft der großen Welt unseres Sports. Genauso wertvoll war es, dass Kamerateams von UFC-TV in unserer kleinen Trainingshalle in der Long Miles Road auftauchten. Das machte echt Spaß und war auch in geschäftlicher Hinsicht hilfreich. Conor McGregor amüsierte sich in dieser Woche großartig, er war überall zu finden und schoss Selfies mit den UFC-Legenden, die in Dublin waren.

Als schließlich der Abend der Veranstaltung gekommen war und wir auf das Oktagon zugingen, war der Lärm, den die irischen Fans machten, einfach unglaublich. Ich hatte Matt Thornton schon beim Coaching von Rory Singer geholfen, als er 2007 bei der UFC in Belfast kämpfte, aber nun hatte ich einen eigenen Kämpfer, daher war es für mich eine viel größere Sache. Die UFC war dafür verantwortlich, dass ich meine Liebe zu diesem Sport entdeckt hatte. Mehr als zwölf Jahre zuvor hatte ich diesen Burschen erstmals bewundernd dabei zugesehen, wie sie sich innerhalb des Oktagons den Rest gaben. Nun war einer meiner Schützlinge drauf und dran, einer von ihnen zu werden. Diese Tatsache war so überwältigend, dass ich versuchen musste, jeden Gedanken daran zu verdrängen.

Ich stand hinter Tom am Käfig, als Bruce Buffer ihn der Menge vorstellte – »AUS DUB-LINNN, IRLAND ...« –, und musste mich zusammennehmen, um mich nicht zu kneifen. Jahrelang hatte ich Bruce erlebt, wie er die Namen von Kämpfern aus den USA, Brasilien und anderen Kontinenten brüllte, nun aber war ein Ire an der Reihe. Ein Ire, der Mitglied eines Teams war, das sechs Jahre zuvor in einem winzigen Schuppen in Phibsboro geformt worden war.

Es gibt keinen Grund, den Kampf zu beschönigen. Hathaway brachte Egan zu Boden, konnte eine dominierende obere Position einnehmen und 24 Sekunden vor Ende der ersten Runde aufgrund seiner Schläge einen Sieg durch Abbruch erreichen. Vom Kampfstil her betrachtet war er eines der schwierigsten Lose, die Tom hatte ziehen können. Mit etwas Glück wären die Dinge möglicherweise anders gelaufen. Er war einfach noch nicht vorbereitet auf einen Burschen mit derart guter Grifftechnik. Es war absolut keine Schande, gegen John Hathaway zu verlieren, der weiterhin extrem gute Auftritte bei UFC hatte und dessen Karriere unglücklicherweise durch Verletzungen gebremst wurde.

Trotz der Niederlage war daher danach niemand wirklich traurig. Es war uns zwar kein Sieg gelungen, aber wir hatten sehr, sehr viel gelernt. Nachdem ich nun einen Kämpfer bei UFC gecoacht hatte, erkannte ich, dass wir zwar noch nicht dasselbe Niveau erreicht hatten, aber nicht mehr weit entfernt waren. Bis zu diesem Punkt schienen die etablierten Kämpfer von UFC auf einem Podest zu stehen, von dem aus sie auf kleine Teams wie uns herabblickten. UFC 93 zeigte mir, dass es nicht mehr lange dauern würde, bis auch wir dieses Niveau erreicht hätten. Es war nicht nötig, unsere Ziele zu justieren und von vorne zu beginnen.

Ich hatte überlegt, ob wir vielleicht in Amerika trainieren mussten, um die nächste Stufe zu erreichen, aber nun wusste ich, dass wir bald an der Spitze angelangt sein würden, wenn wir nur weiterhin das taten, was wir bisher getan hatten.

Ich hatte mich von den anderen Teams im Vorfeld zu sehr beeindrucken lassen. Beim Training mit einigen der Burschen der anderen Teams in den Aufwärmbereichen und durch die Beobachtung ihres Verhaltens auf der Matte erkannte ich, dass nichts Außergewöhnliches dran war an ihnen. Okay, wir waren noch ein wenig zurück, aber der einzige Grund dafür war der, dass sie den Sport bereits länger praktizierten. Was sie taten, war absolut nichts Besonderes.

Mir fiel auch auf, dass die familiäre Atmosphäre in unserer Mannschaft in anderen Teams fehlte. Unser Team war im Grunde ein Haufen von verrückten Teenies und Twenties. Einige unserer vielversprechendsten Kämpfer waren Jungs, die erst seit relativ kurzer Zeit im Zentrum trainierten, wie Cathal Pendred, Chris Fields, Paddy Holohan und Artem Lobov. Das Team der Kämpfer von SBG war im Begriff aufzublühen und viele Beobachter bestätigten mir, dass ich es mit einer goldenen Generation an jungen Kämpfern zu tun hatte. Wenn wir mit anderen Zentren kämpften, mähten wir unsere Gegner buchstäblich nieder. Wahrscheinlich war es das, was mich zu der Erkenntnis brachte, dass wir die Dinge anders und besser machten. Was im Training vor sich ging, könnte man mit »Eisen schärft Eisen« beschreiben, jeder im Team trieb den anderen zu besseren Leistungen an. Alle Kämpfer zogen am gleichen Strang, sie hielten die Qualität auf hohem Niveau. Ich sah es so, dass wir während der Trainingswoche bei den Vorbereitungen im Labor waren und beim Kampf am Samstagabend wurden dann die Experimente durchgeführt. Meistens waren die Resultate ermutigend.

Nach dem UFC-93-Event sagte ich mir: *Eines Tages werden wir einer der wichtigsten Bestandteile der UFC sein, und dieser Tag ist nicht mehr fern.*

Tom Egans Vertrag war für vier Kämpfe abgeschlossen worden, doch UFC löste ihn nach der Niederlage. War es eine ungerechte Entscheidung? Beide Seiten konnten gute Argumente vorbringen, ich jedenfalls war nicht überrascht. Abmachungen über vier Kämpfe entsprechen dem Standard bei Debütverträgen für Kämpfer, die in die UFC einsteigen, aber sie sind auf den Vorteil der Organisation ausgerichtet, nicht der Kämpfer. In Wahrheit garantieren sie keine vier Kämpfe. Wenn sich herausstellt, dass der Kämpfer ein Superstar ist, dann hat man ihn gebunden; aber wenn er die erwünschte Leistung nicht erbringt, kann man ihn aussondern, ohne ihm ein zweites Stück vom Kuchen zukommen zu lassen. Leider bekam Tom keine weitere Chance, aber er hatte den Weg für seine Mannschaftskameraden geebnet.

UFC 93 verstärkte meinen Hunger nach Erfolg. Am Ende der Woche war ich viel stärker als zu Beginn. Nun, da wir wussten, wie wir an die UFC herankommen konnten, bestand der nächste Schritt darin, sicherzustellen, dass der nächste Kämpfer, der akzeptiert wurde, auch alle Voraussetzungen mit sich brachte, um dabei zu bleiben.

7

Ich hatte als Trainer in vielerlei Hinsicht Erfolg, aber ich schaffte es nie, Conor McGregor davon zu überzeugen, dass er sich mit dem brasilianischen Jiu-Jitsu anfreunden musste. Conor war nachlässig, wenn es um die Grifftechnik ging. Er trainierte sie nur, wenn ich ihn dazu zwang. Was für einen Sinn sollte es haben, mit Leuten zu raufen, wenn du sie stattdessen einfach niederschlagen kannst? Das war Conors Einstellung.

Nachdem seine Schwächen in diesem Bereich beim Kampf mit Artemij Sitenkov zutage getreten waren, hoffte ich, ihn dazu bewegen zu können, seine Ansicht zu ändern. Aber er leistete weiter Widerstand. Conor blieb dabei, dass er sich nie wieder in dieser Situation wiederfinden würde. Ich versuchte alles, um ihm klarzumachen, wie wichtig alle Aspekte der gemischten Kampfsportarten waren, aber er war sich sicher, dass alles, was er brauchte, um an die Spitze zu kommen, die Kraft und die Präzision seiner linken Schlaghand waren. Als er nach seiner Niederlage mit einer Serie von technischen Knock-outs wieder auf die Siegerstraße zurückkehrte, verfestigte sich dieser Glaube.

Bei einer Bilanz von vier zu eins bot man Conor einen Kampf bei dem Event Cage Warriors an, der am Samstag, den 27. November 2010 stattfand. Es war ein Leichtgewichtkampf im Neptune Stadium in Cork gegen einen bisher unbesiegten Kämpfer namens Joseph Duffy, der seine Karriere einer Staffel von *The Ultimate Fighter,* der TV-Reality-Serie der UFC, verdankte. Duffy war in allen Bereichen des Sports bewandert und auch erfahrener als Conor; er hatte von Jugend an in vielen Kampfsportarten an Wettbewerben teilgenommen. Wir wussten also, dass er eine beträchtliche Herausforderung darstellte. In einem großen Käfig bei einer der bedeutendsten Veranstaltungen Europas vor TV-Kameras zu kämpfen – das war Conors bisher größte Chance. Duffy hätte kurz vor Cage Warriors 39 in einem Weltergewichtkampf gegen Tom Egan kämpfen sollen, im Rahmen einer kleinen Veranstaltung in Donegal. Wie bei jedem Profi-Kampf wurden die Kämpfer 24 Stunden vor dem Kampf gewogen. Als Tom jedoch am Nachmittag des Kampfes am Schauplatz des Kampfes eintraf, erklärte der Veranstalter, dass das Wiegen am gleichen Tag stattfinden sollte. Er wollte, dass Tom ein Kilogramm abnahm, aber es kam für mich nicht infrage, dass ich einen meiner Kämpfer, wenige Stunden bevor er Kopfschläge hinnehmen musste, in die Sauna schickte, um abzunehmen. Daher fand dieser Kampf niemals statt; aber ich hatte Duffy an jenem Tag gesehen und wusste daher, dass er ein schwieriger Gegner war und vor allem größer als Conor. Duffy kam vom Weltergewicht, während Conor vom Federgewicht in die nächste Gewichtsklasse aufstieg.

Conor landete nach nur 20 Sekunden einen schweren Treffer, der Duffy einen großen Cut über dem Auge einbrachte. Duffy schaffte es in der Folge, Conors Schlagkombination mit einem Einzelbeinangriff zu kontern, mit dem er ihn zu Boden brachte. 16 Sekunden nachdem Conors Rücken den Boden berührt hatte, war der Kampf vorbei. Wie im Kampf gegen Sitenkov hatte Conor nicht die richtige Grifftechnik, um sich am Boden zu behaupten, sodass Duffy ihn mit einem Arm-Dreieckswürg zur Aufgabe brachte.

Als wir nach dem Kampf zurück nach Dublin fuhren und sich dort unsere Wege trennten, konnte ich mich des Gefühls nicht erwehren, dass ich Conor niemals wiedersehen würde. Wenn man in Betracht zog, wie er nach seiner einzigen bisherigen Niederlage reagiert hatte, war davon auszugehen, dass er wieder von der Bildfläche verschwinden würde – und diesmal würde ich ihm nicht hinterherlaufen.

Als ich Montagmorgens in die Halle kam und Conor auf der Matte sah, war ich sehr überrascht. Nur 36 Stunden nach seiner Niederlage war er zurück im Training und bereit, seine Fehler auszumerzen. Wir unterhielten uns und Conor gab zu, dass er zwar schwer enttäuscht war nach diesem Ergebnis, aber keinesfalls aufgeben wollte.

»Verdammt, so ist es eben. Ich weiß, welche Fehler ich gemacht habe, und ich weiß auch, dass du mir zeigen kannst, wie ich sie beseitige. Fangen wir an«, sagte er.

Dieses Mal war Conors einzige Reaktion, wiederaufzustehen und durchzuhalten. Von diesem Tag an musste ich mir keine Sorgen mehr um Connors Griff- und Bodentechnik machen. Innerhalb weniger Monate lernte er all das schätzen, was er in puncto Griffkampf beim BJJ, Ringen und in anderen Sportarten lernen konnte. Er war nicht mehr zu halten und konnte nicht genug davon bekommen.

Joseph Duffy hatte das geschafft, woran ich gescheitert war. Er hatte Conor dazu gebracht einzusehen, dass eine gute Grifftechnik in den MMA nicht überflüssig ist. Ich werde Joe dafür immer dankbar sein. Für mich war dieser Montag Conors erster Tag als professioneller MMA-Kämpfer. Conor war in dieser Phase bereits vier Jahre Mitglied des SBG, aber ich war mir das erste Mal sicher, dass er dauerhaft dabeibleiben würde. Es fühlte sich an wie ein Wendepunkt. Er strahlte immer noch dieselbe Selbstsicherheit aus, aber gleichzeitig hatte er begriffen, dass es noch viel Arbeit gab, wenn er der Beste werden wollte. Dass er sich eingestand, wo er sich verbessern musste, war ein klares Zeichen dafür, wie sehr er gereift war, seit er zum ersten Mal in unsere Sporthalle gekommen war. Besser spät als nie!

Wenn heute ein Kämpfer ins SBG kommt, der zuvor Sportarten mit Schlagtechnik trainiert hat und das Grappling ablehnt, knöpfe ich ihn mir vor und erkläre ihm, dass es so nicht funktionieren kann. Es ist vollkommen in Ordnung, wenn der Griffkampf nicht der beliebteste Bereich in den MMA ist, deswegen darf man ihn aber nicht einfach ignorieren. Andernfalls sind die MMA nicht der richtige Sport. Wir können uns nicht die Teile des Sports heraussuchen, die uns gefallen, und uns allein auf sie konzentrieren, wenn wir Ambitionen haben, weit zu kommen. Für mich ist es inakzeptabel, wenn jemand sagt: »Ich hasse Grappling.« Stattdessen muss es heißen: »Obwohl Grappling nicht der Teil der MMA ist, den ich bevorzuge, möchte ich mehr darüber erfahren und mich verbessern.« Ich bin überzeugt davon, dass wir uns zu dem entwickeln, was wir immer wieder behaupten zu sein. Die Worte, die wir verwenden, sind daher wichtig.

Conor bewies seine Hingabe an den Sport, als er einen Kampf für den folgenden Februar annahm – elf Wochen nach seiner Niederlage gegen Duffy. Der Kampf war im Federgewicht, das bedeutete, dass er über Weihnachten auf sein Gewicht achten musste – was nicht leicht war. Conors Entscheidung war ein weiterer Hinweis darauf, dass seine Einstellung sich aufgrund der Niederlage in Cork völlig verändert hatte. Er arbeitete an allen Aspekten seiner Kampftechnik, als er sich auf den nächsten Kampf vorbereitete, der in Derry gegen Hugh Brady ausgetragen wurde. Er war endlich bereit dazu, alle Aspekte des Kampfsports zu beachten, um seine Ziele zu erreichen. Dennoch war es die Schlagkraft seiner Arme, die ihm letztlich den Sieg bescherte. Er brachte Brady mit einem rechten Uppercut zu Boden, folgte ihm dann auf den Boden, um aus dominierender Position weitere Schläge zu landen und den Abbruch nach zwei Minuten und 31 Sekunden in der ersten Runde zu erzwingen.

In den ersten vier Monaten des Jahres 2011 kämpfte Conor viermal. Alle vier Kämpfe endeten mit einem Sieg durch Knock-out oder technischen Knock-out, drei davon in der ersten Runde. Einer dieser Kämpfe dauerte nur 16 Sekunden – eine ziemlich lange Zeitspanne im Vergleich zu dem nächsten, der nach vier Sekunden mit einem Knockout endete. Da Conor seine Schlagkraft einsetzte, um diese Siege zu erzielen, machte es weiterhin den Anschein, dass er nur ein Boxer beziehungsweise ein Anfänger am Boden war. Aber auf der Matte des SBG in der Long Mile Road arbeitete er unermüdlich an seiner Grifftechnik, die sich schnell verbesserte.

Diese Siege verschafften Conor einen Vertrag über fünf Kämpfe mit Cage Warriors. Nach der Enttäuschung des ersten Kampfes für die Organisation hatte er also die Gelegenheit, die Scharte im September 2011 wieder auszuwetzen. Wir fuhren nach Amman in Jordanien, wo er bei der Cage Warriors Fight Night 2 gegen Niklas Bäckström antreten sollte, einen bislang unbesiegten Kämpfer aus Schweden, der sich einen sehr guten Ruf aufgebaut hatte. Auch Aisling Daly und Cathal Pendred waren dabei.

Wir landeten vier Tage vor dem Kampf in Amman. Als ich aus dem Flugzeug stieg, hatte ich eine Nachricht auf der Mailbox, die mich über eine Programmänderung informierte. Bäckström war nicht mehr mit von der Partie. Offenbar hatte er sich den Arm gebrochen, als er den Zug zum Flughafen erreichen wollte. Doch es gab noch die Möglichkeit eines Leichtgewichtkampfes gegen einen Norweger, Aaron Jahnsen, der bereit war, so spät noch als Ersatzmann einzusteigen. »Überhaupt kein Problem«, war unsere Antwort. Es war nur ein Vorgeschmack dessen, was in Zukunft auf Conor zukommen sollte, denn er musste sich schnell daran gewöhnen, dass seine Gegner sich vor den Kämpfen zurückzogen.

Ich erklärte meinen Kämpfern immer, dass sie sich nicht zu sehr auf die Person des Gegners fixieren sollten, da nichts sicher war, solange sie sich nicht im Käfig gegenüberstanden, um zu kämpfen. Manchmal kamen nach zwei oder drei Änderungen des Gegners Kämpfer frustriert zu mir ins Büro, um mir mitzuteilen, dass sie aufgrund all der Verschiebungen nicht mehr kämpfen wollten. Das konnte ich nie verstehen. Der Gegner ist immer ein Mensch, mit einem Kopf, zwei Armen und zwei Beinen. Ich erinnere mich an die Phase vor einem meiner eigenen Kämpfe, als der Veranstalter immer wieder anrief, um mir Gegnerwechsel mitzuteilen. Schließlich bat ich ihn, mich einfach nicht mehr anzurufen.

»Ich werde beim Kampf sein«, erklärte ich. »Ich will nur wissen, ob ich einen Gegner habe, sonst nichts.«

Diese Einstellung habe ich an meine Kämpfer weitergegeben, weil späte Rückzieher einfach zum Spiel dazugehören, man muss darauf gefasst sein. Unsere Philosophie ist es, den Gegner nicht zu beachten, weil wir nur unser eigenes Handeln kontrollieren können, weswegen wir uns auch nur darauf verlassen können. Wenn ein Gegner in einem Bereich besonders gut ist, sorgen wir natürlich dafür, dass wir dafür gerüstet sind. Aber wenn wir darauf fixiert sind und uns die ganze Zeit nur damit beschäftigen, dann ist das wahrscheinlich nachteilig für unsere eigene Vorbereitung.

Der größte Vorteil an diesem späten Wechsel war für Conor die Tatsache, dass er bereits sein passendes Gewicht hatte, als wir in Jordanien landeten. Er hatte sich auf einen Kampf bis 66 Kilogramm vorbereitet, stattdessen kämpfte er nun bis 70 Kilogramm. Für seinen Gegner war die Angelegenheit schwieriger, da er wegen des späten Engagements acht Kilogramm abnehmen musste. Conor fand es amüsant, dass er sich am Morgen der Abwaage in der Sonne entspannen konnte, während Aaron Jahnsen im Saunaanzug Runden um den Swimmingpool drehte, um Gewicht zu verlieren.

»Schau dir den Mann an«, lachte Conor. »Soll ich ihn bitten, zu uns rüberzulaufen und mir ein Glas Eiswasser mit Schirmchen drin mitzubringen?«

Doch wir nahmen Jahnsen nicht auf die leichte Schulter. Er war ein massiger, einschüchternder, knallharter Nordländer, gegen den Conor klein wirkte. Und in der Nacht des Kampfes brachte er die Zuseher auf seine Seite, weil er eine jordanische Flagge umgehängt hatte, als er zum Käfig schritt.

Es war unbestreibar die größte Veranstaltung in Conors bisheriger Karriere. Der Kampf fand vor Tausenden Menschen in einer funkelnagelneuen Halle statt, außerdem wurde es von Setanta Sports auch nach Irland übertragen. Er musste unbedingt gewinnen, weil er seinen vorherigen Cage-Warriors-Kampf verloren hatte. Aber der Druck machte ihm nichts aus – er wurde lediglich zur Kenntnis genommen. Als ehrgeiziger junger Kämpfer wünschte er sich genau dieses Ambiente.

Die Stärke von Aaron Jahnsen war seine Grifftechnik, aber mittlerweile machte ich mir keine Sorgen mehr um Conors Fähigkeiten. Ich hatte gesehen, wie hart er gearbeitet hatte, seit er gegen Joseph Duffy verloren hatte, und ich wusste, dass er sich sehr geändert hatte. Beim Duffy-Kampf hatte er mit schweren Schlägen begonnen, und als er zu Boden gegangen war, war Panik aufgekommen. Es war ihm einfach nicht geheuer gewesen. Der Kampf gegen Jansen war völlig anders. Conor hatte es nicht eilig. Entspannt und gefasst genoss er den Kampf. Er kostete die Erfahrung aus.

Jahnsen versuchte alles, was man sich von einem Kämpfer erwartet, der gegen Conor McGregor antritt. Er landete einige gute rechte hohe Kicks, die für Linkshänder wie Conor gefährlich sind, aber sie zeigten keine Wirkung. Er hatte auch einen guten Clinch und versuchte, Conor auf den Boden zu bringen, aber alles wurde abgewehrt. Jahnsen war ein schwieriger Gegner mit einem großen Reichweitenvorteil, aber Conor machte alles in der ersten Runde mit einem technischen Knock-out klar.

Diese Vorstellung zeigte, wie sehr sich Conor in einem Zeitraum von weniger als einem Jahr im Käfig verbessert hatte, und lieferte einen Vorgeschmack darauf, zu was für einem Typ von Kämpfer er sich entwickeln würde. Er zeigte viel mehr Geduld, bevor er seine Schläge anbrachte, früher hingegen hatte man den Eindruck, als ob er es eilig hätte. Auch die Verbesserung der Grifftechnik war klar erkennbar. Er wirkte locker, als er erfolgreich einen sehr starken Versuch vereitelte, ihn auf den Boden zu bringen. Conor blieb auf den Beinen, als ihn Jahnsen gegen den Käfig drückte. Als sie in den Clinch gingen, überwand Conor die Situation ruhig, ohne diese Panik, die früher in einer ähnlichen Situation zu spüren gewesen wäre. Er setzte um, was er im Training gelernt hatte, daher musste man nicht beunruhigt sein. Er wusste, was er tat. Sein Gegner war schwierig, aber Conor machte es einfach. Nach einigen schweren Schlägen ging Jahnsen in Deckung und Conors Fäuste entluden sich auf ihm, bis nach drei Minuten und 29 Sekunden in der ersten Runde der Abbruch kam.

Conor hatte sich zu einem vielseitigen MMA-Kämpfer mit einer großen Palette an Fähigkeiten entwickelt. Er verließ sich nicht mehr allein auf seine Linke. Aber es gab keinen Zaubertrank oder ein geheimes Rezept. Die gigantischen Fortschritte, die er gemacht hatte, waren harter Arbeit zu verdanken, und nichts sonst. Conor tat das Richtige beim Training und wurde dafür im Käfig belohnt.

*

Für einen MMA-Coach ist die Vorbereitung der Kämpfer nicht die einzige Aufgabe. Weit gefehlt. Man übernimmt eine große Verantwortung. Eine der vielen Jobs ist der des Babysitters, was ich im Lauf der Jahre mehrmals feststellen musste. Eine dieser Gelegenheiten war in Jordanien bei Cage Warriors Fight Night 2.

Conor McGregor hatte noch niemals außerhalb von Irland gekämpft, und auch Cathal Pendred (der einen Kampf gegen Danny Mitchell gezogen hatte) war nie weiter als bis Großbritannien gekommen. Daher war die Reise für beide eine große Sache. Nachdem sie um die halbe Welt geflogen waren und in einem vornehmen Hotel untergebracht waren, wollten sie die Gastfreundschaft gebührend auskosten (Aisling Daly – die nur 20 Sekunden brauchte, um Angela Hayes zu bezwingen – hatte bereits zweimal in den USA gekämpft und war weniger beeindruckt von der Reise). Kaum war das Wiegen vorbei, hielten Conor und Cathal das Personal des Restaurants auf Trab mit ihren Bestellungen aufs Zimmer. Den Tag nach dem Kampf verbrachten sie am Swimmingpool und arbeiteten sich durch das Cocktail-Angebot.

Als es am folgenden Morgen an der Zeit war auszuchecken, hatten die beiden jungen Männer mit ihren extravaganten Wünschen eine gesalzene Rechnung produziert. Ich wusste noch nichts davon und wartete gemeinsam mit Aisling und Philip Mulpeter, einem exzellenten SBG-Kämpfer, der bei der Coachingarbeit am Ring mithalf, im Auto vor dem Hotel. Als Conor und Cathal ins Auto stiegen, das uns zum Flughafen brachte, guckten sie ziemlich missmutig und waren überraschend still. Wir waren erst einige Minuten unterwegs, als das Telefon des Fahrers läutete. Nach einer kurzen Unterhaltung auf Arabisch wandte er sich an uns: »Hotel. Große Rechnung. Speisen. Bier. Viel Bier. Offenes Geld. Sind Sie das?«

Da erklärten Conor und Cathal, was los war.

»Wir dachten, alle Speisen und Getränke gehen auf Kosten des Hauses, und so haben Cathal und ich unzählige Pina Coladas getrunken«, gestand Conor.

Sie hatten ihre Fehleinschätzung erkannt, als sie die Schlüssel abgaben. Irgendwie hatten sie es geschafft, sich unauffällig von der Rezeption zu entfernen, ohne die Rechnung zu begleichen, aber das Hotel war natürlich nicht gewillt, das ohne Weiteres hinzunehmen.

»In Ordnung«, sagte ich, »wir fahren zurück zum Hotel und ihr regelt die Angelegenheit.«

Die beiden beknieten mich, die Sache auf sich beruhen zu lassen. Sie hatten eine derart hohe Rechnung, dass sie beinahe alles ausgeben mussten, was sie bei den Kämpfen verdient hatten – rund 1000 Euro pro Person. Aber das war ihr Problem. Ich sagte dem Fahrer, er solle wenden und zum Hotel zurückfahren. Conor und Cathal zahlten ihre Rechnung und wechselten schmollend während der Rückreise nach Irland kaum ein Wort mit mir.

8

Bis 2012 war es aber ein anderer Kämpfer des Zentrums, über den am meisten gesprochen wurde. Das war Gunnar Nelson. Es gab keinen Kämpfer in Europa außerhalb von UFC, der so viel Bewunderung hervorrief wie Gunnar.

Im Februar dieses Jahres verbesserte er seine Erfolgsbilanz als Profiboxer auf zehn Siege ohne Niederlage, und zwar mit einer weiteren Aufgabe in der ersten Runde – seiner sechsten. Es schien eine Frage der Zeit zu sein, bevor UFC mit uns Kontakt aufnehmen würde, und der Anruf kam dann im Juli. Sie boten Gunni einen Vertrag an, der erste Kampf sollte ein Weltergewichtskampf am 29. September gegen den deutschen Kämpfer Pascal Krauss sein.

Es waren seine Fähigkeiten als Kämpfer, die Gunni das Angebot von UFC einbrachten, aber die Leute waren auch von seinem Auftreten beeindruckt. Egal in welche Situation er geriet, er bleib immer ruhig. Sein Gemütszustand schien stets völlig unverändert zu sein. Ob er Kinder trainierte oder in eine blutige Schlacht im Oktagon verwickelt war, Gunni benahm sich immer gleich.

Er ist einer der bekanntesten Personen in Island, aber Ruhm bedeutet ihm nichts. Als europäischer Kämpfer mit einem etwas geheimnisvollen Flair erinnerte er viele an den legendären Leichtgewichtler Fedor Emelianenko, als der zu Ruhm aufstieg. Er brachte frischen Wind in die Arena.

Gunnis Fortschritte waren bemerkenswert, besonders in der Grifftechnik. Er startete mit BJJ im Jahr 2005 und bekam nur vier Jahre später den schwarzen Gurt verliehen. Als er seinen ersten UFC-Vertrag unterschrieb, waren die Zeiten lange vorbei, in denen ich ihn zu Boden bringen und kitzeln konnte. Wir hatten die Rollen getauscht.

Als Gunni zur UFC kam, gab es nicht viele Kämpfer, die es schafften, den Gegner zu Boden zu bringen, seine Verteidigung zu brechen, obenauf zu kommen und seine Aufgabe zu erzwingen. In der Theorie ist das ein einfaches Konzept und Gunni ließ es auch leicht aussehen, aber bei anderen Kämpfern war es selten zu beobachten. Es war beinahe wie eine Rückkehr zu den Tagen von Royce Garcie.

Noch vor seinem ersten Kampf bei UFC, war ich – wie auch heute – vollkommen sicher, dass Gunni letztlich UFC-Champion werden würde. Aber einige Beobachter hatten ihre Zweifel an seiner Fähigkeit, im Wettkampf zu siegen. Die europäische Szene und UFC bewegen sich auf völlig verschiedenem Niveaus, behaupteten sie. Andere waren überzeugt davon, dass Gunni im Weltergewicht überfordert war; dass er zu klein war und ins Leichtgewicht wechseln musste. Diese Theorie wurde weiter gestärkt, als es einen Wechsel von Gunnars Gegner beim UFC-Debüt gab, da Pascal Krauss aussteigen musste. Dann zog sich auch der Ersatzmann, Rich Attonito, zurück. Zehn Tage vor dem Kampf stieg der erfahrene DaMarques Johnson ein, der bereits neunmal für die UFC gekämpft hatte. Ursprünglich war der Kampf bis 77 Kilogramm geplant, am Ende waren es 79 Kilogramm. Am Tag der Abwaage wog Johnson schließlich 83 Kilogramm. So war uns ein Kampf im Leichtgewicht angeboten worden, und nun musste Gunni sein Debüt im Mittelgewicht geben. Für außenstehende Beobachter standen die Chancen für Gunni schlecht. Aber ich hatte keinen Zweifel, dass er alle überraschen würde.

Ich war das erste Mal wieder bei der UFC, seit Tom Egan dreieinhalb Jahr zuvor in Dublin seinen Kampf verloren hatte. Man hätte also erwarten können, dass ich unter Druck stand und nervös war. Und doch war ich während der Vorbereitung völlig locker. Ich wusste, dass wir dieses Mal dabei waren, weil wir es uns verdient hatten, und nicht aufgrund der Umstände. Gunni hatte sich seinen Platz in der Elite der MMA durch seine Vorstellungen verdient. Dort gehörte er hin. Nervös war ich nur, weil ich Jeremy Horn treffen würde, der DaMarques Johnson coachte. Mit über 100 Kämpfen war Jeremy eine MMA-Legende und einer der wenigen Menschen, mit denen ich mich fotografieren lassen wollte.

Als Gunni in das UFC-Oktagon stieg, machte er das, was er immer machte. Er zeigte eine schöne Vorstellung und machte mit DaMarques Johnson genau das, was er mit den Burschen in Europa die ganze Zeit über getan hatte. Er konnte ihn schon früh zu Boden bringen, und danach war es nur eine Frage der Zeit. Gunni bekam Johnson in einen Würger von hinten, und nach drei Minuten und 34 Sekunden in der ersten Runde war alles vorbei.

Das wäre eigentlich ein Grund zum Feiern gewesen, sollte man meinen: Gunnis erster Sieg für die UFC und auch mein erster Sieg in der Organisation. Aber feierten wir deshalb eine kleine Party und köpften ein paar Champagnerflaschen? Nein, stattdessen wurde im Stil von Gunnar Nelson gefeiert.

»Gehen wir Steak essen und dann zurück ins Hotel?«

Genau das taten wir, aber erst nachdem ich mein Foto mit Jeremy Horn bekommen hatte.

Gunnis Sieg setzte einem sehr erfolgreichen September für das Team die Krone auf. Drei Wochen zuvor hatte Chris Fields mit einer hervorragenden Demonstration seiner Fähigkeiten den Cage-Warriors-Mittelgewichtstitel gegen den ukrainischen Kämpfer Pavel Kusch gewonnen. Man war damals im Grunde Europameister in seiner Kategorie, wenn man bei Cage Warriors gewann, es war also eine wichtige Sache. Aber es war nicht der erste Cage-Warriors-Erfolg für das SBG. Der hatte einige Monate zuvor stattgefunden.

Nach seinem imposanten Sieg gegen Aaron Jahnsen in Jordanien lieferte Conor McGregor seine nächste Talentprobe bei Cage Warriors 45 in London am 18. Februar 2012 ab. Sein Gegner war Steve O'Keefe, ein englischer Kämpfer, der eine sehr gute Grifftechnik hatte. Es war also eine weitere gute Gelegenheit für Conor, seine Fortschritte in diesem Bereich unter Beweis zu stellen.

Als wir in den Umkleideräumen im HMV Forum in Kentish Town darauf warteten, aufgerufen zu werden, verfolgte Conor den vorhergehenden Kampf auf einem der TV-Schirme im Garderobenbereich. Der Sieger hatte einige brutale Ellbogenstöße gegen den Kopf des Gegners losgelassen. Conor meinte zu mir: »Das sah gut aus. Das mache ich in meinem Kampf auch, sieh gut zu.«

Conor schlug Steve O'Keefe in nur 93 Sekunden. Und wie gewann er? Mit Ellbogenstößen gegen den Kopf.

Irgendwann gewöhnte ich mich an Conors Fähigkeit, den Ablauf des Kampfes genau vorherzusagen. Er war ziemlich gut darin.

Als er 2011 seinen Vertrag für die fünf Kämpfe mit Cage Warriors unterschrieb, setzte sich Conor zum Ziel, den Gürtel der Organisation im Federgewicht zu gewinnen, der gerade von Danny Batten abgegeben worden war – derselbe Danny Batten, der mich zehn Jahre zuvor geschlagen hatte. Nach dem Sieg gegen O'Keefe belohnte man Conor mit einem Kampf um den Titelgewinn. Cage Warriors kündigte die erste Show in Irland an – Cage Warriors 47 –, die am 2. Juni 2012 in der Helix-Halle am Campus der Dublin City University stattfinden sollte. Da meine Kämpfer in verschiedenen Kategorien von Cage Warriors Titelanwärter waren, war das Ereignis stark vom Straight Blast Gym geprägt. Bei der Hälfte aller Kämpfe im Hauptprogramm kamen SBG-Kämpfer zum Einsatz – Cathal Pendred mit UFC- und Pride-Veteran David Bielkheden, Aisling Daly musste es mit der Pionierin der MMA, Rosi Sexton, aufnehmen, während der Engländer Dave Hill unserem Kämpfer Conor den vakanten Federgewichtstitel von Cage Warriors streitig machte.

Schon früh am Abend hatte man das Gefühl, dass etwas Besonderes vor sich ging. Das Helix ist keine große Halle, sie fasst kaum 1000 Menschen, aber es hörte sich an, als hätte sich halb Dublin hineingezwängt. Der Lärm, den die Zuschauer machten, als ich zum ersten Mal zum Käfig schritt, war einfach unglaublich. Eine spannender Kampf mit häufig wechselnden Szenen endete mit einem verdienten Sieg von Cathal, der damit die Botschaft in die Welt sandte, dass da ein Typ existierte, der in der Lage war, den Weg an die Spitze zu schaffen.

Ich hatte keine Zeit, lange über Cathals Sieg nachzudenken, weil ich sofort wieder am Käfig war, um im nächsten Kampf zu coachen. Aisling Dalys Kampf gegen Rosi Sexton war ein hervorragender Fight, in dem beide Athletinnen den Sieg davontragen hätten können, aber Rosi gelang es, Ais knapp nach Punkten zu schlagen. Doch Ais konnte nach einer vielversprechenden Vorstellung gegen eine erfahrene Gegnerin, die bei den größten Veranstaltungen in ihrem Sport gekämpft hatte, erhobenen Hauptes aus dem Käfig gehen.

Dann kam die Gelegenheit für SBG Irland, den Cage-Warriors-Titelgürtel das erste Mal zu gewinnen. Es war ein wichtiger Kampf für Cage Warriors, dementsprechend groß wurde er vermarktet. Sie gaben Conor die Möglichkeit zu zeigen, dass er in Interviews genauso unterhaltsam war wie im Oktagon. Doch ich hatte nicht wirklich mitbekommen, in welchem Ausmaß Conor die MMA-Welt beschäftigte, bis zu dem Augenblick, in dem er in dieser Nacht im Helix den Weg zum Käfig antrat. Der Empfang für Cathal und Aisling war laut gewesen, aber als Conor erschien, erreichte der Lärm eine andere Dimension. Die Menschen spielten verrückt. Ich war geschockt. Das war auch für mich etwas ganz Besonderes. Es mag wie ein Klischee klingen, aber es lag greifbar Spannung in der Luft, als Conor in den Käfig stieg. Dave Hill ist ein exzellenter Kämpfer, solide und vielseitig. Seine Hauptstärke ist seine Grifftechnik. Er war bis dahin Conors stärkster Gegner. Aber da ich verfolgt hatte, wie gut Conor trainiert hatte, war ich absolut sicher, dass er siegen würde. Die Atmosphäre konnte diesen Glauben nur bestärken. Dave Hill musste nicht nur gegen Conor kämpen, er musste es mit der ganzen Halle aufnehmen.

Als Schiedsrichter Neil Hall die Kämpfer im Ring für seine Instruktionen vor dem Kampf zusammenbrachte, führte Conor auf seine unnachahmliche Art und Weise eine Unterhaltung mit Hill, in der er ihn wissen ließ, dass er die nächsten Minuten ganz und gar nicht genießen würde. Derweil füllten Sprechchöre wie »Es gibt nur einen Conor McGregor« die Halle. Die gute Vorstellung seiner Teamkameraden an diesem Abend hatte Conor motiviert und er war wild entschlossen, eine gute Show zu liefern.

Was folgte, war eine weitere perfekte Vorstellung von ihm. Dave Hill brauchte nur vier Sekunden bis zu seinem ersten Versuch, Conor zu Fall zu bringen. Die Art, in der Conor antwortete, war eine exakte Veranschaulichung der Fortschritte, die er in der Grifftechnik gemacht hatte. Anstatt sich einfach zu spreizen, versuchte er den Kampf mit einem Guillotine Choke zu beenden. Als er erkannte, dass er keine Aufgabe erzwingen konnte, verteidigte er sich am Rücken liegend und kam in der Folge mit Leichtigkeit wieder auf die Beine, als Hill versuchte, die Abwehr zu durchbrechen. Von diesem Moment an dominierte Conor sowohl bei den Schlägen, die sie wechselten, als auch in der Grifftechnik, und es wurde bald klar, dass es in dem Kampf nur darum ging, wie lange Hill durchhalten würde. Er hielt extrem lange durch, wobei er eine Reihe Strafen bekam, aber Conor war nie in Gefahr. Es war erst das dritte Mal in Conors Karriere, dass sein Gegner die erste Runde überstand, doch es war nur eine Frage der Zeit, wann er seinen Sieg besiegeln würde. Er kam 50 Sekunden vor dem Ende der zweiten Runde: Conor gelangte in den Rücken des Gegners und setzte einen Würger von hinten an, um seinen ersten Sieg durch Aufgabe überhaupt zu schaffen. Er hatte eine dominierende Grifftechnik gegen einen Grappler bewiesen, der nie zuvor aufgegeben hatte: Das war nicht schlecht für einen Burschen, der angeblich nicht mehr als ein Boxer mit einer guten Linken war. Da ich selbst vor allem ein BJJ-Anhänger bin, war ich ein sehr stolzer und zufriedener Trainer.

In dieser Nacht wurde das Phänomen Conor McGregor geboren. Er feierte, indem er aus dem Käfig sprang und ein Bad in der Menge nahm, die ihn beängstigend bedrängte. In all den Jahren, die ich in diesem Sport aktiv war, habe ich niemals gesehen, dass sich die Menschen in diesem Ausmaß mit einem Sportler identifizierten. Conors Popularität bei den MMA-Fans hatte sich langsam aufgebaut, aber das hier war mehr als nur Unterstützung. Das war eine Bewegung – wenn auch von kleinem Ausmaß, weil die MMA noch am Rande des Sportgeschehens in Irland standen. Die Menschen erkannten, dass die Selbstsicherheit von McGregor nicht aufgesetzt oder falsch war. Sie war authentisch, denn er konnte die Versprechen, die er vor dem Kampf gab, einlösen, wenn es Zeit zum Kämpfen war. Er war mit seinem Selbstvertrauen auch psychologisch im Vorteil gegenüber seinen Gegnern. Psychologische Spiele, mentale Kriegsführung – nennen Sie es, wie Sie wollen, aber für Conor beginnt die Schlacht, lange bevor er seinem Gegner im Käfig gegenübersteht. Ich gebe mein Bestes, um allen meinen Kämpfern mein Wissen und meine Erfahrung zu vermitteln, aber das ist ein Element in Conors Taktik, für das ich nicht verantwortlich bin. Die einmalige Persönlichkeit von Conor McGregor ist authentisch. Zurück in den Umkleideräumen nach dem Sieg über Dave Hill wurde mir zum ersten Mal wirklich bewusst, dass Conor nicht nur ein erfolgreicher Kämpfer sein würde, sondern ein Superstar.

Später am Abend traf ich die Eltern von Conor. Sie waren ebenso erleichtert wie stolz. Conor hatte früher als Klempner gearbeitet, aber seinen Beruf aufgegeben, um sich den MMA als Vollzeitjob zu widmen. Cage Warriors mag eine Top-Veranstaltung in Europa sein, sie ist jedoch nicht lukrativ genug für einen Sportler, um damit seinen Lebensunterhalt zu verdienen. Wenn man nicht in der UFC beschäftigt ist, ist der Sport für einen MMA-Kämpfer meist ein Verlustgeschäft. Dennoch war diese Nacht eine Beruhigung für seine Eltern. Bisher hatte noch kein irischer Kämpfer in den MMA genügend Geld verdient, um eine Profikarriere zu starten, aber angesichts der Bewunderung, die ihrem Sohn zuteilwurde, begannen sie daran zu glauben, dass Conor drauf und dran war, der Erste zu werden, der diese Regel brechen würde.

Am Tag danach war klar, dass der Cage-Warriors-Event das beste Ereignis für SBG Irland seit Bestehen gewesen war. Cage Warriors war damals Nummer eins der europäischen Veranstaltungen, der Titelgewinn – aber auch Cathals großer Sieg und Aislings exzellente Vorstellung – waren daher eine Bestätigung unserer Arbeit. Viele Experten aus den größten Trainingszentren in Großbritannien und in Kontinentaleuropa, Zentren, die immer Vorbilder für mich gewesen waren und die ich bewundert hatte, sprachen nun in den sozialen Medien und in Interviews davon, dass SBG Irland ihrer Ansicht nach zum führenden Team in Europa geworden war. Das erfüllte mich mit gewaltigem Stolz. Es bedeutete wirklich viel für mich als Trainer und für uns als Mannschaft, so viel Anerkennung von Experten, die dasselbe taten wie wir, zu bekommen.

Nach Veranstaltungen wie Cage Warriors 47 nehme ich mir immer ein wenig Zeit, um über die Höhen und Tiefen der Reise nachzudenken – vor allem über die Tiefen, denn ohne sie gäbe es niemals die Motivation, nach den Höhen zu streben. Ich denke dann zurück an die harten Nächte als Türsteher, die Schwierigkeiten, eine Trainingshalle zu finden, nachdem wir Harold's Cross und Rathcoole verlassen hatten, die Meinungsverschiedenheiten mit meinen Eltern … und dann muss ich lächeln, weil ich weiß, dass es das alles wert gewesen ist. Manchmal siegt man, manchmal verliert man, aber man lernt immer dazu.

Es war eine wirklich gute Zeit damals in unserer Trainingshalle. Der Glaube an das, was wir taten, wuchs ständig, weil die harte Arbeit der Jungs sich in guten Resultaten niederschlug.

Meine Kämpfer hatten zunächst auf den lokalen Wettkämpfen in Irland Erfahrungen gesammelt, ihre Kämpfe gewonnen, Fortschritte gemacht. Dann machten sie den bedeutenden Schritt auf europäisches Niveau und die Ergebnisse blieben gleich gut. Für uns war Cage Warriors ein Mini-UFC in Europa. Es war eine perfekte Vorbereitung für den Moment, in dem wir die große Bühne betreten würden. Wie die Veranstaltungen organisiert wurden, von den medizinischen Tests bis zur Pressarbeit, alles war eine Kopie von dem, was UFC tat, nur in etwas kleinerem Maßstab. Zuweilen waren neue Teams in der UFC völlig überwältigt von den enormen Ausmaßen. Für uns allerdings würde der Übergang reibungslos ablaufen.

Nach Conors Sieg gegen Dave Hill wurden viele Spekulationen über seine nächsten Schachzüge angestellt. Viele glaubten, dass ein Vertragsangebot von der UFC kommen werde, aber bislang hatte es keines gegeben, daher konzentrierten wir uns auf die Verteidigung von Conors Cage-Warriors-Titel. Es wurde ein Kampf gegen den amerikanischen Herausforderer Jim Alers für den 1. September 2012 fixiert. Alers war bekannt für seinen Grifftechnik und daher wurde wieder einmal behauptet, dass er Conor in diesem Bereich Schwierigkeiten bereiten würde. Doch ich sah Alers nicht als große Herausforderung. Seine Fähigkeiten waren meiner Meinung nach geringer als die von Dave Hill. Alers hatte eine Bilanz von acht zu eins, was aber nicht so imposant war, wie die Zahlen suggerierten. Außerhalb der UFC war es in den USA viel leichter, eine gute Wettkampfbilanz aufzubauen als in Europa. Viele Profis über dem Atlantik entsprechen vom Niveau her in etwa einem guten Amateur in Irland und in Großbritannien. Die ersten Siege als Profi zu sammeln, ist daher in den USA nicht besonders schwierig. Meiner Ansicht nach hatte einer der Hauptgründe, warum sich die Menschen so sehr mit dem Kampf gegen Alers beschäftigten, nichts mit seinen Stärken und seinem Stil zu tun. Bisher hatte Conor nur gegen weiße Europäer gekämpft. Alers war ein Afroamerikaner, und vielleicht hatte der Kampf für irische MMA-Fans daher etwas nahezu Exotisches.

Leider hatten Conor und Jim Alers nie die Gelegenheit, gegeneinander zu kämpfen. Denn zwei Wochen vor dem Kampf verletzte sich Conor bei einem Sparring. Er und Artem Lobov trainierten oft hinter geschlossenen Türen miteinander. Wenn das Zentrum Sonntagabends leer war, schlossen sie sich dort ein, zogen ihre Handschuhe an und gingen aufeinander los. Ihre Sparrings waren nichts für Zartbesaitete. Conor und Artem waren die besten Freunde, aber wenn sie im Ring standen, schenkten sie sich nichts. Ich war kein Fan dieser Trainingsmethode und sagte ihnen das häufig. Wann immer ich das tat, sahen sie mich verblüfft an.

»So trainiert man doch, Coach«, entgegneten sie. »Du musst so hart trainieren, wie du kämpfst.«

Obwohl ich versuchte, ihre privaten Sparrings zu entschärfen, machten die Jungs weiter wie bisher. Ich wusste, dass erst etwas Schwerwiegendes geschehen musste, um ihre Meinung zu ändern – und das passierte zwei Wochen vor Conors geplantem Kampf gegen Jim Alers. Runde um Runde arbeiteten sich die beiden durch ein schwere Sparring, als Artem einen Schlag am Oberkiefer Conors landete. Obwohl sie noch zu Ende trainierten, ahnte Conor bereits, dass etwas nicht in Ordnung war. Er hatte Schmerzen und es war auch eine Delle am Wangenknochen zu sehen, genau vor dem Ohr. Bei der Untersuchung im Krankenhaus am nächsten Tag stellte sich heraus, dass Conor eine Jochbeinbogenfraktur davongetragen hatte und operiert werden musste, was ihn für zumindest sechs Wochen außer Gefecht setzen würde. Er wollte trotzdem kämpfen, aber das stand nicht zur Diskussion. Es war die erste – und bis zu dem Zeitpunkt, an dem dies geschrieben wurde, einzige – Absage, zu der Conor gezwungen wurde.

Das war ein schwerer Schlag, aber die Angelegenheit hatte auch etwas Gutes: Der Vorfall überzeugte Conor und Artem davon, dass es nicht ideal war, sich im Training fertig zu machen. In jedem Klub gibt es von Zeit zu Zeit starke Sparrings. Immerhin treffen Alphamännchen zwischen 20 und 30 aufeinander, daher können die Dinge bisweilen etwas außer Kontrolle geraten.

Aber ich bin entschieden gegen die Austragung von Wettkämpfen unter Teamkollegen im Training, obwohl ich weiß, dass manche Schulen das sogar fördern. In diesen Hallen geht es darum, die Zahl der

Sportler, die in der Lage sind, es mit wirklich jedem aufzunehmen, auf fünf bis sechs zu reduzieren.

Nehmen wir das Beispiel der sogenannten »Doghouse«-Sparrings im Floyd Mayweather Gym. Dort wird gekämpft, bis einer der beiden Gegner aufgibt. Ich habe Filmmaterial gesehen und es hat mir den Magen umgedreht. Das ist unverantwortlich und schwachsinnig. Aus diesem Umfeld gehen zweifellos ein oder zwei wunderbare Kämpfer hervor, da mit Sicherheit unglaubliche physische und mentale Stärke erforderlich sind, um so etwas zu überstehen. Doch der Gedanke an die vielen Burschen, die ein schweres Kopftrauma davontragen können, würde mir den Schlaf kosten. Die TV-Kameras sollten diese jungen Männer auch nach dem Kampf weiterverfolgen, um ihren weiteren Lebensweg zu zeigen, und ich garantiere Ihnen, dass es für sie kein Happy End geben wird. In meiner Schule soll dagegen jede Erfahrung positiv sein. Das ist sicherlich nicht der Fall, wenn Sie von einem Mannschaftskameraden nach einem dreißigminütigem Kampf niedergeschlagen werden.

Im Lauf der Jahre habe ich mich oft in meinem Büro mit den Kämpfern zusammengesetzt und ihnen gesagt: »Ihr müsst die Sache lockerer angehen. Ihr bereitet euch in dieser Schule auf die Kämpfe vor, ihr gewinnt sie nicht hier. Die Schule ist ein Platz, an dem wir uns weiterentwickeln.«

Zu Beginn sind sie dann oft etwas verwirrt. Denn ihre Philosophie lautet: Je härter ich sparre, desto besser bin ich auf den Kampf vorbereitet. In der Realität zeigt sich aber, dass der Kämpfer, der sich in der sechswöchigen Vorbereitung nicht zurückhält, wahrscheinlich gar nicht bis zum Kampf kommen wird. Es ist mir wichtig, meinen Kämpfern dies zu vermitteln, denn es ist ein Fehler, den ich selbst oftmals begangen habe.

In der Zeit, als ich selbst gekämpft habe, gab es keinen wirklichen Unterschied zwischen Sparring und Kampf. Man ging an beide auf die gleiche Art und Weise heran. Man gab alles; so wurde es in allen Schulen gemacht. Lange Zeit hindurch habe ich es auch als Trainer so gehalten. Aber ich bin ein Mensch, für den letztlich die Ergebnisse zählen, und die Resultate haben mir gezeigt, dass die Körper der Kämpfer, die es geschafft haben, das gesamte Trainingscamp trotz vollem Sparring zu überstehen, schon vor dem Kampf so stark strapaziert waren, dass sie nicht die volle Leistung bringen konnten. Wenn die Kämpfer nicht verletzt waren, waren sie völlig ausgelaugt.

Also begriff ich, dass es einen besseren Ansatz geben musste. Ich befasste mich näher mit einigen Ideen von Matt Thornton, dem Gründer von Straight Blast Gym in den USA, und beschloss, eine höchst einfache Methode einzuführen, um den direkten Kontakt zu vermindern, aber das Training dennoch so realistisch wie möglich zu gestalten. Ich möchte den Wettkampf so realistisch wie möglich nachstellen, aber ich will das ohne dieselben Folgen. Die Kämpfer sollten ihre Techniken voll ansetzen, aber vor dem Kontakt zurückziehen.

Wir nennen das Flow-Sparring. Es erfordert Erfahrung und Intelligenz beider Athleten. Wenn wir über jemandem stehen, der am Rücken liegt, und die schweren Schläge nur andeuten, kann der andere sie nicht ignorieren, obwohl sie nicht wirklich geschlagen werden. Er könnte in Versuchung geraten, einen Fußhebel anzusetzen, während der andere die Schläge nur andeutet, aber er muss respektieren, dass der Obere die Kontrolle hat und die Schläge in der Kampfsituation es nicht zulassen würden, dass er ihn ansetzt. Es wäre unfair, wenn der dominierende Kämpfer zur Aufgabe gezwungen würde, weil der Sparringpartner sich weigert, die Schläge anzuerkennen. Wenn man zwei Burschen hat, die behaupten »Ich habe dich zuerst drangekriegt«, dann erschwert das die Sache. Beim nächsten Mal wird der dominierende Kämpfer dann vielleicht seine Schläge tatsächlich voll durchziehen.

Ich versuche, beim Sparring alle Aspekte des Kampfes nachzustellen – bis auf den körperlichen Schaden. Deshalb müssen Sportler, die das Flow-Sparring verstanden haben, keinen zusätzlichen Schutz tragen. Sie können mit den Handschuhen trainieren, die sie auch im Kampf tragen werden. Ich ermutige die Kämpfer sogar, dieselben T-Shirts anzuziehen. Jedes Detail ist von Bedeutung.

Bei der Vorbereitung auf einen meiner ersten Kämpfe trug ich immer ein T-Shirt. Als der Kampf dann kam und ich plötzlich kein T-Shirt mehr anhatte, war ich tatsächlich irritiert. Ich fühlte mich nicht wohl, weil ich mich nicht entsprechend vorbereitet hatte. Wenn also meine Kämpfer ohne Oberbekleidung sparren und sich beschweren, dass sie schwitzen und das unangenehm ist, dann erinnere ich sie einfach daran, dass sie genau so kämpfen müssen. Nehmen wir etwas Blut dazu, das fließt, dann wird die Angelegenheit noch komplexer. Karl Tanswell von SBG Manchester verwendet manchmal sogar Kunstblut beim Sparringtraining, damit sich die Jungs an Blut gewöhnen. Wenn dann während des Kampfes Blut fließt, sind sie darauf vorbereitet. Es geht darum, im Training eine Situation zu schaffen, die einem Kampf in vielen Aspekten nahekommt, abgesehen von Kraft und Stärke.

Ich habe einige Jahre gebraucht, um dieses Konzept in meiner Schule zur Norm zu machen, aber es wird jetzt als produktivste Trainingsmethode akzeptiert. Erstaunlicherweise sind gerade Conor und Artem ihre eifrigsten Vertreter geworden. Sie bezeichnen das als »Update der Software, ohne die Hardware zu beschädigen«. Meine Kämpfer trainieren immer noch hart, aber es besteht keine Notwendigkeit mehr, dabei ein unnötiges Risiko einzugehen.

Dieser Änderung der Trainingsphilosophie hat schnell sehr gute Ergebnisse gebracht. Ich glaube, kein anderes Team kann unserer Erfolgsbilanz als Team mit den geringsten Kampfabsagen, von UFC bis in die Landesliga, etwas Ebenbürtiges entgegensetzen. Ich will nicht behaupten, dass wir das einzige Team sind, das so trainiert, aber es gibt nicht viele Schulen, die das System anwenden.

Conor McGregors Kampf gegen Jim Alers sollte nun bei Cage Warriors 51 im Helix am Neujahrsabend stattfinden. Um die Szenerie zu wechseln und die Sache nicht zu eintönig zu machen, beschlossen wir, das Trainingscamp in Island abzuhalten. Doch fünf Wochen vor dem Kampf gab es wieder eine Absage. Diesmal war es Alers, der zurückzog. Im Bewusstsein, dass Conor seit sechs Monaten nicht mehr gekämpft hatte, fragte ich bei der Organisation an, ob nicht ein Ersatzkampf arrangiert werden könnte. Ich wusste, dass Cage Warriors versuchte, am selben Tag einen Titelkampf im Leichtgewicht in das Programm zu bringen. Der Gürtel war vakant, und ein slowakischer Kämpfer, Ivan Buchinger, hatte eine Chance bekommen. Aber sein ursprünglicher Gegner hatte abgesagt. Da sowohl Conor als auch Buchinger einen Gegner benötigten, schlug ich einen Kampf der beiden um den Leichtgewichtstitel vor. Der Vorschlag wurde angenommen und Conor war sehr zufrieden. Da er nun bis 70 Kilogramm kämpfte anstatt bis 66 Kilogramm, konnte er in der Woche vor dem Kampf ein weit üppigeres Weihnachtsmahl zu sich nehmen. Er bekam damit auch die Chance, als erster Kämpfer gleichzeitig Cage-Warriors-Titelhalter in zwei Gewichtsklassen zu werden.

Ich war immer zuversichtlich vor den Kämpfen von Conor, aber dieses Mal war ich besonders zuversichtlich. Denn ich war überzeugt, dass er zum ersten Mal auf einen Gegner traf, der sich nicht als einziges Ziel gesetzt hatte, ihn auf den Boden zu bringen. Ich hatte Buchingers vorhergehende Kämpfe gesehen, und ging davon aus, dass das ein Kickbox-Kampf werden würde. Wenn er sich nicht zu sehr anstrengen musste, nicht zu Boden gebracht zu werden, hatte Conor die Freiheit, seine spektakulär vielseitige Schlagkunst zu zeigen. In seinen anderen Kämpfen hatten die Gegner stets versucht, mit ihm zu grappeln, daher wurde die Angelegenheit oft unangenehm. Aber das würde ein Standkampf sein, und das gefiel mir aus der Perspektive des Zuschauers.

Wie Cage Warriors 47 im vergangenen Juni war auch diese Nacht im Helix, die 2013 einläutete, eine denkwürdige Nacht für SBG, da sie uns einen weiteren Cage-Warriors-Titel bescherte. Conor gab eine meisterhafte Demonstration seiner Schlagkunst und schlug Buchinger nach drei Minuten und 40 Sekunden in der ersten Runde durch einen Konter mit linkem Haken k.o.

Als Conor nach dem Kampf mit zwei Cage-Worriors-Gürteln um seine Schultern zu den Garderoben ging, war ich sicher, dass er den Käfig das nächste Mal bei seinem UFC-Debüt betreten würde.

9

Ich war gerade in Island und half Gunnar Nelson bei der Vorbereitung auf seinen zweiten UFC-Kampf, als ich ein paar interessante Anrufe bekam.

Es war der 3. Februar 2013. Gunni sollte zwei Wochen später in London Jorge Santiago gegenübertreten, darum befanden wir uns im Endstadium seines Trainingslagers.

Der erste Anruf an diesem Morgen kam aus der Trainingshalle zu Hause in Dublin. Man informierte mich darüber, dass Conor McGregor am Abend zuvor nicht aufgetaucht war, um seinen Kampfsportkurs zu leiten. Das war keine große Überraschung für mich.

Oberflächlich betrachtet lief alles großartig für Conor. Er besaß zwei Gürtel der Cage Warriors. Das Video über seinen K.-o.-Sieg über Buchinger hatte sich wie ein Lauffeuer verbreitet und anscheinend wollten alle etwas von ihm abhaben. Einige der größten Namen im Sport, darunter der UFC-Kommentator Joe Rogan, hatten sich am Neujahrstag über die sozialen Medien an Conor gewandt, um ihn wissen zu lassen, wie beeindruckt sie waren.

»Habe eben Ihren Kampf gesehen«, twitterte Rogan. »Glückwunsch, Sie waren sensationell! Hoffe, Sie eines Tages in der UFC zu sehen. Viel Glück!«

Wir wurden mit Interviewwünschen der MMA-Medien überschwemmt. Sogar die Mainstream-Presse in Irland, die den MMA normalerweise nicht gerade gewogen war, begann endlich etwas Interesse an dem Burschen aus Dublin zu zeigen, der als künftiger UFC-Star bejubelt wurde.

Conor wollte seine Chance, sich in der UFC zu beweisen, unbedingt nutzen. Nur dort würde er als Vollprofi genug Geld verdienen. Sein Mannschaftskamerad Gunni Nelson bereitete sich gerade auf einen weiteren Einsatz auf der größten Bühne der Welt vor. Ein paar Monate zuvor hatte er bei seinem UFC-Debüt 16000 Dollar verdient – mehr als sechsmal so viel, wie Connor für seinen letzten Kampf bekommen hatte. Conor war immer pleite und musste sich von seiner Freundin Dee in einem alten Peugeot, den man ständig anschieben musste, von A nach B bringen lassen.

Als die Wochen vergingen, ohne dass die UFC sich meldete, verlor Conor langsam die Hoffnung. Enttäuscht und desillusioniert fragte er sich, ob es überhaupt sinnvoll war weiterzumachen. Zu allem Überfluss war sein Coach zu diesem Zeitpunkt in Island, sodass Conor anfing, die Dinge schleifen zu lassen.

Falls Conor wirklich daran gedacht hatte, das Handtuch zu werfen, sollte der zweite Anruf, den ich an diesem Tag bekam, alle derartigen Gedanken vertreiben. Ich saß in einem Restaurant in Reykjavík beim Abendessen, als mein Telefon klingelte. Es war Halli Nelson, Gunnis Vater. Während ich seinem Sohn half, sich auf seinen nächsten UFC-Kampf vorzubereiten, unterstützte mich Halli bei meinen Aufgaben als Manager von Conor. Da Conor jetzt so gefragt war, wurde es immer schwieriger, sowohl sein Coach als auch sein Manager zu sein.

»Ich habe mit Sean Shelby über Conor gesprochen«, berichtete Halli. Das hörte sich gut an. Sean Shelby war der UFC-Vermittler. »Sie wollen ihn bei ihrer Veranstaltung in Schweden am 6. April ins Programm aufnehmen. Er bekäme 8000 Dollar plus 8000 Dollar Siegesprämie. Wärt ihr damit einverstanden?«

»Warte mal, Halli«, fragte ich nach, »soll das heißen, die UFC bietet Conor einen Kampf an?«

»Ja. Also, seid ihr interessiert?«

»Klar sind wir das! Es ist die UFC. Wir sind dabei, keine Frage. Egal, wie viel Geld sie bieten.«

Ich war so wild darauf, Conor zu informieren, dass ich das Gespräch mit Halli beendete, ohne nach Einzelheiten zu fragen – zum Beispiel nach dem Gegner. Ich rannte aus dem Restaurant, hinaus in den Schnee, und wählte Conors Nummer.

Keine Antwort. Ich probierte es erneut. Und noch einmal. Und noch einmal. Dann dämmerte mir, dass Conor mir wahrscheinlich aus dem Weg ging. Er rechnete wohl mit einer Standpauke, weil er seinen Kurs nicht gehalten hatte. Aber ich rief immer wieder an, bis er endlich antwortete.

»Hör mal, John, es tut mir leid, dass ich gestern Abend den Kurs geschwänzt habe, aber ...«

»Conor, halt die Klappe und hör zu! Wie würde es dir gefallen, im April für die UFC zu kämpfen?«

»Im Ernst? Verdammt noch mal, das machen wir!«

*

Der Anruf der UFC hätte zu keinem günstigeren Zeitpunkt kommen können. Denn wenn Conor sich noch länger hätte gehen lassen, hätte er sich womöglich nie mehr zusammenreißen können. Stattdessen begann er sofort mit der Vorbereitung für sein UFC-Debüt.

Während seines Trainingslagers landete SBG Irland ein paar Riesenerfolge. Gunni Nelson errang noch einen UFC-Sieg, bevor Cathal Pendred bei den Cage-Warriors Champion im Weltergewicht wurde und Gael Grimaud entthronte. Innerhalb von neun Monaten hatte das SBG alle vier Cage-Warriors-Titel vom Federgewicht bis zum Mittelgewicht gewonnen.

Erst als die Medien von Conors UFC-Vertrag Wind bekamen, erfuhr ich, dass sein Gegner Marcus Brimage sein würde. Dieser Amerikaner hatte seine drei bisherigen Kämpfe bei der UFC gewonnen. Auf dem Papier war er also ein harter Brocken für Conor. Aber Kämpfe werden nicht auf dem Papier ausgetragen. Ich wusste nichts über Brimage und sammelte auch nicht sonderlich viele Informationen über ihn. Aber mir war klar, dass die Welt ausflippen würde, wenn Conor ihm im Oktagon gegenüberstand. Conor hatte so viele Qualitäten, dass er dem Publikum etwas ganz Neues bieten würde. Obwohl er seinen ersten Kampf für die UFC noch vor sich hatte, war ich mir sicher, dass ihn niemand dort in Schwierigkeiten bringen konnte, außer den besten fünf Kämpfern. Und da Brimage seinen vierten Kampf immer noch im UFC-Vorprogramm ausfechten würde, machte ich mir seinetwegen keine großen Sorgen.

Meiner Meinung nach spielten die meisten Leute im Vorprogramm ohnehin in einer niedrigeren Liga als Kämpfer wie Ivan Buchinger und Dave Hill, egal welchen Rummel die Fans und die Medien um sie machten. Für Conor hatte ich mir immer gewünscht, dass er die Chance bekommen würde, der Welt auf dieser Bühne zu zeigen, was er konnte. Jetzt war der Moment da und deshalb waren wir fast schon erleichtert. Wir empfanden es so, dass wir mit der Aufnahme durch die UFC den schwersten Teil der Reise schon hinter uns hatten.

Die MMA-Community verfolgte Conors Leistungen natürlich bei den Cage Warriors, sowohl im Käfig als auch in Interviews, und geriet angesichts des bevorstehenden Kampfes in helle Aufregung. Den Höhepunkt bildete ein Interview mit dem bekannten Reporter Arien Helwani in dessen Live-Show *The MMA Hour*. Conor hatte nie zuvor ein derart großes Publikum gehabt, schon gar nicht in Nordamerika. Daher war es interessant zu beobachten, wie sich alles entwickeln würde. Wegen seines Charismas und seines Humors war er bei Fans in Irland und in Großbritannien bereits sehr beliebt, aber konnte er diese Popularität über den Atlantik mitnehmen?

Ich schaute mir das Interview an. Conor war einfach Conor – kein Theater, keine Mätzchen, alles war echt. Darum rechnete ich eigentlich nicht mit der unglaublichen Reaktion, die dann folgte. Das Internet explodierte. Ich hatte wirklich nicht erwartet, dass er die Leute derart für sich einnehmen würde. Sie fanden ihn umwerfend komisch und staunten über sein Selbstvertrauen. Dass er sich an die Spitze kämpfen konnte, das wusste ich bereits, doch als ich sah, wie sehr den Menschen seine Persönlichkeit gefiel, dachte ich: *Das schadet überhaupt nicht*. Von da an konnten die Medien nicht genug von ihm bekommen.

Conor betonte immer wieder, dass es nicht nur um ihn ging. »Wenn ich in die UFC komme, dann stoße ich die Tür für meine Teamkameraden auf. Jetzt sind wir dran.«

Auch wenn Conor die ganze Aufmerksamkeit auf sich zog, so wollte er doch seinen Freunden im SBG ebenfalls helfen, ihre Träume zu verwirklichen. Das war ihm ebenso wichtig wie sein eigener Erfolg.

Conors UFC-Debüt sollte am Samstag, den 6. April 2013, in der Ericsson Globe Arena in Stockholm stattfinden, die Platz für 16 000

Zuschauer bot. Conor und ich verließen Dublin am Dienstagmorgen. Insgesamt sollten 13 Kämpfe abgehalten werden und Conors Kampf gegen Marcus Brimage war für das Vorprogramm geplant. Immerhin wurde er als »Hauptereignis« beworben. Ich holte Conor im Haus seiner Familie in Lucan ab. Dort hatte ich eine kleine Überraschung für ihn arrangiert. Wir hatten den größten Teil seines Trainingslagers in Island verbracht – wo Conor und andere SBG-Kämpfer sich vorbereiten konnten, ohne von Angehörigen und Freunden abgelenkt zu werden – und hatten an den Abenden gern Episoden der irischen Dramaserie *Love/Hate* angeschaut. Es gelang mir, Peter Coonan, der in der Serie die Rolle des Franno spielt, zu einem Besuch einzuladen, bevor wir an diesem Morgen zum Flughafen aufbrachen. Peter kam rein und wünschte Conor viel Glück. Damit hatte Conor offensichtlich überhaupt nicht gerechnet und es gab ihm vor unserer Abreise einen ordentlichen Auftrieb.

Wir mussten uns beeilen, um den Flug zu erreichen, denn Connor war wie üblich zu spät dran. Deshalb stiegen wir rasch in Dees Peugeot, der erst nach einiger Mühe startete. Nachdem wir losgefahren waren, bat Conor seine Freundin, beim Postamt von Lucan zu halten.

»Ich muss da noch rein und mein Arbeitslosengeld holen«, erklärte er. Er bekam 188 Euro pro Woche.

»Conor, ich kann dir das Geld borgen«, schlug ich vor. »Wir haben jetzt keine Zeit.«

Aber er bestand darauf anzuhalten. Schon Wochen vor dem Kampf wurde in Irland im Fernsehen, im Radio, auf Webseiten und in Zeitungen ausführlich über ihn berichtet – über den viel bejubelten jungen Dubliner, der als erster Ire in der UFC gewinnen wollte. Und jetzt, auf dem Weg zu seinem UFC-Debüt, stand er im Postamt in einer Schlange und wartete auf seine 188 Euro, weil er es sich nicht leisten konnte, darauf zu verzichten. Während mich im Auto Panik überfiel, weil wir womöglich den Flug verpassen würden, baten die Leute in der Schlange Conor um Fotos und Autogramme. Zum Glück schafften wir es gerade noch rechtzeitig zum Flughafen.

Als wir in Stockholm ankamen, begegnete mir zu meiner Überraschung plötzlich ein bekanntes Gesicht. Im Jahr 2003, kurz nachdem Matt Thornton mich in die SBG-Familie aufgenommen hatte, war ich nach Oregon gereist, um mein Zertifikat als SBG-Trainer zu erwerben. Unter anderem musste ich einen Kampf in der Kampfsportschule bestreiten, und zwar gegen einen Typen namens Chris Connelly. Es war ein toller Kampf, aber ich sah Chris nie wieder – bis ich die Lobby des Hotels in Stockholm durchquerte. Ich wusste, dass Chris früher in Alabama Marcus Brimage trainiert hatte; aber danach war Brimage zum American Top Team in Florida gewechselt. Deshalb hatte ich nicht erwartet, Chris beim Kampf in seiner Ecke zu sehen. Es war schön, ihn nach so langer Zeit wiederzusehen. Da wir erneut Gegner sein würden, plauderten wir nur kurz miteinander und vereinbarten, nach dem Kampf unsere Freundschaft ein bisschen zu pflegen und gemeinsam mal ein Bier trinken zu gehen. Dabei beließen wir es; doch im Laufe der Woche gab es noch ein paar heikle Momente im Hotel. So sind die MMA eben. Der Sport hat zwar in den letzten Jahren einen enormen Aufschwung erlebt, aber er ist immer noch eine ziemlich kleine Community. Daher ist es für mich normal, darauf zu achten, dass sportliche Rivalitäten meinen Freundschaften nicht in die Quere kommen.

Als ich am Mittwochmorgen aufwachte, klagte Conor über starke Schmerzen. Schuld daran war ein Weisheitszahn, der ihn fast die ganze Nacht wach gehalten hatte. Außerdem hatte er erheblich abgenommen, auf nur noch 65 Kilo. Es ging ihm also nicht gerade gut. Trotzdem hielt er tapfer durch und erfüllte seine Verpflichtungen gegenüber den Medien. Am Spätnachmittag wurden die Zahnschmerzen unerträglich und ich fürchtete, dass sie sich weiter verschlimmern würden, wenn wir sie ignorierten. Mit einer Verletzung kann ein Kämpfer meist umgehen, aber Zahnweh kann einen Menschen verrückt machen. Also suchten wir einen Zahnarzt.

Der Arzt, bei dem wir landeten, versicherte uns, dass wir uns keine Sorgen zu machen brauchten. Da der Zahn ein wenig entzündet sei, werde er ihn ziehen. Aber nach sieben Tagen werde Conor wieder fit sein.

Sieben Tage? Das war mit uns nicht zu machen, denn der Kampf sollte schon in 72 Stunden stattfinden. Nachdem wir dem Zahnarzt die Situation erklärt hatten, schlug er vor, den Zahn so weit zu reinigen, dass die Infektion etwas abklingen würde. Das war zwar keine langfristige Lösung, aber sie brachte Conor wenigstens so viel Erleichterung, dass er die nächsten paar Tage durchhielt.

Normalerweise schaltet Conor beim Wiegen allmählich in einen aggressiven Modus. Für ihn ist das so, als würde er mit jemandem um die nächste Mahlzeit kämpfen müssen. Hinzu kommt noch, dass er wegen des Gewichtsabbaus meist ohnehin schlecht gelaunt und daher bestens auf das Staredown vorbereitet ist. Oft genug muss zu diesem Zeitpunkt schon jemand eingreifen, damit er nicht ausrastet. Garry Cook, der UFC-Vertreter, der das Wiegen diesmal erstmals in seiner Karriere überwachte, wurde einfach ins kalte Wasser geworfen. Conor überragte Brimage und sie verpassten einander einige Kopfstöße, ehe man sie trennen konnte. Der Menge gefiel das. Später lächelten Brimage und Chris Connelly uns im Vorbereitungsbereich zu und meinten, dieser kleine Vorfall werde »den Kampf anheizen«. Aber für Conor war das kein Spiel gewesen.

»Verdammt, geh weg von mir«, schnaubte er. »Ich werde dich vernichten.«

Für den Kampfabend bekamen wir noch etwas Verstärkung vom SBG. Owen Roddy und Artem Lobov kamen von Dublin nach Stockholm, um mich in Conors Ecke zu unterstützen. Eigentlich hatte ich nur wenige irische Fans im Publikum erwartet, höchstens ein paar Angehörige von Conor. Doch als wir hinausgingen, wurde Conor mit lautem Gebrüll begrüßt. Ich schaute mich in der Arena um und sah überall Grün. Es war schon überwältigend, wie viele Menschen Zeit und Geld geopfert hatten, um bei Conors UFC-Debüt dabei zu sein.

Obwohl die irischen Mainstream-Medien zuletzt häufiger über Conor berichtet hatten, hatten wir für den Kampf keine Sponsoren gewinnen können. Die meisten Kämpfer in der UFC steigen mit Kappen, T-Shirts und Shorts ihrer Sponsoren in den Ring und tragen eine Fahne mit allen Markennamen, die sie unterstützen. Conor absolvierte diesen ersten Gang in seinen eigenen Shorts und mit der irischen Trikolore. Aber der Kampf um Sponsoren sollte sehr bald der Vergangenheit angehören.

Marcus Brimage war scharf auf den Kampf und zeigte keinerlei Furcht. Doch sehr schnell war den Kämpfern der UFC-Federgewichtsliga klar, dass es kein guter Plan war, mit den Fäusten gegen Conor

McGregor zu kämpfen – das konnte nur schiefgehen. Schon eine gute Minute nach Beginn des Kampfes zelebrierte Conor seinen ersten Sieg in der UFC, während Brimage auf dem Ringboden lag, bevor er wirklich begriff, was passiert war.

Beim Interview mit dem UFC-Reporter Kenny Florian im Oktagon nach dem Kampf fraß das Publikum Conor aus der Hand. So wie er Brimage umgehauen hatte, hatte er meiner Meinung nach gute Chancen, mit dem »Knock-out des Abends« ausgezeichnet zu werden. Das würde ihm einen Bonus von 6 000 Dollar einbringen – eine erhebliche Aufbesserung seines Honorars für den Kampf, das nur 16 000 Dollar betrug. Gegen Ende des Interviews formte ich mit den Lippen die Worte »Frag nach dem Geld«. UFC-Präsident Dana White war anwesend und ich hoffte, dass er sich von einem frechen jungen Anfänger aus Irland, der den Bonus forderte, beeinflussen ließe. Conor griff nach dem Mikrofon und schrie: »Dana, 60 Riesen, Baby!«

Conor hatte eine Menge toller Schläge und bei seinen Ausweichmanövern gute Beinarbeit gezeigt. Eine solche Boxtechnik hatte das Publikum nie zuvor gesehen. Die meisten Typen der UFC kommen vom Grappling und lernen dann die Schlagtechnik, deshalb fehlt ihnen der letzte Schliff, wenn sie mit den Fäusten kämpfen. Mit seinen vielen unterschiedlichen Schlägen aus verschiedenen Winkeln und seiner Beweglichkeit war Conor ihnen da Lichtjahre voraus. Mir war klar gewesen, dass er nur eine Chance brauchte, um das zu beweisen, und er hatte diese Gelegenheit mit beiden Händen ergriffen.

Als wir nach dem Kampf wieder im Umkleideraum waren, schaute ich in mein Handy. Die Reaktionen auf den Kampf hauten mich um. Ein paar Leute sahen in Conor bereits den Herausforderer des UFC-Federgewichtschampions José Aldo. Die meisten Fans machten sich jedoch über diese Einschätzung lustig. Es sei viel zu früh, Conor in einem Atemzug mit Aldo zu nennen, meinten sie. Im SBG-Team lachte niemand darüber. Conor war auf dem Weg zum Gipfel, und wenn Aldo diesen besetzt hatte, dann war er unser nächstes Ziel.

Conor wurde sofort in ein Büro in der Arena geführt, um Dana White zu treffen, der ihn um ein Foto bat. Dana konnte seine Aufregung über den neuen Star der UFC nicht verbergen. Ihm war klar, dass Conor etwas Besonderes war. Irische Fans hatten ihn in den sozialen

Medien seit Langem bestürmt, Conor in die UFC zu holen. Jetzt wusste er, warum.

»Willkommen in der UFC!«, sagte Dana lachend. »Die Begeisterung ist groß und auch gerechtfertigt. Mann, bei Twitter drehen die Leute durch. Die sind aus dem Häuschen. Irland flippt aus! Wir sind auch total beeindruckt!«

In der Pressekonferenz lobte Dan den Neuling über den grünen Klee. »Ich bin begeistert. Es war sein erster Kampf in der UFC, aber er ging heute Abend da raus ins Oktagon, als wäre es sein hundertster Kampf gewesen. Als die Glocke läutete, war er voll konzentriert und doch locker. Und sogar nach dem Knock-out hatte man den Eindruck, er sei schon einmal da gewesen und habe das 100 Mal gemacht. Der Junge ist total entspannt. Er ist ein Tier. Ich bin beeindruckt.«

Conors Sieg fühlte sich tatsächlich wie das Ende einer emotionalen Achterbahnfahrt an. Fünf Jahre zuvor hatte ich im Haus seiner Eltern neben ihm auf dem Bett gesessen, und er hatte geweint, weil er scheinbar orientierungslos durchs Leben stolperte. Und jetzt redete die ganze UFC über ihn und der Präsident lag ihm zu Füßen. Es war schwer, das alles zu verdauen. Deshalb zog ich mich etwas zurück und suchte mir erst einmal ein ruhiges Zimmer, wo ich ein paar Minuten allein sein konnte. Da legte ich mich auf den Boden und ließ meinen Gefühlen freien Lauf. Ich brauchte einfach etwas Zeit, um das alles zu begreifen. Mir ein wenig Zeit für mich selbst zu nehmen, war für mich zu einem festen Ritual nach jedem großen Kampf geworden.

»Ehrlich gesagt weiß ich noch nicht recht, was ich von all dem halten soll«, sagte Conor etwas später. »Von den 60 000 Dollar habe ich gerade erst erfahren und ich überlege noch, wofür ich sie ausgebe. Auf jeden Fall werde ich mir ein Auto kaufen und vielleicht ein paar ordentliche maßgeschneiderte Anzüge.«

Auf dem Weg nach Schweden zum Kampf hatte Conor sein Arbeitslosengeld geholt. Beim Flug nach Hause steckte ein Scheck über 76 000 Dollar in seiner Tasche. Ich lehnte mich zurück, schloss die Augen und lächelte. Jetzt kannte die Öffentlichkeit Conor McGregor und das Leben würde nie mehr sein wie früher.

10

Es ist schon eigenartig, dass mich ursprünglich die Ruhe in den Karatekursen für die Kampfkünste begeistert hat und dass ich mich nun hauptsächlich mit dem Showbusiness befasse, das man Ultimate Fighting Championship nennt. Große Arenen, lärmende Menschenmengen, laute Musik, Blinklichter – ein UFC-Event ist das genaue Gegenteil der ruhigen, entspannenden Atmosphäre in einer Dojo, wie ich sie als Vierjähriger kennengelernt habe. Trotzdem ist es mir nie schwergefallen, mich auf meine anstehenden Aufgaben zu konzentrieren. Klar, wenn ich hinter Conor McGregor hinaus zu einem Kampf gehe und die Fans ausflippen, versinken wir im Getöse. Anfangs ist es wie ein Schlag in die Magengrube. Doch wenn ich vor dem Maschendrahtgitter stehe und die Arbeit beginnt, denke ich ehrlich gesagt nie an das Publikum, egal ob es Tausende von Leuten in einer großen amerikanischen Arena sind oder ein paar Hundert in einer Dubliner GAA-Halle. Ich sehe und höre nur noch, was im Käfig passiert. Trotz der lärmenden Fans gelingt es mir irgendwie immer, mich bemerkbar zu machen, ohne zu schreien. Meine Kämpfer haben mir oft gesagt, dass sie mich selbst aus der größten Menge heraushören. Es ist wie eine geheime Verbindung. Ich, mein Kämpfer und das Problem vor uns sind allein. Es ist, als würden wir gerade eben nur darüber diskutieren, wie wir das Problem lösen können.

Da ich ja schon viele Jahre Kämpfer in kleinen, lokalen Shows betreut hatte, war ich auf jeden Fall erfahren genug, als es Zeit für die UFC war. Wenn die Käfigtür sich schließt, ist die Konstellation sowieso immer die gleiche: mein Kämpfer gegen einen anderen. Alles andere –

Austragungsort, Besucherzahl, Atmosphäre, Folgen des Ergebnisses – ist dann unwichtig. Bei SBG Irland reden wir oft darüber. Ob dieser Käfig an einem ruhigen Werktag in der Trainingshalle steht oder an einem Samstagabend in einer riesigen Arena in Boston oder Las Vegas, spielt keine Rolle. Natürlich kann sich das emotional oder mental auswirken, aber nur so weit, wie wir es zulassen. Wenn ein Kämpfer das will, dann ist die Situation beim Kampf für ihn die gleiche wie beim Training in den vorangegangenen sechs bis acht Wochen. Wahrscheinlich denken jetzt viele Leser: »So einfach ist das doch nicht!« Vielleicht ist es für 99 Prozent der Kämpfer wirklich nicht so einfach; aber die Kämpfer, die gelernt haben, an einen echten Kampf so heranzugehen wie an Sparringskämpfe an irgendeinem Dienstagnachmittag, sind die erfolgreichsten.

Meine ersten echten Erfahrungen mit einem extrem begeisterten Publikum sammelte ich bei Conor McGregors zweitem UFC-Kampf. In der Zeit zwischen seinem letzten Auftritt bei den Cage Warriors und seinem UFC-Debüt war die Zahl seiner Anhänger in Irland drastisch gestiegen. Aber das war noch gar nichts im Vergleich zu dem Rummel nach dem Sieg über Marcus Brimage. Oft wurde in dem Zusammenhang von Conors sensationellem Überraschungserfolg gesprochen. Aber das war nicht ganz richtig, weil diese Leistung die Folge vieler Jahre harten Trainings war. Doch von da an war es schwierig für ihn, in Dublin durch die Straßen zu gehen, ohne dass Leute ihn bestürmten, die ein Foto oder ein Autogramme haben wollten. Jede Fernsehshow, jeder Rundfunksender, jede Zeitung und jede Website wollte ihn interviewen. Conors Bild erschien regelmäßig auf der Rückseite der Zeitungen und er war sogar in der *Late Late Show*. Das waren für einen MMA-Kämpfer in Irland ganz neue Erfahrungen. Conor leistete in seinem eigenen Land Pionierarbeit für diese Sportart. Die MMA waren immer ein Randsport gewesen, doch nun entwickelten sie sich allmählich zu einer der beliebtesten Sportarten in Irland neben Fußball, Rugby und den gälischen Sportarten.

Es war höchste Zeit, dass sich jemand anderes um Conors Belange im Bereich Werbung und Medien kümmerte, weil dies jetzt viel mehr Zeit, Erfahrung und Geschäftssinn erforderte, als Halli Nelson und ich aufbringen konnten. Mittlerweile brauchte ich jeden Morgen schon mehrere Stunden, um die Interviewanfragen zu sichten und dazwischen wichtige E-Mails zu finden, bei denen es um die alltäglichen Probleme der Kampfsportschule ging. Schließlich übertrug Conor alle Management-Aufgaben an Audie Attar und das Team von Paradigm. Sie kümmerten sich um alles außerhalb der Sportschule, sodass Conor seine Einnahmen optimieren konnte, während wir uns darauf konzentrierten, Kämpfe zu gewinnen.

Nach dem Sieg über Brimage wollte die UFC Conor unbedingt über den Atlantik schicken. Und welcher Ort wäre für den Start besser geeignet gewesen als die irische Hauptstadt in den USA? Seinen nächsten Kampf sollte er daher am 17. August 2013 in Boston gegen Andy Ogle bestreiten. Weil er bei seinem Debüt einen so starken Eindruck hinterlassen hatte, forderten nun viele Leute, dass er gegen einen Spitzenathleten kämpfen sollte. Aber Ogle war ebenfalls ziemlich neu in der UFC und hatte einen Kampf gewonnen und einen verloren. Realistisch betrachtet, war er ein zweitklassiges Federgewicht. Vielleicht wollte es die UFC damals bewusst so haben. Conor war schließlich noch ein Anfänger, und darum wollten sie seinen Aufstieg wahrscheinlich nicht unnötig beschleunigen. Zudem würde das große irische Publikum, das unweigerlich zu dem Kampf in Boston strömen würde, die Demontage eines Engländers bestimmt bejubeln.

Sechs Wochen vor dem Kampf machte Ogle jedoch einen Rückzieher und wurde durch Max Holloway ersetzt. Uns war das egal. Holloway hatte ebenfalls keinen großen Namen. Unserer Meinung nach war auch er nur ein weiteres Hindernis auf dem Weg zum Titel. Im Rückblick war der Wechsel jedoch ein Vorteil, denn Holloway gewann nach dem Duell mit Conor acht Kämpfe hintereinander und wurde nach meiner Einschätzung der zweitbeste Federgewichtler der UFC. Für Conor war die Bedeutung des Kampfes also größer, als es damals schien.

Conor hielt es allerdings für Zeitverschwendung, gegen jemanden anzutreten, der nicht die Nummer eins war. Seiner Meinung nach hatte er bereits dieses Niveau erreicht, und die anderen Kämpfe waren nur eine Formsache.

Unabhängig vom Gegner war der Kampf ein großes Ereignis, weil Conor zum ersten Mal in den USA antreten sollte. Wie in den anderen Bereichen der Unterhaltungsindustrie – zu der auch die UFC im

Wesentlichen gehört – war die Erschließung des amerikanischen Marktes ein Meilenstein auf dem Weg zum Erfolg.

Conor brauchte eine Arbeitserlaubnis, damit er in den USA kämpfen durfte; doch das Antragsverfahren lief erst etwa vier Wochen vor dem Kampf an, und es ist selbst unter den günstigsten Umständen schwierig, eine amerikanische Arbeitserlaubnis zu bekommen. Aus mir unbekannten Gründen riet uns die UFC, nach Kanada zu fliegen, ein paar Tage in Ottawa zu bleiben, ein wenig Papierkram zu erledigen und dann zurück nach Las Vegas zu fliegen, um noch mehr Formulare auszufüllen. Anscheinend ging alles schneller, wenn man aus Kanada in die USA einreiste. Da der Kampf schon in vier Wochen stattfinden sollte, war es nicht gerade ideal, das Training zu unterbrechen und erst nach Kanada, dann zurück nach Irland und schließlich nach Boston zu fliegen, aber wir hatten keine andere Wahl.

Kurz nach unserer Landung in Ottawa meldete sich wieder Conors Zahn. Offenbar hatte der Kabinendruck im Flugzeug die Entzündung verschlimmert. Er fühlte sich gar nicht wohl. So wie in Stockholm wanderten Conor und ich nun durch Ottawa und suchten einen Zahnarzt. Den Mann, bei dem wir landeten, werde ich nie vergessen. Er erinnerte mich an Dr. Nick aus den *Simpsons* und hatte eine schäbige Praxis, die »No More Pain« benannt war und die wir später in »Noch mehr Schmerzen« umtauften, weil der Arzt wenig für Conor tun konnte. Er war mehr an Fotos mit Conor interessiert als an einer Heilung. Das überraschte uns, da wir geglaubt hatten, Conors neuer Ruhm beschränke sich hauptsächlich auf Irland. Und nun waren wir in Kanada und irgendein Zahnarzt benahm sich, als wäre Al Pacino eben in seine Praxis marschiert: »O mein Gott! Sie sind der echte Conor McGregor!«

Nach dem Kampf gegen Holloway sorgte ich dafür, dass der Zahn endlich entfernt wurde. Wir hatten wirklich genug davon, fremde Städte auf der Suche nach einem Zahnarzt zu durchstreifen.

Von Ottawa flogen wir nach Las Vegas, um den Papierkram abzuschließen. Für Conor war es die erste von vielen Reisen nach Vegas und sie gab ihm die Gelegenheit, mit UFC-Bossen wie Dana White und Lorenzo Fertitta in Kontakt zu kommen. Conor und ich stiegen im »Palace Station Casino« ab, einem ganz einfachen Hotel, das sich nicht annähernd mit dem »Red Rock« vergleichen konnte, an dessen Suiten sich Conor bald gewöhnen würde. Dann flogen wir zurück nach Dublin, um das Trainingslager zu beenden, ehe wir ein paar Wochen später nach Boston jetteten.

Es war großartig, in Boston zu sein. Für die Iren ist die Stadt eine Heimat fern der Heimat, und obendrein trafen wir dort Tom Egan. Er war einige Jahre zuvor nach Boston gezogen und wir hatten eine Weile keinen Kontakt mehr gehabt. Nach seiner Niederlage bei der UFC 93 hatte er weiter auf einem guten Niveau gekämpft, jedoch ohne eine Siegesserie hinzulegen, die die Aufmerksamkeit der UFC neu geweckt hätte. Doch er hatte sich mittlerweile zu einem guten Coach entwickelt. Es war großartig, ihn wiederzusehen. Er sorgte dafür, dass wir in den letzten Tagen vor dem Kampf in Peter Welchs Boxschule trainieren konnten, wo Conor auch seine Medientermine abhielt. Das war besonders interessant, weil die US-Medien zum ersten Mal einen direkten Zugriff auf Conor hatten. Er erfüllte ihre Wünsche und sie sogen seine Worte begierig auf. Das Hauptereignis in Boston war Chael Sonnen gegen Maurício Rua, aber der weitaus größte Teil der Berichterstattung galt Conor. Sein Kampf gegen Max Holloway stand zwar immer noch auf dem Vorprogramm, doch alle wussten, welchem Kampf die Fans am meisten entgegenfieberten.

Am Mittwoch vor dem Event spazierten Conor und ich durch Boston. Plötzlich merkte ich, dass etwas in ihm vorging. Er hielt mitten in einem Satz inne und krümmte den Rücken wie ein Hund, der mit einer Rauferei rechnet. Da sah ich eine Gruppe von vier Männern, die auf uns zukamen. Ich kannte keinen von ihnen, aber alle starrten Conor an. Nervös dachte ich: *Was in aller Welt geht hier vor?*

Als wir sie erreichten, machten sie einen weiten Boden um uns und setzten ihren Weg fort.

»Kleine Ratte!«, knurrte Conor und schaute sich um.

»Was zum Teufel war das denn?«, fragte ich.

»Das ist dieser Wichser. Er hat Blödsinn gelabert.«

Der Name, den Conor nannte, war mir nicht bekannt, aber er erklärte mir, der Typ sei ein UFC-Federgewichtler, der ebenfalls in der UFC kämpfte und sich in einem Interview oder in den sozialen Medien offenbar abschätzig über Conor geäußert hatte.

»Er hat keinen Respekt«, fügte Conor hinzu. »Das mag ich nicht. Das mag ich überhaupt nicht.«

Obwohl Conor erst einen Kampf für die UFC bestritten hatte, schrieben viele Kämpfer in den sozialen Medien bereits über ihn. Vielleicht waren sie neidisch auf die Publicity, die er erhielt. Männer, die seit Jahren für die UFC kämpften, wurden jetzt anscheinend ignoriert, während Conor, dieser freche Neuling, plötzlich im Mittelpunkt der Aufmerksamkeit stand. Manche von ihnen lästerten über Conor, um ihrem Ärger Luft zu machen. Conor merkte sich alles. Jedes einzelne Mal. Ein UFC-Kämpfer, der irgendwann etwas Abwertendes über Conor sagt, kann sicher sein, dass Conor es registriert hat.

Das gilt nicht nur für Kämpfer. Einmal nahm Conor eine Videogrußbotschaft aus Anlass der Hochzeit eines Freundes eines Freundes eines Freundes von Owen Roddy auf. Als ich etwas später an diesem Tag in meinem Büro mit Owen plauderte, platzte plötzlich Conor herein.

»Schick dieses Video nicht weg!«, schrie er Owen an. »Mir ist gerade eingefallen, woher ich den Namen dieses Kerls kenne. Er ist eine Schlange.« Offenbar hatte der Typ, der heiraten wollte, Cathal Pendred ein paar Jahre zuvor auf Twitter gemobbt.

Das habe ich an Conor immer geschätzt. Er bekommt den Löwenanteil am Lob, an der Aufmerksamkeit und an der Anerkennung, aber wenn jemand etwas Schlechtes über einen SBG-Kumpel sagt, nimmt Conor sich das wirklich zu Herzen. Er kümmert sich um seine Mannschaftskameraden, und er hat ein Gedächtnis wie ein Elefant. Wenn ich zum Beispiel erwähne, gegen wen Paddy Holohan demnächst kämpfen wird, dann sagt Conor garantierte so etwas wie: »Ich hab seine letzten Kämpfe gesehen. Wir müssen da auf Folgendes achten ...«

Oft zieht er einen seiner Freunde in der Trainingshalle beiseite und bewertet seine Leistung. Er ist ein großartiger Kumpel, ein richtig guter Teamkamerad.

In der TD-Garden-Halle in Boston fiel mir kurz vor Conors zweitem UFC-Kampf auf, dass einige andere Kämpfer ihn genau taxierten. Einer von ihnen war Diego Brandão. Er musste auf seine Chance noch warten.

Dieser Kampf lockte zum ersten Mal eine Menge Fans von Conor in die USA. Ich fand es unglaublich, welche Mühen die Leute auf sich zu nahmen, um da zu sein und Conor zu unterstützen. Die irischen Fans sind wirklich unglaublich. Mit jedem Kampf wächst ihre Zahl. Und sie wissen, wie man sich amüsiert. Manchmal werden sie dafür kritisiert, dass sie gern etwas über die Stränge schlagen, aber ich habe immer nur sehr wenige gesehen, die betrunken und unangenehm waren. Die Atmosphäre ist insgesamt umwerfend positiv und die Unterstützung wunderbar. Die Leute geben ihr ganzes Erspartes aus, um dabei zu sein. Das spornt mich und meine Kämpfer enorm an.

Als es für Conor Zeit war, ins Oktagon zu gehen, hatten wir keine Ahnung, was die UFC plante. Normalerweise wird man bis zum Vorhang geführt, der den Bereich hinter der Bühne von der Arena trennt, und betritt die Bühne, sobald man sein Stichwort hört. Doch dieses Mal verließen wir den Umkleideraum und wurden im Flur in der Sicherheitszone aufgehalten. Conors Kleider wurden jetzt von Dethrone Royalty gesponsert, aber Conor trug immer noch die Trikolore über den Schultern. Er wartete darauf, gerufen zu werden, während Tom Egan und ich hinter ihm standen. Eine Menge UFC-Leute liefen hin und her; dann tauchten mehrere Kameras vor uns auf. Damals kapierte ich es erst nicht, doch die UFC wollte Conors Weg nach draußen in die Länge ziehen und mit einer Lichtshow begleiten. Das war sonst nur den Kämpfern im Hauptprogramm vorbehalten. Noch eine Besonderheit.

Als Conor erschien, war der Lärm der Menge ohrenbetäubend. Es war, als wedle jeder Zuschauer mit einer irischen Fahne. Ich versuchte gelassen zu wirken, als wäre das alles keine große Sache, aber mein Magen schlug Purzelbäume.

Conor hatte erst einmal für die UFC gekämpft. Aber selbst die größten Stars und Legenden des Sports wurden selten so empfangen. Wir sollten bald erfahren, was es bedeutete, im Hauptprogramm anzutreten, doch das hier war die perfekte Vorbereitung.

Ich weiß nicht, was Max Holloway durch den Kopf ging, als er Conors Einzug beobachtete, er muss sich gefühlt haben wie auf feindlichem Territorium, obwohl er ein Amerikaner in Amerika war. Das war für den einundzwanzigjährigen Hawaiianer sicherlich einschüchternd. Er war damals der zweitjüngste Kämpfer der UFC. Schon zu Beginn des Kampfes hatte ich den Eindruck, dass er nur versuchte, bis zum Ende durchzuhalten. Er schien nie wirklich an einen Sieg zu glauben. Das sage ich als großer Fan von Max Holloway. Max ist gewöhnlich echt angriffslustig und geht mit wilden Schlägen und Tritten nach vorne. Gegen Conor blieb er aber von Anfang an auf dem hinteren Fuß. Er wich andauernd aus und war auf kluge Weise defensiv und daher schwer zu treffen. Aber es sah nie so aus, als könne er den Kampf gewinnen. Wenn Sie diesen Kampf anschauen und mit seinen anderen vergleichen, springt seine unterschiedliche Taktik deutlich ins Auge. Conor ist am besten, wenn er seine Gegner aus der Reserve locken kann, weil er großartig im Kontern ist. Ich weiß nicht, ob Sie Holloway schlau oder ängstlich nennen würden, aber er schien einfach nur überleben zu wollen. Es ist nicht leicht, einen solchen Gegner umzuhauen.

Conor war in seinem Element, als er Holloway in den ersten anderthalb Runden mit Schlägen und Tritten zusetzte, ehe er ihn zu Boden rang und seine Überlegenheit dort ausspielte. Am Ende der zweiten Runde, als Conor aufstand, um in seine Ecke zu gehen, hatte ich den Eindruck, dass sein rechtes Knie etwas einknickte. Er schien zu wanken, als er sich erhob. Aber er sagte nichts während der Pause, also fragte ich ihn nicht. Stattdessen ermutigte ich ihn nur, so weiterzumachen wie bisher.

»Du siehst sehr gut aus«, sagte ich. Das hätte ich nicht tun sollten, denn ein Mikrofon fing die Worte auf und seitdem rufen die Leute sie mir immer wieder zu. Ich würde gerne glauben, dass sie mir damit ein Kompliment machen wollen, doch leider veräppeln sie mich nur.

In der dritten und letzten Runde entschied Conor sich wieder dafür, seine Wurf- und Grappling-Technik zu demonstrieren, aber er wirkte angeschlagen. Seine Beweglichkeit war eingeschränkt und ich konnte nur vermuten, dass eine Verletzung daran schuld war. Nachdem der Kampf damit endete, dass Conor von Holloways Beinen umklammert bequem obenauf lag, warf er mir einen Blick zu und lächelte.

»Was?«, fragte ich.

»Mein Knie ist hin.«

Ich stand auf und ging ins Oktagon. Auch Joe Rogan kam dazu, um Conor zu befragen. Conor erklärte ihm, er habe ein Schnappen im Knie gespürt, als er versuchte, Holloways Deckung zu überwinden. Rogan wandte sich zu mir um: »Hört sich an wie ein Kreuzbandriss.«

Ein Kreuzbandriss ist eine der schwersten Verletzungen, die ein Kämpfer sich zuziehen kann, daher wollte ich es wohl nicht wahrhaben und wischte die Befürchtungen beiseite: »Ach nee, ich bin sicher, dass es nichts Ernstes ist.«

Insgeheim hatte ich jedoch das Gefühl, dass es keine Entwarnung geben würde, und im Umkleideraum nahmen meine Befürchtungen noch zu. Ein Kreuzbandriss setzt Kämpfer meist für mindestens ein Jahr außer Gefecht und eine derart lange Pause wäre für Connor ein schwerer Rückschlag gewesen. Ich bat Stitch Duran, der an diesem Abend für die UFC als Cutman arbeitete und für Schnitte, Schwellungen und Nasenbluten während der Kämpfe zuständig war, ob er Conor einen Eisbeutel um sein Knie binden könne.

»Wenn ein anderer mich darum gebeten hätte, wäre ich sauer geworden«, sagte er. »Aber für meine irischen Lieblinge tu ich alles.« Dann kam der Arzt herein und erklärte nach einer ersten Untersuchung, er könne unmöglich genau sagen, was das Problem sei. Erst müsse eine Kernspintomografie gemacht werden, um das ganze Ausmaß der Verletzung festzustellen.

Mein Flug nach Hause war für den nächsten Tag gebucht. Während ich also nach Osten gen Dublin flog, war Conor nach Westen unterwegs, um einen Spezialisten in Los Angeles zu konsultieren. Noch war er zuversichtlich.

»Ich glaube, es ist nichts Schlimmes«, sagte er. »Nach drei oder vier Wochen Pause bin ich rechtzeitig zurück in Manchester für den Kampf Ende Oktober.«

Ich teilte seinen Optimismus nicht. Als ich in Irland ankam, hatte ich mich innerlich schon damit abgefunden, dass es wahrscheinlich einige Zeit dauern würde, bis ich wieder mit Conor ins Oktagon gehen konnte.

11

In den Aufzeichnungen ist festgehalten, dass Conor McGregor im August 2013 seinen zweiten Sieg in der UFC errungen hat. Aber in diesem Monat fand ich auch die Trainingshalle meiner Träume. Die Räumlichkeiten in der Long Mile Road hatten uns gute Dienste geleistet, doch meines Erachtens war es nun Zeit für ein Upgrade. Dank Conors Erfolg hatten wir einen enormen Zulauf und ich war mir sicher, dass die Mitgliederzahl noch weiter steigen würde. Die Chance, in derselben Halle wie Conor McGregor zu trainieren, war für viele verlockend.

Dass ich jetzt daran denke konnte, eine Trainingshalle nach meinen Vorstellungen zu suchen, aus der man mich nicht wie einige Male zuvor einfach so hinauswerfen konnte, war ein Beleg dafür, dass die Dinge sich in die richtige Richtung entwickelten. Ich trieb unseren Umzug zwar nicht aktiv voran, hielt aber die Augen offen. Eines Tages hörte ich von einem leeren Gebäude in der Naas Road, fünf Autominuten von unserem Stützpunkt entfernt und ganz in der Nähe meiner Wohnung. Es war geräumig – rund 930 Quadratmeter – und hell. Der perfekte Platz zum Trainieren. Bei der ersten Besichtigung war das Gebäude zwar leer, aber im Kopf hatte ich schon alles geplant. Hier war alles möglich, was ich mir je von einer Trainingshalle erträumt hatte.

Allerdings glaubte ich nicht, dass ich es mir würde leisten können. Wenn ich SBG Irland in die Naas Road verlegte, würden sich meine monatlichen Kosten versiebenfachen – dabei musste ich immer noch den Rest des 40 000-Euro-Kredits an die Bank zurückzahlen. Nachdem ich das Gebäude eines Nachmittags besichtigt hatte, fuhr ich nach Hause und überlegte, dass es unerschwinglich für mich war. Aber es ging mir trotzdem nicht aus dem Kopf. Ich wollte es unbedingt haben. Also fuhr ich am Abend noch einmal hin, blieb eine Weile draußen stehen und starrte das Gebäude einfach nur an. Am folgenden Abend wiederholte sich diese Szene. Und am Abend danach ebenfalls. Ja, ich war ein Stalker und beobachtete ein Gebäude. Ein paar Wochen später besichtigte ich es noch einmal mit meinem Vater.

»Es ist großartig, John«, meinte er, »aber du kannst es dir nicht leisten und es wäre auch zu groß. Vergiss es und suche dir etwas anderes. Es wäre verrückt, so ein Risiko einzugehen.«

Aber ich ließ mich nicht beirren. Ich wollte meine Kampfsportschule unbedingt in dieses Gebäude verlegen. Es mag komisch klingen, aber ich hatte bereits eine genaue Vorstellung davon, wie alles aussehen würde, und ich konnte dieses Bild nicht löschen. Genauso hatte ich mir meine ideale Trainingshalle vorgestellt. Obwohl das Interesse am SBG wuchs, hatte ich erst knapp über 100 Mitglieder. Doch auch das schreckte mich nicht. Auch wenn die Vernunft dagegen sprach, glaubte ich fest daran, dass der Umzug sich als erfolgreich erweisen konnte. Ich war mir sicher, dass die Halle nicht wirklich so viel zu groß war, wie sie sich zunächst präsentierte, und dass wir jede Halle füllen konnten. Sobald ich nach Conors Sieg über Holloway aus Boston zurückgekehrt war, stürzte ich mich auf den Papierkram für den nächsten Schritt des SBG Irland.

Am Freitagmorgen nach Conors Kampf gegen Holloway rief mich Audie Attar, Conors Manager, panisch an.

»John, Conor ist verschwunden«, sagte er. »Er hat mein Auto mitgenommen und geht nicht ans Telefon. Schon seit Stunden.«

»Warte mal, Audie«, erwiderte ich. »Wo genau ist das Problem? Warum ist er überhaupt weggefahren?«

»Er hat erfahren, dass sein Kreuzband gerissen ist und dass er lange pausieren muss.«

Conor hatte am Mittwoch in Los Angeles eine Computertomografie machen lassen und am Donnerstagabend das Ergebnis erfahren – über Twitter. Dana White hatte Fox Sports ein Interview gegeben und danach hatte der Sender die Welt – einschließlich Conor – darüber informiert, dass Conors Kreuzband gerissen war. Niemand bei der UFC hatte daran gedacht, Conor, mich oder den Manager persönlich über diese wichtige Entwicklung zu benachrichtigen. Stattdessen erfuhr Conor wie alle anderen Leute auch aus den sozialen Medien, dass er wahrscheinlich ein Jahr würde aussetzen müssen. Die Verletzung gefährdete seine Karriere und machte eine Operation erforderlich. Ich war wütend darüber, dass Conor diese furchtbare Nachricht aus dem Internet erfahren musste, und er war natürlich ebenfalls nicht begeistert davon. Deshalb war er durchgedreht und mit Audies Wagen davongefahren.

Ein Kreuzbandriss ist zwar eine ziemlich häufige Verletzung, die aber manchmal nur schwer heilt. Der Weg zurück ist oft lang. Nach jahrelanger harter Arbeit hatte Conors Karriere jetzt endlich einen Schub bekommen. Und nun dieser unerwartete Rückschlag. Ich konnte verstehen, dass seine erste Reaktion verzweifelt war.

Als ich ihn anrief, ging er ans Telefon. Anfangs war er nur wütend, also ließ ich ihn schimpfen. Dann versuchte ich, ihn zu beruhigen, damit wir über die ernste Situation sprechen konnten. Er war verletzt und musste sich operieren lassen. Danach würden sechs Monate Reha folgen. Das war unvermeidlich. Keine Alternative. Dem musste er sich stellen. Conor hatte nun zwei Möglichkeiten: Er konnte sich selbst bemitleiden, das Handtuch werfen und seine Ziele vergessen oder er konnte die Herausforderung annehmen und sich schwören, stärker denn je aus dem Ganzen hervorzugehen.

»Conor, Champions siegen allen Widrigkeiten zum Trotz. Das unterscheidet sie von ihren Herausforderern«, erklärte ich ihm. »Es gab Probleme in der Vergangenheit, es gibt heute Probleme und es wird in der Zukunft noch mehr Probleme geben. Aber du hast sie früher gelöst und wirst sie wieder lösen. Warum? Weil du auf dem besten Weg bist, ein UFC-Champion zu werden und weil diese Verletzung nur ein kleines Hindernis auf dem Weg dahin ist. Heute in einem Jahr werden wir darüber lachen.«

In einer solchen Situation dringt man am besten zu Conor durch, wenn man an seinen Kampfgeist appelliert. Und genau das tat ich. Wir machten einen Wettkampf daraus. Er würde eine Weile nicht mehr im Oktagon kämpfen können, aber es gab noch andere Arenen.

»Du wirst die Leute durch eine schnelle Genesung verblüffen. Und wenn sie dich bisher für gut hielten, wird dein Comeback sie umhauen. Du wirst dich von dieser Verletzung schneller erholen als GSP.«

Das traf einen Nerv bei Conor. Die Chance, eine MMA-Legende zu übertreffen, machte ihn hellhörig. Georges St.-Pierre, der ehemalige UFC-Champion im Weltergewicht, hatte sich 2011 die gleiche Verletzung zugezogen und wurde gefeiert, als er nur 322 Tage nach seiner Operation zurückkehrte und Carlos Condit besiegte. Das überzeugte Conor.

»Ja, zum Teufel! Ich werde einen Rekord aufstellen. Die Leute sollen mich kennenlernen.«

Das war der Anfang seiner Genesung. Am 7. September wurde Conor in Los Angeles von dem renommierten Chirurgen Neal ElAttrache operiert, der bereits einige amerikanische Spitzenathleten behandelt hatte, zum Beispiel Tom Brady und Kobe Bryant. Die UFC sorgte dafür, dass Conor die allerbeste Therapie bekam. Die folgenden fünf Monate verbrachte er in LA und unterzog sich einem rigorosen Reha-Programm unter Anleitung von Heather Milligan, einer herausragenden Physiotherapeutin, die bei Conors Genesung eine wichtige Rolle spielte.

Länger sind wir nie getrennt gewesen. Aber wir telefonierten jeden Tag. Ich wusste, dass LA der richtige Ort für seine Reha war. Dort erhielt er täglich eine erstklassige medizinische Betreuung und der Sonnenschein, den Dublin leider nicht bieten kann, trug dazu bei, ihn bei Laune zu halten. Er freundete sich sogar mit einigen Stars an, und Arnold Schwarzenegger – der Freund von Heather Milligan – besuchte ihn während einer Reha-Behandlung.

Es gab natürlich Höhen und Tiefen während dieser Zeit, was ganz normal ist, wenn ein Profi mit einer solchen Verletzung lange an der Seitenlinie stehen muss. Einige Male rief Conor mich an und erklärte, er habe die Nase voll und wolle nicht weitermachen. Aber ich wusste, dass er nur eine Ermutigung brauchte und dass er diese Gedanken schnell beiseiteschieben würde. Das war alles, was ich als sein Coach in dieser Situation tun konnte: einen positiven Beitrag zu seinem Seelenzustand zu leisten. Er vermisste die tägliche Routine in der Trainingshalle mit seinen Freunden. Während er sich mit einfachen Übungen begnügen musste, zum Beispiel Wadenpressen und Fahren auf dem Trainingsrad, trainierten seine Kameraden hart und bereiteten sich auf Kämpfe vor. Ich schickte ihm oft Videoclips von den Jungs, die in der Trainingshalle mit Sparring beschäftigt waren, damit er nie das Gefühl hatte, von seinem Team getrennt zu sein. Trotz aller Probleme waren seine Berichte meist positiv. »Heute haben wir wieder gut gearbeitet«, sagte er oft. »Ich mache jeden Tag Fortschritte. Ich bin eine Maschine.«

Ich zweifelte nie daran, dass Conor körperlich die Reha bestens absolvieren würde, aber der Schlüssel zum Erfolg ist die Psyche. Doch Conor blieb auch geistig aktiv. Er saß nicht herum und jammerte, und er stopfte sich nicht vor dem Fernseher mit Eiscreme voll. Stattdessen nutzte er die Gelegenheit, um zu lernen. Obwohl er kein Sparring machen konnte, schickte ich ihm oft per SMS Fragen. Wie würde er in einer bestimmten Situation während eines Kampfes reagieren? Das hielt seinen Verstand auf Trab.

Ich bin mir sicher, dass kaum ein Arzt Conor McGregor in Schwierigkeiten bringen kann, wenn er ihn über die Anatomie des Knies abfragen würde. Denn während der Reha hatte er sich gründlich damit befasst. Er war besessen davon, jedes Detail über die Funktion des Knies zu wissen und die Maßnahmen der Reha besser zu verstehen. Heute weiß er wirklich alles darüber. Er informierte sich auch genau darüber, wie bei anderen Athleten mit ähnlichen Verletzungen die Genesung verlaufen war.

Heather Milligan brachte ihm eine Menge über den Bewegungsapparat des Menschen bei. Das hatte erheblichen Einfluss auf seine Einstellung zum Training. Jetzt wollte er das Beste aus seinem Körper herausholen. Heather überzeugte ihn auch vom Sinn leichter Sparringskämpfe. Sie erklärte ihm, dass seine Muskeln zu verspannt seien. Deshalb bemühte er sich in der Folge, immer locker und geschmeidig zu bleiben. Er lernte, wie wichtig Massage ist, und verstand bald, dass man keine schweren Gewichte stemmen muss, um stark zu werden. Wichtig war das moderate Training.

Conor hatte viele Kämpfe bestritten, bevor er richtig Geld verdiente. Deshalb war ein hohes Einkommen eine seiner Prioritäten, als er es in die UFC geschafft hatte. Dank der Prämie für den »Knock-out des Abends«, die man ihm nach seinem Sieg über Marcus Brimage gegeben hatte, hatte er insofern einen ordentlichen Start hingelegt. Die Pause nach seiner Verletzung war für ihn eine gute Gelegenheit, sich auf eine noch bessere Zukunft vorzubereiten. Wenn er nicht trainierte oder behandelt wurde, nahm er sich viel Zeit, um mehr über die UFC als Geschäftsmodell und die Rolle eines Kämpfers in den Medien zu lernen. Er begriff, wie wichtig es ist, sich selbst effektiv zu vermarkten, vor allem deshalb, weil eine Verletzung einen leicht aus dem Rampenlicht schubsen konnte. Die meisten Kämpfer sind nur in den Nachrichten, wenn ein Kampf bevorsteht, doch Connor wollte das ändern. Trotz der Verletzung erhielt er einige Angebote von Firmen, die gerne mit ihm werben wollten. Das ermutigte ihn erst recht, seinen Geschäftssinn zu entwickeln. Er konnte fast ein Jahr lang nicht kämpfen, aber es gelang ihm, während dieser Zwangspause sogar ein noch größerer Star zu werden. Und ich wurde immer wieder gefragt, wie seine Genesung verlief. Selbst die ältere Dame hinter der Theke in dem Laden in meiner Nachbarschaft erkundigte sich oft: »Was macht sein Knie? Wird er wieder gesund?«

Conor konnte lange Zeit weder trainieren noch kämpfen, und doch machte er während der Genesung in jeder Hinsicht Fortschritte. Während es ihm jeden Tag körperlich ein wenig besser ging, wurde auch sein Geist allmählich immer stärker. Im Nachhinein betrachtet stellte sich die Unterbrechung als Segen heraus, weil sie Conor die Möglichkeit gab, Abstand zu gewinnen und die Chancen, die vor ihm lagen, klar abzuwägen. Jetzt war er bereit, das Beste aus ihnen zu machen, sobald sie sich ergaben. Sein Umgang mit der Verletzung war ein perfektes Beispiel für die Philosophie »Siege oder lerne«, die ich im SBG propagiere. Für 99 Prozent aller Menschen wäre es eine negative Erfahrung gewesen, doch Conor machte etwas Positives daraus. Anstatt während seiner Auszeit abzubauen, lernte er dazu.

Im Dezember 2013 erhielt ich endlich die Schlüssel für das Gebäude in der Naas Road. Die Verhandlungen über die Miete hatten sich monatelang hingezogen. Deshalb war ich erleichtert, als der Vertrag endlich unterzeichnet war. Als es ein paar Probleme mit Anwälten gab, zog ich zum ersten Mal die Conor-McGregor-Karte. Auf die Frage nach meinen Plänen mit dem Gebäude antwortete ich nur: »Kennen Sie Conor McGregor? Nun, er wird dort trainieren.« Danach lief alles viel besser.

Ohne den enormen Einsatz der Mitglieder hätte ich die Kampfsportschule niemals verlegen können. Viele von ihnen opferten ihr Wochenende, um beim Umzug zu helfen. Vor allem Jimmy Donnelly verbrachte unzählige Stunden damit, die neue Trainingshalle auszustatten. Diese

Unterstützung war ungeheuer wichtig, weil sie die Kosten senkte. Ich spürte nämlich bereits den finanziellen Druck.

Die große Eröffnung feierten wir am Samstag, dem 11. Januar 2014. Als die Arbeit an der neuen Trainingshalle fertig war, gab es einen Empfangsbereich, eine Kaffee-Ecke, ein für Wettkämpfe geeignetes Oktagon, einen Boxring, Umkleideräume, Physiotherapie- und Beratungsräume, Büros und separate Bereiche für Grappling und Striking. Ich war begeistert. Natürlich war ich nicht objektiv, aber mein erster Eindruck war, dass es wohl nirgendwo auf der Welt etwas Besseres geben konnte. Jetzt musste ich nur noch die Miete bezahlen.

Conor kam zur Eröffnung aus Amerika, was bestimmt gut für die Publicity war. Ich wollte zwar, dass er in LA blieb, um an seiner Genesung zu arbeiten, doch er bestand darauf, bei einem so wichtigen Ereignis für SBG Irland dabei zu sein. Das sprach für seine menschlichen Qualitäten, denn seine Rehabilitation befand sich in einem kritischen Stadium. Ich erwartete etwa 100 Leute, aber neben allen meinen Topkämpfern strömten 1500 Menschen durch die Türen. Wenn ich daran zurückdenke, kann ich immer noch nicht glauben, dass wir eine so große Menge angelockt haben. Es war noch gar nicht lange her, dass nicht einmal zu den Kämpfen so viele Leute kamen, geschweige denn zu irgendeiner Eröffnung. Das Haus war mit Menschen jeden Alters vollgestopft. Das war wieder einmal ein Beweis dafür, dass die MMA in Irland im Aufschwung waren.

Allein am Eröffnungswochenende verdoppelte sich unsere Mitgliederzahl. Das bedeutete, dass ich die mit dem Umzug verbundenen höheren Kosten bereits erwirtschaftet hatte. Das erleichterte mich natürlich sehr, denn ich hatte keinen Plan B für den Fall, dass alles schiefgehen würde. Der Ruf des Teams verbesserte sich immer noch enorm schnell, doch niemand konnte garantieren, dass es so weiterging. Was würde geschehen, wenn Conors Comeback scheitern sollte? Ich wusste, dass die Blase jederzeit platzen konnte. Doch dieses erste Wochenende verringerte meine finanzielle Last erheblich. Jetzt war ich davon überzeugt, dass wir weitere Mitglieder anwerben konnten, da sich rasch herumsprechen würde, dass wir eine Weltklasse-Trainingshalle geschaffen hatten, die für alle Leistungsstufen geeignet war. Wir standen zwar erst am Anfang, aber ich hatte das Gefühl, dass das Wagnis sich auszahlen würde. Einige Zeit später erhielt ich einen Brief von der Bank, der bestätigte, dass mein alter Kredit getilgt war. Es war einer der angenehmsten Augenblicke meines Lebens. Ich werde ihn nie vergessen. Wenn ich heute daran zurückdenke, kann ich mir ein Lächeln immer noch nicht verkneifen.

*

Nach dem Umzug in die Naas Road ermöglichten mir die steigenden Mitgliederzahlen einige Änderungen im Geschäftsbetrieb. Wir wollten Anfänger besser beraten und ihnen ein Grundlagenprogramm anbieten. Damit wendeten wir uns an alle, die zwar eine Kampfkunst erlernen wollten, aber auch ein wenig davor zurückschreckten. Es war wichtig, den Kunden zu erklären, dass sie in ihrem eigenen Tempo von Grund auf lernen durften. Wir würden sie nicht am ersten Tag in einen Sparringskampf mit Conor McGregor schicken.

Eigentlich trainieren nur wenige SBG-Mitglieder für Wettkämpfe. Viele Leute kommen zu uns, weil sie abnehmen oder ihre Gesundheit und ihre Lebensweise verbessern wollen. Wenn sie von ihren Erfolgen berichten, ist das ebenso befriedigend für mich wie ein großer UFC-Sieg einer meiner Kämpfer. Wenn jemand sein Leben verändert, nachdem er bei uns Mitglied geworden ist, finde ich das großartig. Oft haben diese Leute noch nie einen Fuß in einen Käfig gesetzt oder einen Wettkampf bestritten.

Daher ist unsere Trainingshalle auch ein guter Ort für Kinder. Wir nennen sie »Heranwachsende Gorillas«. Das ist mir schon seit Langem wichtig, da ich als Kind oft herumgeschubst wurde und mich nicht verteidigen konnte. Ich treffe immer wieder Eltern, die sich Sorgen um ihr Kind machen, weil es schikaniert wird. Owen Roddy ist ein hervorragender Trainer für die Kleinen. Er lädt sie gern zu einem »Mattenplausch« ein und erklärt ihnen, wie sie mit solchen Situationen am besten umgehen. Und er ermutigt sie, sich an einen Lehrer zu wenden und ihre Eltern zu informieren. Aber er bringt ihnen auch bei, richtig zu reagieren, wenn sie auf dem Schulhof körperlich angegriffen werden. Raufbolde gleichen Raubtieren. Sie spüren, ob jemand ein leichtes Ziel ist oder nicht. Wir wollen dafür sorgen, dass unsere Kinder selbstsicher auftreten. Wenn in der Schule darüber geredet wird, dass sie in derselben Kampfsportschule trainieren wie Conor McGregor, sind sie ganz plötzlich kein leichtes Ziel mehr. Also suchen die Rüpel sich andere Opfer. Niemand will sich mit einem Typen anlegen, der eine unserer Sporttaschen bei sich hat.

Als das Geschäft zu blühen begann, machte ich mir jedoch Sorgen darüber, dass es schwierig werden könnte, sich im SBG weiterhin als kleine Familie zu fühlen. Leider war eine Tragödie notwendig, um uns daran zu erinnern, wie wichtig es ist zusammenzuhalten.

Kamil Rutkowski war eine Schlüsselfigur bei uns. Er war aus Polen nach Irland gekommen und hatte sich dem SBG kurz nach unserem Umzug in die Long Mile Road angeschlossen. Man kann sich keinen fröhlicheren, freundlicheren und hilfsbereiteren Menschen vorstellen als Kamil und niemand war bei uns beliebter. Er trainierte brasilianisches Jiu-Jitsu und entwickelte sich schnell zu einem vorzüglichen Kämpfer. Als wir in die Naas Road umzogen, war er auch ein brillanter Trainer und einer meiner besten Freunde.

Im April 2014, wenige Monate nach dem Neubeginn in der Naas Road, waren Kamil und ich eines Abends die beiden Letzten, die noch in der Halle waren. Ich wollte gerade zuschließen und nach Hause gehen, als Kamil in mein Büro kam und um ein Gespräch bat. Er schien sich schon seit einigen Tagen nicht recht wohlzufühlen, darum war ich nicht überrascht. Ich hatte gemerkt, dass ihn etwas beschäftigte.

Als er sich hinsetzte und zu sprechen begann, kam er mir verändert vor – wütend und aufgewühlt. So hatte ich ihn nie zuvor erlebt. Er regte sich eine Weile über einige kleine Probleme im Haus auf. Das alles war etwas eigenartig. Was er sagte, ergab keinerlei Sinn. Dann behauptete er, ein paar Leute im Haus – auch ich – hätten hinter seinem Rücken schlecht über ihn geredet. Auch das war ein haltloser Vorwurf, weil Kamil bei uns Sympathie und Respekt genoss wie kein anderer. Das Gespräch wurde ziemlich unangenehm und ich fürchtete schon, er werde über den Schreibtisch springen und mich angreifen. Ich konnte ihm nur versichern, dass keiner seiner Vorwürfe berechtigt war und dass er sich überhaupt keine Sorgen machen musste.

Als ich an diesem Abend zu Hause war, wuchs meine Besorgnis. Seine Worte passten irgendwie nicht zu seinem Charakter. Also rief ich einige andere Trainer an und sie waren ebenfalls der Meinung, dass Kamils Verhalten in letzter Zeit ein Grund zur Beunruhigung war. Wir beschlossen daher, Professor Dan Healy zu konsultieren, einen Neurologen im Beaumont Hospital, der zugleich unser Mannschaftsarzt ist, und ihn zu bitten, mit Kamil zu reden. Wenn ich heute zurückblicke, erinnere ich mich an einige Anzeichen dafür, dass es Kamil wirklich nicht gutging. Er hatte bei Facebook eine Menge Fotos gepostet, die nur ihn zeigten. Auch ein paar andere Dinge passten nicht zu seiner normalerweise so lebensfrohen Persönlichkeit. In der Trainingshalle ging er Leuten aus dem Weg, die ihn für einen engen Freund hielten. Damals war es aber schwer zu erkennen, dass er an Depressionen litt.

Am Morgen nach unserem Gespräch leitete Kamil wie gewöhnlich um halb sieben seinen Kurs. Er sammelte ein bisschen Geld ein, kümmerte sich um Kleinigkeiten und fuhr dann in seinem Auto weg. Am frühen Nachmittag begannen wir uns Sorgen zu machen, weil er schon mehrere Stunden fort war. Das war äußerst ungewöhnlich. Ich rief ihn an, aber er hatte sein Telefon ausgeschaltet. Und er war nicht zu Hause. Als wir am Abend immer noch nichts von ihm gehört hatten, benachrichtigten wir die Polizei.

Am Abend, gegen 21 Uhr, war ich mit meinen Schülern gerade auf der Matte, als sich in der Halle die Nachricht verbreitete, man habe Kamil gefunden. Leider war das keine gute Nachricht. Ein Paar, das in den Hügeln bei Dublin einen Spaziergang gemacht hatte, fand ihn an einem Baum hängend. Er wurde nur 35 Jahre alt.

Es ist schwer zu beschreiben, was man in einer solchen Situation fühlt. Nicht Trauer. Nicht Wut. Nur Leere. Nichts. Eine Zeit lang stand ich einfach nur da, ohne etwas zu sagen. Dann zog Kieran McGeeney mich beiseite. In diesem Augenblick überschwemmte mich eine Woge von Gefühlen. Meine Schwester Ann und ich blieben am Abend noch eine Weile in der Halle. Wir brauchten Zeit, um zu verstehen, was passiert war. Dann erinnerten wir uns an einige Anekdoten, die zeigten, was für ein großartiger Mensch Kamil gewesen war. Ann war unsere Empfangsdame und Kamil behielt sie immer im Auge. Sie sagte, er sei ihr Wachhund gewesen. Kamil war ein wichtiger Mann bei SBG und sein Tod hinterließ eine große Lücke.

Ein paar Abende später hielten wir in der Trainingshalle eine Gedenkfeier für Kamil ab. Alle kamen. Manche sprachen ein paar Worte der Erinnerung. Es waren emotionale Momente, besonders für Kamils Bruder. Wir hatten ihn eingeladen und ich schenkte ihm zum Andenken an Kamil einen schwarzen BJJ-Gürtel. Wir alle spendeten Geld, damit wir Kamils Leichnam nach Polen zu seiner Familie schicken konnten. Es reichte auch für die Beerdigung. Wir waren froh, dass wir das tun konnten, um den finanziellen Druck auf die Familie in einer schweren Zeit ein wenig abzumildern.

Später erfuhren wir, dass Kamil wegen einer Rückenverletzung an starken Schmerzen gelitten hatte. Die Medikamente, die er deshalb einnahm, verschlimmerten seine Depression, und das hatte er offenbar nicht mehr ertragen.

Um ehrlich zu sein, ich wusste damals absolut nichts über Depressionen. Ich hatte zwar selbst einige schlimme Zeiten erlebt, aber nie in diesem Ausmaß. Kamils Tod machte mir klar, dass eine Depression eine schwere Krankheit ist, die man nicht einfach abtun oder ignorieren darf. Jeder kann depressiv werden. Das war für uns alle eine Lektion und ermutigte andere, sich auszusprechen, wenn sie sich Sorgen um ihre psychische Gesundheit machten. Die Folge war, dass sich unsere Trainingshalle noch mehr zu einem Ort entwickelte, an dem die Menschen sich wohlfühlen und über solche Probleme reden konnten. Sie verstanden, dass es in Ordnung ist, sich mies zu fühlen, dass man jedoch mit Menschen, die einem nahestehen, darüber sprechen muss, anstatt sich zurückzuziehen und alles in sich hineinzufressen. In der Folge öffneten sich auch andere. Eine von ihnen war Aisling Daly. Sie gestand, an einer Depression zu leiden. Das war mir nie aufgefallen. Ais sprach von da an offen über ihre Krankheit und das half ihr, damit fertigzuwerden.

Conor McGregor war ebenfalls bestürzt über Kamils Tod. Er schrieb bei Facebook:

Wir alle machen im Leben schwere Zeiten durch. Bitte redet miteinander und achtet auf die Gefühle anderer. Bietet Hilfe an. Wir gehören alle zusammen. Suizid ist ein Problem, mit dem wir alle irgendwann konfrontiert werden können. Bitte seid vorsichtig. Eure Worte haben gewaltigen Einfluss auf euch und auf eure Mitmenschen. Ermutigt andere mit euren Worten. Wir alle haben die gleichen Emotionen, gute und schlechte, nur zu verschiedenen Zeiten in unserem Leben. Achtsamkeit ist alles. Unsere Beziehungen sind mehr wert als alles andere; sie verdienen unsere Zeit und unser Augenmerk. Ich fühle mich elend. Sein Leben war die Trainingshalle, sein Leben war Jiu-Jitsu. Ich wünschte, ich hätte auf ihn aufgepasst, anstatt über meine belanglosen Probleme zu reden und mir darüber Sorgen zu machen. Letztlich ist das alles unwichtig, total unwichtig. Was zum Teufel ist Geld, wenn es Menschen dazu treibt, das Undenkbare zu tun?

Seither arbeitet das SBG mit Pieta House zusammen. Diese gemeinnützige Organisation hilft Menschen, die Suizidneigungen haben oder sich selbst verletzen. Wir nehmen jedes Jahr an ihrer Veranstaltung »Licht ins Dunkel« teil. Außerdem hängen in unserer Trainingshalle Plakate, die dazu auffordern, Depressionen ernst zu nehmen und daran zu denken, dass sie als Folge einer Gehirnerschütterung auftreten können.

Was mit Kamil geschehen ist, ist schrecklich, aber wir können die Vergangenheit nicht ändern. Wir können jedoch aus ihr lernen und unser Bestes tun, damit so etwas nie wieder passiert. Es ist wichtig, selbst aus den schlimmsten Ereignissen positive Lehren zu ziehen. Kamils Tod brachte das Team näher zusammen. Der Ortswechsel und die steigende Mitgliederzahl hatte den Zusammenhalt vielleicht etwas geschwächt, doch dieses Ereignis schweißte uns wieder zusammen. Anfang 2016 hatte SBG Irland 700 Mitglieder und dennoch ist es immer noch eine Familie, wenn auch eine sehr große. Wir unterstützen uns gegenseitig, und wenn jemand eine schwere Zeit durchmacht, weiß er, dass drei oder vier andere auf ihn aufpassen.

Kamils Tod war der größte Verlust, den SBG je erlitten hat, aber er war zugleich die wertvollste Lektion, die uns je erteilt wurde.

12

Conor McGregors Karriere in der UFC lag zwar als Folge seiner Verletzung auf Eis, doch mehrere seiner Mannschaftskameraden in der SBG kamen ihrem Traum näher, in der wichtigsten MMA-Organisation zu kämpfen. Im Jahr 2013 traten Paddy Holohan, Cathal Pendred und Chris Fields in der Reality-Show *The Ultimate Fighter* an, die neue Kämpfer für die UFC suchte.

Vor allem Cathal betrachtete die Show als letzte Chance für einen Vertrag mit der UFC. Meiner Meinung nach hätte er die Show nicht gebraucht, denn er hatte bereits bewiesen, dass er einen Platz in der UFC verdiente. Immerhin hatte er mehrere der besten Weltergewichtler in Europa besiegt und war Champion der Cage Warriors geworden. Ich weiß nicht mehr, wie oft ich die UFC gebeten habe, Cathal eine Chance zu geben, aber die Antwort war immer die gleiche: Er muss seine Gegner endlich einmal durch einen Knock-out oder eine Aufgabe schlagen, dann werden wir es uns überlegen.

Das war Cathals Problem. Er gewann zwar seine Kämpfe, aber meist durch Punktsiege anstatt durch Knock-out oder Aufgabe. Obwohl seine Bilanz gut war, sprach dieser Aspekt gegen ihn, weil die UFC am liebsten Kämpfe sieht, die aufregend enden. Cathal schloss sich Ende 2008 dem SBG an, nicht lange nach unserem Umzug in die Long Mile Road. Damals war er ein Neuling, der erst vor Kurzem mit den MMA angefangen und diesen Sport vorher nie trainiert hatte. Allerdings war er ein vielversprechender Rugbyspieler und hatte mit dem Belvedere College an der Seite von Cian Healy und Ian Keatley – die später für Irland spielten – beim Leinster Schools Senior Cup eine Medaille gewonnen.

Als Anfänger musste Cathal hart trainieren, aber er hatte auf jeden Fall die richtige Einstellung. Er war unglaublich begierig darauf, zu lernen und besser zu werden. Da er wusste, dass die meisten seiner Gegner erfahrener waren als er und über die bessere Technik verfügten, war er bereit, härter und konzentrierter zu arbeiten, um das auszugleichen. Niemand war ehrgeiziger als Cathal. Wenige Wochen nach seiner Ankunft bei uns bestritt er schon einen Kampf. Er lernte am schnellsten und besten, wenn er kämpfte, und er scheute sich nicht, ins kalte Wasser zu springen. Seine fehlende Erfahrung in den MMA glich er durch eiserne Entschlossenheit aus. Cathal wollte unbedingt gewinnen und nach jedem Kampf sagte er das Gleiche zu mir.

»Nächstes Mal will ich einen besseren Gegner haben. Bring mir den besten, den du finden kannst. Ich will sobald wie möglich in der UFC gegen die Besten der Welt kämpfen.«

Mir wurde schnell klar, dass Cathal ein ziemlich ungewöhnlicher Bursche war. Ich nannte ihn gern Billy Goat. Man hätte ihn ein paar Wochen lang an einem Berghang zurücklassen können, wo es nur Gras zu essen gab, und hätte ihn danach in bester Form vorgefunden. Er kam immer und überall zurecht. Zähigkeit ist wahrscheinlich eine der unabdingbaren Voraussetzungen, wenn jemand den Kampf im Käfig zu seinem Beruf machen will, aber Cathal gab dem Wort eine neue Bedeutung. Er war absolut kugelfest. Bevor er in Jordanien gegen Danny Mitchell kämpfte, blieb er acht Stunden in der Sauna – ohne Pause –, um abzunehmen. Ich habe Männer nach acht Minuten in der Sauna zusammenbrechen und weinen sehen. So ist Cathal Pendred. Er tat alles, was er tun musste, um Erfolg zu haben. Seine mentale Stärke war einzigartig. Ich glaube nicht, dass ich jemals wieder einen Typen wie ihn trainieren werde.

Während eines seiner ersten Kämpfe ging ich vor der zweiten Runde in den Käfig, weil Cathal auf Händen und Knien herumkroch und etwas auf der Matte suchte.

»Was zum Teufel tust du da?«, fragte ich. »Setz dich sofort hin!«

»Tut mir leid, Coach«, antwortete er, »aber ich suche meine Zähne.«

Cathal hatte viele große Siege errungen, bevor er 2013 beim *Ultimate Fighter* mitmachte. Aber wenn ich auf seine Karriere zurückblicke, war sein herausragender Kampf der gegen David Bielkheden bei den Cage Warriors 47 im Juni 2012. Überlagert wurde er wohl davon, dass Conor später an diesem Abend den Titel im Federgewicht gewann. Trotzdem war Cathals Kampf gegen Bielkheden unglaublich – einer der besten MMA-Kämpfe aller Zeiten auf irischem Boden.

Wenn man die Entwicklung der beiden Männer miteinander verglich, hätte der Kampf eigentlich gar nicht stattfinden dürfen. Auf den ersten Blick war er einfach zu ungleich. Bielkheden hatte den schwarzen Gürtel im brasilianischen Jiu-Jitsu und war seit über zehn Jahren Profi. Cathal war 14, als Bielkheden sein MMA-Debüt feierte. Als Bielkheden in die UFC wechselte, hatte Cathal das SBG noch gar nicht besucht. Im Grunde hatte er keine Chance. Aber das hatte er schon sehr oft gehört. Er mochte ein MMA-Neuling sein, doch wenn er einmal angefangen hatte, hörte er nie mehr auf. Er war immer in der Trainingshalle. Obwohl er nicht auf das jahrelange Training zurückblicken konnte, das seine Gegner aufzuweisen hatten, konnten sie seinem Mut und seiner Entschlossenheit nichts entgegensetzen.

Schon nach einer Minute schlug Cathal seinen Gegner mit einem Uppercut fast k.o. Das war der Beginn eines erstaunlichen Kampfes. Er dominierte die ersten zwei Runden und war in der dritten und letzten Runde erstaunlich ausdauernd und zäh. So wehrte er Bielkhedens verzweifelten Versuch ab, das Blatt zu wenden. Der Sieg war zweifellos sein bis dahin größter und er bewies, dass Cathal das Zeug zum Champion hatte. Als wir den Kampf gegen Bielkheden vereinbart hatten, wussten wir, dass damit die Frage beantwortet werden würde, ob Cathal gegen die besten Kämpfer bestehen konnte oder ob er auf der regionalen Ebene bleiben würde. Seine Antwort war überzeugend. Danach zweifelte ich nie mehr an ihm. Wenn sein Trainingseifer ihm bereits den Weg geebnet hatte, Männer zu besiegen, die schon auf höchstem Niveau gekämpft hatten, als er noch kein einziges Mal mit der Faust zugeschlagen hatte, konnte ihn nun nichts mehr daran hindern, seine Träume zu verwirklichen.

Erstaunlich an Cathals Sieg über David Bielkheden war unter anderem, dass er ihn in der Helix-Arena auf dem Campus der Universität in Dublin errang, wo er erst vor ein paar Wochen sein Examen bestanden hatte. Während der Vorbereitung auf den Kampf war er immer sehr früh am Morgen in die Halle gekommen, dann war er zu seinen

Prüfungen geeilt und abends zurückgekehrt, um zu trainieren, bis die Halle geschlossen wurde. Später machte er einen Abschluss in Analytical Sciences. Immer wenn einer der Jungs in der Trainingshalle klagte, er habe keine Zeit zum Trainieren, zeigte ich nur auf Cathal und sagte: »Hör auf zu jammern.«

Innerhalb eines Jahres war Cathal der Cage-Warriors-Champion und hatte sämtliche Weltergewichtler besiegt. Er brannte auf eine Chance, in der UFC zu kämpfen, aber die wollte einfach nicht kommen. Dafür bot sich ihm die Möglichkeit in der World Series of Fighting, einer anderen großen amerikanischen Organisation. Sie boten ihm 1 000 Dollar für einen Kampf und weitere 1 000 für einen Sieg. Das war viel Geld für ihn, etwa zehn Mal so viel, wie er bei den Cage Warriors verdiente. Das Problem war nur, dass ihm eine Klausel in seinem Vertrag verbot, für eine andere Organisation zu kämpfen, außer für die UFC. Und weil die Cage Warriors nicht einen ihrer größten Stars verlieren wollten, beharrten sie auf dem Vertrag. Das war frustrierend, da Cathal kurz vor seinem 26. Geburtstag stand und endlich mit seinen Kämpfen Geld verdienen wollte. Er hatte einen Hochschulabschluss und man drängte ihn dazu, daraus Nutzen zu ziehen. In einer ähnlichen Lage war ich vor vielen Jahren gewesen. Jetzt bot sich ihm die Chance, mit dem Sport, an dem er seit einigen Jahren mit Herz und Seele hing, ein gutes Einkommen zu erzielen, doch eine Zeile in einem Vertrag hinderte ihn daran.

Als Chris Fields im Juli 2013 heiratete, unterhielt ich mich bei der Hochzeit mit Cathal. Er ärgerte sich sehr über seine Situation. Ich ging mit ihm hinaus auf den Parkplatz, wo er in Tränen der Wut und Enttäuschung ausbrach. Er meinte, es sei vielleicht an der Zeit aufzuhören, und der ganze Ärger sei womöglich ein Zeichen dafür, sich von den MMA zurückzuziehen. Manchmal war er so knapp bei Kasse gewesen, dass er in meiner Wohnung oder auf dem Fußboden im Schlafzimmer seines Bruders übernachtet hatte. Oft lebte er in seinem Auto. Aber ich dachte nicht daran, ihn ausgerechnet jetzt aufgeben zu lassen, wo sein Ziel in Reichweite war. Die UFC hatte angekündigt, in der kommenden Saison den *Ultimate Fighter* im Mittelgewicht und im Halbschwergewicht zu ermitteln. Cathal war zwar ein Weltergewichtler, aber ich war davon überzeugt, dass er mit sieben Kilo mehr ebenfalls erfolgreich würde kämpfen können.

»Die Vorkämpfe sind in Las Vegas«, sagte er, »aber ich kann mir die Fahrt dorthin nicht leisten.«

Ich bestand darauf, ihm das Geld zu borgen, weil ich wusste, dass er mir alles zurückgeben würde – nicht nur in barer Münze. Für mich wäre es eine Genugtuung gewesen, ihn endlich in der UFC zu sehen. Was ihn zögern ließ, waren die 1000 Dollar; aber ich akzeptierte kein Nein.

»Cathal, das ist doch kein Risiko für mich«, sagte ich. »Du hast schon viel größere Herausforderungen bestanden. Ich weiß, dass du das Beste aus dieser Chance machen wirst.«

Nachdem Conor McGregor im Januar 2014 zur Eröffnung der neuen Trainingshalle nach Dublin gekommen war, konnte er den größten Teil seiner restlichen Reha in Irland hinter sich bringen. Innerhalb weniger Monate nach seiner Rückkehr war mir, als wäre er nie verletzt gewesen. Er war muskulöser, stärker und schneller und er bewegte sich viel geschmeidiger. Nicht, dass ich daran gezweifelt hatte, aber es war klar zu erkennen, dass er in Amerika unglaublich hart trainiert hatte. Er wollte unbedingt für einen Kampf vorgemerkt werden, und als die UFC im März einige wichtige Neuigkeiten bekanntgab, die Irland betrafen, hatte er ein Datum für sein Comeback, auf das er hinarbeiten konnte. Die Organisation wollte am 19. Juli eine Show in Dublin veranstalten – die erste in Irland, seit Tom Egan vor fünfeinhalb Jahren bei der UFC 93 angetreten war. Obwohl die Ärzte Conor noch nicht erlaubt hatten, wieder zu kämpfen, wussten wir, dass die UFC nicht nach Irland kommen würde, ohne ihn ins Programm aufzunehmen.

Erst Ende April wurden weitere Einzelheiten der Show bekannt. Conor stand ganz oben auf der Liste. Er sollte gegen einen Amerikaner namens Cole Miller kämpfen, und die Fans schienen schon ganz heiß zu sein, weil die beiden in Interviews und in den sozialen Medien Beleidigungen ausgetauscht hatten.

Als wir erfuhren, dass Conor der Star der UFC-Kampfnacht 46 sein würde, waren wir erschrocken und erleichtert zugleich. Nach seiner Verletzung hatte ein Teil von mir befürchtet, dass er seinen Status in der UFC verlieren würde und sich wieder ganz hinten anstellen müsste. Manche Leute glauben, die UFC habe ihm vor seiner Operation einen

Arm um die Schulter gelegt und ihm versichert, er brauche sich keine Sorgen zu machen – man werde ihm bei einer Veranstaltung in seiner Heimatstadt sofort den Hauptkampf anbieten. Dem war aber nicht so. Eine solche Zusicherung gab es nicht. Wir gingen davon aus, dass er irgendwo bei einem kleinen Wettkampf im Ausland im Vorprogramm auftreten musste. Aber das hier war natürlich etwas ganz Besonderes. Der Hauptkampf bei einem UFC-Event in der Stadt, in der er aufgewachsen war – das ist der Stoff, aus dem die Träume sind. Deshalb war es auch so wichtig gewesen, dass er sich während seiner Genesung um die Medien gekümmert hatte. Hätte er sich aus der Öffentlichkeit zurückgezogen, hätte man ihn bestimmt nicht zur Hauptattraktion gemacht. Trotz der Zwangspause hatte er mit seinen Interviews immer wieder für Schlagzeilen gesorgt und so seinen Weg zum Superstar fortgesetzt. Bei einem Kampf im Vorprogramm war er verletzt worden, nun würde er im Hauptprogramm zurückkehren. Das allein war schon eine erstaunliche Leistung.

Und das war nicht die einzige gute Nachricht für das SBG. Gunnar Nelson wurde ebenfalls für einen Kampf im Hauptprogramm verpflichtet, außerdem gab es ein paar Debütanten. Paddy Holohan erhielt die Chance, seine Karriere mit einem Debüt im ersten Kampf des Abends voranzubringen. Und Cathal Pendred bekam endlich die lang ersehnte Einladung. Beide hatten anscheinend im *Ultimate Fighter* einen so guten Eindruck hinterlassen, dass die UFC ihnen einen Vertrag anbot. Chris Fields hatte weniger Glück. Cathal hatte in der Luft gehangen, seitdem er im Oktober 2013 in einer Staffel des *Ultimate Fighter* mitgemacht hatte. Sein Vertrag verbot ihm, anderswo aufzutreten, bevor die Show im folgenden Frühjahr ausgestrahlt wurde. Darum musste er etwa fünf Monate warten, bis er endlich erfuhr, dass die UFC ihm in Dublin eine Chance geben wollte. Es war eine harte Zeit, aber das Ergebnis des Kampfes war alle Mühe wert.

Allmählich zeichnete sich ab, dass der Abend für unser Team ein enormer Erfolg werden würde. Vier unserer Kämpfer durften in Dublin für die UFC antreten. Eine der ersten Stellungnahmen, die Conor nach der Unterzeichnung seines Vertrages mit der UFC abgegeben hatte, war das Versprechen, den Kameraden, die nach ihm kommen würden, die Tür zu öffnen. Nun sah es so aus, als hätte er sein Wort gehalten. Als die UFC zuletzt nach Dublin gekommen war, hatten wir noch um eine Chance für den »Alibi-Iren« betteln müssen. Jetzt war die UFC an uns herangetreten und hatte uns eine tragende Rolle bei der Show angeboten. Vier unserer Kämpfer wurden verpflichtet, unter anderem für die beiden Hauptkämpfe. Das verdankten wir unseren guten Leistungen. Die Bedingungen für Conors Rückkehr ins Oktagon hätten nicht günstiger sein können. Und mit seiner Popularität wuchs auch das Interesse für die MMA in Irland. Die UFC Fight Night 46 war eine großartige Bestätigung dafür.

Conor war lange an der Seitenlinie gestanden, aber ich zweifelte nicht daran, dass er für ein Comeback bereit war. Ich hatte ihn beim Training genau beobachtet und mir war aufgefallen, dass er nach seiner Genesung in besserer Form war als je zuvor. Manche Fans und Medien zweifelten daran, dass er als Kämpfer wieder der alte sein würde, und sie hatten recht: Er war noch viel besser als der Mann, den sie kannten. Als ich diese Diskussion verfolgte, lächelte ich nur und dachte: *Abwarten und Tee trinken! Ihr habt ja keine Ahnung, was ihr bald erleben werdet.*

Zwischen Conors Operation und seinem Comeback sollten 315 Tage liegen – Georges St.-Pierres Auszeit hatte sieben Tage länger gedauert.

Die Vorbereitung auf das große Ereignis machte Spaß. Fast jeden Tag waren Zeitungs- und Fernsehjournalisten in der Trainingshalle, um Conor, Gunni, Cathal und Paddy zu interviewen. Irische Journalisten und Reporter, die nie zuvor über MMA berichtet hatten, wollten plötzlich ein Stück vom Kuchen abbekommen. Irland wurde vom UFC-Fieber erfasst. Es gab kein Entkommen. Die Eintrittskarten waren innerhalb von Minuten verkauft, was uns einige Kopfschmerzen bereitete. Ich bekam E-Mails von Leuten, mit denen ich seit Jahren nicht gesprochen hatte: »Zwei reichen mir, John. Mehr brauche ich nicht. Danke.«

Sechs Wochen vor dem Event erhielten wir die inzwischen fast obligatorische Nachricht, dass Conors Gegner einen Rückzieher gemacht hatte.

Für uns war das keine Überraschung mehr. Cole Miller hatte sich verletzt und daher musste Conor stattdessen Diego Brandão gegenübertreten. Er war Träger eines schwarzen Gürtels im brasilianischen

Jiu-Jitsu und ein verbissener Kämpfer. Die Leute, die behauptet hatten, Cole Miller werde Conor McGregor endlich in seine Schranken weisen, sagten nun, das werde Brandão erledigen.

Wie üblich war der Wechsel uns egal. Conor würde am 19. Juli 2014 zur Stelle sein. Und wen auch immer die UFC ihm gegenüberstellte, ich war mir sicher, dass Conor ihn überzeugend besiegen würde. Brandão schien richtig heiß auf den Kampf zu sein. Conor hatte bereits begonnen, die MMA-Welt zu spalten. Jene, die ihn bewunderten, standen rückhaltlos hinter ihm. Andere konnten ihn nicht ausstehen und wollten ihn gedemütigt sehen. Und das teilten sie auch seinen Gegnern mit. In den sozialen Medien erhielt Brandão Aufforderungen wie »Bring McGregor Manieren bei« und »Stopf diesem Iren das Maul«. Vielleicht erhöhte genau das den Druck auf Brandão. Als er Conor wenige Tage vor dem Kampf beim öffentlichen Training vor den Fans in Dublin gegenübertrat, sah er jedenfalls äußerst nervös aus. Angespannt. Er glich einem Hund an der Leine, aber ich wusste, dass er mehr bellte als biss.

»Er hat sich jetzt schon in den Kampf hineingesteigert«, sagte Conor hinterher zu mir. »Das wird kein gutes Ende für ihn nehmen.«

Den gleichen Eindruck hatten wir beim Wiegen. Normalerweise stellen sich alle Kämpfer hinter der Bühne in Paaren auf, sodass die Gegner nebeneinander stehen, während sie darauf warten hinauszugehen und vor den Fans auf die Waage zu steigen. Ich habe keine Ahnung, warum die UFC so verfährt. Irgendwie ist es lächerlich, weil die Athleten manchmal bis zu 30 Minuten warten müssen. Aber ich wusste, dass Conor nicht einfach neben Brandão stehen würde wie ein braver Schüler; darum führte ich ihn nach vorne, weg von den anderen. Das habe ich seither bei jedem Wiegen immer so gemacht, und die Leute von der UFC fordern ihn inzwischen nicht mehr auf, sich an seinen Platz zu begeben. Sie wissen genau, dass es sicherer ist, Conor und seinen Gegner auf Distanz zu halten.

Trotzdem ließen sich Conor und Brandão nicht aus den Augen und liefen hin und her wie zwei hungrige Raubtiere, die sich im Dschungel abschätzen. Dann zog Brandão sein T-Shirt aus und ließ seine Muskeln spielen. Conor tat es ihm nach und schnappte sich seine irische Fahne. Brandão reagierte darauf, indem er seine brasilianische Fahne ergriff. Das alles war ein wenig kindisch, aber auch unterhaltsam. Und ich sah, dass Conor die Oberhand behielt. In solchen Situationen hat sein Irrsinn immer Methode. Kurz bevor wir auf die Bühne gingen, begann das Wortgefecht, und was Brandão sagte, war wirklich sonderbar.

»Bei unserer Revanche in Brasilien werden wir ja sehen, ob du ein harter Bursche bist.«

Was zum Teufel war das? Sie hatten noch nicht einmal gekämpft und dieser Typ redete schon von einer Revanche? Das klang so, als habe er sich bereits mit einer Niederlage abgefunden. Das kapierte ich einfach nicht. Aber Conor lachte.

»Eine verdammte Revanche? Ich werde dich so fertigmachen, dass du mich nie wieder sehen willst und erst recht nicht an eine Revanche denkst.«

Brandão war psychisch angeschlagen. Es war seltsam, ihn so zu sehen. Vor einigen Tagen noch war er in eindrucksvoller körperlicher Form gewesen. Er hatte offensichtlich hart für den Kampf trainiert, trotz der ziemlich kurzen Vorbereitungszeit. *Dieser Kerl ist definitiv kampfbereit*, hatte ich gedacht. Aber seine Psyche war es mit Sicherheit nicht. Er war total durcheinander, und das wurde im Laufe der Woche immer klarer.

Das erinnerte mich an eine Frage, die meine Mutter mir oft stellt: »Warum sagst du Conor nicht, dass er etwas netter zu seinen Gegnern sein soll? Vielleicht trainieren sie dann nicht so hart. Das wäre besser für ihn. Es ist, als würde er immer mit einem Stock nach ihnen schlagen.«

Aber genau das ist Conors Absicht. Er will, dass sein Gegner in Höchstform ist, damit keine Zweifel, Unsicherheiten oder Ausreden möglich sind. Brandão war einer dieser Athleten, die scheinbar alles richtig machten, was den körperlichen Aspekt betraf. Doch das würde ihm wenig nützen, wenn er ein seelisches Wrack war.

Es ist zur Tradition geworden, dass UFC-Präsident Dana White nach dem Wiegen ein paar aufmunternde Worte mit den Kämpfern wechselt. Als die beiden den Raum betraten, war der verbale Schlagabtausch zwischen Conor und Brandão noch im Gange. Brandão schrie ohne Unterlass wie ein Irrer. Er war völlig durchgedreht und warf sogar eine Wasserflasche nach Conor. Sie flog nur knapp an seinem Kopf vorbei, löste aber fast einen Aufruhr aus. Als die beiden gingen, musste man Brandão beinahe gewaltsam festhalten. Conor genoss das alles. Mir tat Brandão in diesem Stadium leid. Furcht führt zu Wut und Hass, und er war mental vollkommen aus der Spur. Das war eine schlechte Vorbereitung für das, was ihn 24 Stunden später erwartete.

Die UFC Fight Night 46 am Samstag, den 19. Juli 2014 in der O2-Arena in Dublin war die großartigste Nacht in meinem Leben als Profi. Nichts konnte sie bisher toppen, und ich garantiere Ihnen, dass nichts sie jemals toppen wird.

Mehrere Faktoren wirkten dabei zusammen, damit diese Nacht absolut perfekt wurde. Die Kampfsportschule meiner Träume war eben eröffnet worden und florierte. Vier meiner Kämpfer waren nominiert worden. Wir waren in meiner Heimatstadt. Und das Ereignis selbst war einfach unglaublich. Was für eine Atmosphäre. Und, was vielleicht am wichtigsten war, meine Eltern waren anwesend. Ich konnte ihnen Plätze neben dem Käfig besorgen, sodass sie alles wunderbar sehen konnten. Es bedeutete mir viel, dass sie da waren. Ich wollte sie unbedingt beeindrucken. Wir waren uns jahrelang uneinig über meinen Beruf gewesen. Nun hatte ich das Gefühl, ihnen endlich zeigen zu können, wofür ich gearbeitet hatte. Sie schauten sich in den Medien keine MMA-Kämpfe an und wussten daher nicht genau, wie beliebt dieser Sport allmählich geworden war. Jetzt hatten sie die Gelegenheit, es selbst zu sehen – und zu erkennen, dass ich doch nicht Jahre meines Lebens vergeudet hatte.

Es passte gut, dass Paddy Holohan den ersten Kampf des Abends bestritt. Ich hatte ihm den Spitznamen »Berserker« verpasst. Berserker waren furchtlose altnordische Krieger, die immer zuerst in die Schlacht stürmten und den Rest des Heeres hinter sich ließen. Das ist eine recht gute Beschreibung für Paddy. Als unbesiegter Kämpfer, der oft als Erster auf dem Programm stand, legte er immer den Grundstein für einen erfolgreichen Abend.

Seit Paddy Mitglied des SBG-Teams geworden war, war er wie ein kleiner Bruder für mich. Die MMA sind sein Leben, besonders das brasilianische Jiu-Jitsu. Das haben wir gemeinsam, neben vielen anderen Dingen. Er teilt auch meine Leidenschaft fürs Coachen. Ich kann mir nicht vorstellen, dass er auch nur einen Tag ohne unseren Sport auskäme. Paddy war ein junger Anfänger aus Tallaght, als er bei mir zu trainieren begann. Darum war es ein besonderer Moment für mich, als ich hinter ihm diese berühmte Arena betrat, nur wenige Kilometer von

1. (*oben links*) Karate-Kid: im Garten zu Hause in Dublin.

2. (*oben rechts*) Dieses Foto entstand, kurz nachdem ich als Fünfzehnjähriger irischer Meister im Kempō Karate geworden war.

3. (*links*) Zum Zeitpunkt meines Kampfdebüts in England waren die MMA noch lange nicht gesellschaftlich anerkannt, doch hin und wieder wurde in der Presse über mich berichtet.

4. (*oben*) Mit Conor McGregor, Clive Staunton, Cathal Pendred, Alan Duffy, Artem Lobov, James »Sexual« Heelan, Aisling Daly und Paddy Holohan am Abend von Cage Contender 8 im März 2011 in Dublin. Conor gewann an diesem Abend nach 16 Sekunden durch Knock-out und Cathal konnte seinen Weltergewichtstitel erfolgreich verteidigen. (*Tommy Lakes*)

5. (*unten*) Es ist zu einer Art Tradition im SBG geworden, dass wir nach einem erfolgreichen Abend ein Siegesfoto machen. Hier posieren Cathal, Artem, Owen Roddy, Conor, ich selbst, Ais, Chris Fields und Paddy im Oktagon, nachdem Conor im Juni 2012 Federgewichtschampion bei Cage Warriors geworden war – sein erster Titel. Ich hatte noch nie einen solchen Lärm und eine solche Spannung erlebt wie an diesem Abend im Helix in Dublin. (*Dolly Clew*)

6. (*oben*) Beim Leiten einer Grapplingeinheit im SBG, 2012. (*Tommy Lakes*)

7. (*unten*) Mit Cathal Pendred und Chris Fields in Artem Lobovs Ecke während seines Kampfes bei Cage Warriors in Amman (Jordanien) im September 2012. (*Tommy Lakes*)

8. (*oben*) Mit Conor in Philip Mulpeters Ecke bei Cage Warriors 56 in London im Juli 2013. Obwohl sein Ruhm und sein Erfolg durch die Decke gingen, blieb Conor für die anderen Kämpfer des SBG ein großartiger Teamkollege. (*Dolly Clew*)

9. (*unten*) Rundgang im MGM Grand Garden mit Conor und Artem vor Conors Debüt in Las Vegas gegen Dustin Poirier bei der UFC 178 im September 2014. (*Orlagh Hunter*)

10. (*oben*) Vor dem Wiegen für den Kampf gegen Poirier fragte ich Dana White: »Sind wir hier eigentlich in Las Vegas oder in Dublin?« Conor wurde durch seine Landsleute enorm unterstützt und Poirier war erkennbar verunsichert. (*Tommy Lakes*)

11. (*unten*) Mit Conor, seiner Freundin Dee Devlin und meiner Freundin Orlagh Hunter im »Red Rock Hotel«, kurz bevor wir zum Kampf im MGM Grand aufbrachen.

12. (*oben*) Ein Glas Whiskey mit Gunnar Nelson und Conor auf der Feier in Dublin anlässlich meiner Verlobung mit Orlagh. (*Orlagh Hunter*)

13. (*rechts*) Beim Bodenkampf mit Conor während der Vorbereitung auf die UFC 189. Wir hatten uns auf einen Titelkampf gegen José Aldo eingestellt, der hauptsächlich im Stehen kämpft, und Conor war am Knie verletzt, also hatten wir nur wenige Grapplingeinheiten absolviert. Als Aldo absagte und Chad Mendes – ein erstklassiger Ringer – für ihn einsprang, war ich ein wenig nervös. Aber Conor sagte nur: »Sie sind alle gleich.« (*Orlagh Hunter*)

14. (*oben*) Mit Orlagh an einem freien Abend in Vegas vor dem Kampf gegen Mendes.

15. (*unten*) Blutbeschmiert, aber erfolgreich – wir feiern Conors Sieg durch Knock-out gegen Mendes, der ihm den UFC-Interimstitel im Federgewicht einbrachte. (*PA*)

16. (oben) Nach all dem Lärm und all der Aufregung, die mit einem großen Kampfevent in Vegas einhergehen, suche ich mir gerne einen ruhigen Ort, lege mich auf den Boden und lasse alle Eindrücke auf mich wirken. Nachdem Conor José Aldo innerhalb von 13 Sekunden durch Knock-out besiegt hatte und zum unumstrittenen Champion im Federgewicht ernannt worden war, dachte ich zurück an die lange, unglaubliche Reise, die ich hinter mir hatte. (*Orlagh Hunter*)

17. (unten) Im Dubliner Aviva Stadium bei einem Six-Nations-Rugbyspiel im Februar 2016. Orlagh ist nicht nur meine Verlobte, sondern auch eine wertvolle Kollegin im SBG – aber wir unternehmen auch gerne Dinge, die nichts mit MMA zu tun haben.

seinem Geburtsort entfernt. Er gab sein Debüt auf einer der größten Bühnen der Welt vor beinahe 1 000 Menschen im Saal. Millionen Fans schauten überall auf der Welt zu. In den Umkleideräumen spürte man, dass sich in der Arena eine ganz besondere Atmosphäre zusammenbraute; doch auf den Lärm, der uns begrüßte, als Paddy erschien, war ich nicht vorbereitet. Altgediente Journalisten, die seit Jahren über die MMA berichtet hatten, sprachen vom lautesten UFC-Kampftag aller Zeiten. Paddy bekam das als Erster zu spüren. Ich weiß nicht einmal, zu welchem Song er hinausging, weil der Lärm der Menge die Musik übertönte. Um das Oktagon herum warfen sich die UFC-Leute vielsagende Blicke zu. Vermutlich fragten sie sich: *Warum zum Teufel haben wir so lange gewartet, um nach Dublin zurückzukehren?*

»Niemand hat je ein Publikum wie dieses gesehen«, sagte Dana White später. »Ich bin seit 13 Jahren dabei und habe so etwas noch nie erlebt. Die Kämpfer ebenfalls nicht. Auch die Journalisten, die andauernd über UFC-Kämpfe schreiben, haben dergleichen nie zuvor gesehen. Es ist verrückt hier. Es ist einfach eine andere Welt.«

Paddys Gegner war ein Bursche namens Josh Sampo aus den USA. Er hatte bereits zwei Mal in der UFC gekämpft und daher mehr Erfahrung. Aber das hatte letztlich wenig zu bedeuten. Paddy ist ein leidenschaftlicher und patriotischer Ire. Er wollte diese Menschenmenge bei seinem ersten UFC-Kampf auf keinen Fall enttäuschen. Normalerweise war die Arena beim ersten Kampf des Abends noch ziemlich leer. Doch in dieser Nacht in Dublin war sie voll besetzt, als Paddy und Sampo anfingen.

Paddy ließ sich nicht auf Kosten seiner Leistung vom Überschwang mitreißen. Das hätte durchaus passieren können. Aber er nutzte die positive Energie perfekt für sich. Es machte ihm Spaß, dabei zu sein, und das war Sampo etwas unheimlich. Schon nach einer Minute streckte Paddy ihn mit einem Aufwärtshaken zu Boden. Er versuchte, Sampos Deckung zu überwinden, und wehrte dabei einen Armhebel ab; dann umklammerte er Sampo von hinten und zwang ihn mit einem Würgegriff zur Aufgabe. Ein perfekter Start. Einer hatte es geschafft, drei sollten noch folgen.

Für Cathal Pendred lief es nicht ganz so gut, aber er wollte ohnehin nie auf die leichte Tour gewinnen. In der ersten Runde schlug Mike King ihn mit der Rechten nieder, und als er zu Boden ging, schickte King einen Hagel von Schlägen hinterher. Cathal war zweifellos in Schwierigkeiten, aber er gab nicht so leicht auf. Ich war mir sicher, dass er den Sturm überstehen würde. King attackierte ihn weiter, dann versuchte er einen Würgegriff von hinten. 40 Sekunden vor dem Ende der Runde gelang es Cathal, sich zu befreien, der Begeisterungssturm der Menge ließ beinahe das Dach der Arena abheben. An diesem Punkt war Kings Verhalten aufschlussreich: Er hatte offenbar seine Batterien geleert, als er versuchte, Cathal fertig zu machen, und hatte gedacht, kurz vor dem Sieg zu stehen. Doch als Cathal sich aufrappelte, war King verdutzt. Er starrte ihn mit einem Gesichtsausdruck an, der besagte: *Was zum Teufel muss ich noch tun, um diesen Kerl zu schlagen?*

Während Cathal nach der ersten Runde in seine Ecke ging, sackte King förmlich zusammen, hielt sich am Käfig fest und atmete schwer. Er war total erschöpft. Stehend k.o. Cathal hingegen wirkte, als hätte er noch gar nicht richtig angefangen.

Manchmal muss ein Coach zwischen den Runden spezielle Anweisungen geben. Bisweilen geht es um die Technik, gelegentlich um die Psyche, mitunter um eine Mischung aus beidem. Dieses Mal hatte ich einen einfachen Rat.

»Schau ihn dir an, Cathal. Er ist fertig. Er hat in dieser Runde seine gesamte Energie verpulvert. In seinem Kopf hat er bereits verloren. Du hast das schon viele Male erlebt. Geh einfach raus, nutze die Chance, sobald sie sich bietet, und zeige allen, dass er der Verlierer ist.«

Ich werde oft gefragt, woher ich weiß, welcher Rat für einen Kämpfer in einer bestimmten Situation der richtige ist. Diese Situation ist ein gutes Beispiel. Bei diesem Kampf war Cathal zwar körperlich recht fit, aber er musste sich von einer harten ersten Runde erholen und versuchen, einen klaren Kopf zu bekommen. Es wäre daher sinnlos gewesen, ihn mit technischen Informationen zu überhäufen, die er gar nicht hätte verarbeiten können – sie wären zum einen Ohr hinein- und zum anderen hinausgegangen. In solchen Situationen ist es am besten, die Gefühle eines Kämpfers anzusprechen. Du hast das schon oft durchgemacht, es gibt keinen Grund zur Sorge, du hast jetzt die Oberhand – das ist der richtige Ton. Die Kommunikation zwischen Coach und Kämpfer entwickelt sich nicht über Nacht. Man kann sie nicht spielen oder erzwingen. Wäre Cathal Mitglied eines anderen Teams gewesen, hätte ich ihm nichts nützen können. Die Art von Vertrauen und gegenseitigem Verständnis, die es in einer Kampfsituation braucht, benötigt viel Zeit zum Wachsen. Es ist ähnlich wie in einer Partnerschaft: Wenn man miteinander vertraut ist und sich dabei wohlfühlt, genügt bereits ein Nicken oder eine andere kleine Geste, um sich darüber zu verständigen, wofür man am Anfang Worte gebraucht hätte. In den letzten Jahren sind viele Kämpfer von anderen Kampfsportschulen überall auf der Welt zum SBG gekommen, um bei uns zu trainieren. Zahlreiche vielversprechende und begeisterte Athleten haben uns aufgesucht und sind immer willkommen. Aber ich sage ihnen ganz klar, dass es ungefähr ein Jahr dauert, bevor ich ihnen wirklich helfen kann. Natürlich kann ich Kampftechniken demonstrieren, aber die Beziehung zwischen Kämpfer und Coach lässt sich nicht über Nacht knüpfen. Sie entsteht, wenn alles passt, aber es braucht Zeit.

In der zweiten Runde wartete Cathal auf seine Chance. Dann brachte er seinen Gegner zu Boden, packte ihn am Rücken und zwang ihn mit einem Würgegriff von hinten zur Aufgabe. Genau solche Siege hatten ihm bisher gefehlt, um einen UFC-Vertrag zu ergattern. Deshalb freute ich mich sehr über diesen Sieg durch Aufgabe bei seinem Debüt. Nicht zum ersten Mal wurde Cathal für seine Entschlossenheit und Unnachgiebigkeit belohnt. Als er den Jubel der ekstatischen Menge in sich aufsog, hätte ich nicht glücklicher für ihn sein können. Keiner verdiente es mehr.

Dieser Sieg über Mike King war mit Sicherheit eines der profitabelsten Debüts in der UFC-Geschichte. Cathal bekam 8000 Dollar für den Kampf und weitere 8000 Dollar für den Sieg. Obendrein erhielten er und Mike King jeweils 5000 Dollar für den »Kampf des Abends«. Doch das war noch nicht alles. Einige Wochen später gab die UFC bekannt, man habe King positiv auf leistungsfördernde Substanzen getestet, deshalb habe man ihm seinen Bonus aberkannt und das Geld an Cathal ausgezahlt. Der wichtigste Sieg seiner Karriere über einen Kerl, der massiger und mit Steroiden gedopt war – und 116 000 Dollar in der Kasse? Das nenne ich einen ziemlich guten Start in der UFC.

Bald darauf zahlte mir Cathal den Tausender zurück (mit ordentlichen Zinsen), den ich ihm geliehen hatte, damit er zum *Ultimate Fighter* gehen konnte.

»Danke, dass du an mich geglaubt hast, Coach«, sagte er. »Das war eine kluge Investition von dir.«

Meine nächste Aufgabe in der UFC Fight Night 46 bestand darin, Gunnar Nelson zu betreuen, der gegen Zak Cummings kämpfte. Auch diese Begegnung war als Hauptkampf angekündigt worden. Gunni hatte seit Jahren immer wieder im SBG trainiert, darum wussten die irischen Fans natürlich, dass er es verdient hatte, angefeuert zu werden. Doch dies war ein echter Wendepunkt. An diesem Abend hießen sie ihn wahrhaft als einen der ihren willkommen. Dublin war seit Langem seine zweite Heimat gewesen und es war schön zu sehen, wie die Fans sich leidenschaftlich hinter ihn stellten. Er war überwältigt von dieser Anerkennung und zeigte zum ersten Mal vor einem Kampf Gefühle.

Der Kampf war typisch für Gunnar Nelson. Ein reifer, geduldiger Aufbau, gefolgt von gekonntem Jiu-Jitsu und gegen Ende der zweiten Runde ein schöner Sieg durch Aufgabe, der Gunni dem Titelkampf einen Schritt näherbrachte.

Dann kam das Hauptereignis: der Kampf zwischen Conor McGregor und Diego Brandão. Unser Gang vom Umkleideraum ins Oktagon wird mich bis ins Grab verfolgen. Für die Iren war Conor kein Sportler mehr, sondern eine Ikone, ein Symbol des Nationalstolzes. Das bewies unser Einmarsch. Der Lärm war so groß, dass die Ohren ihn gar nicht mehr wahrnahmen. Es war ein ganz seltsames Gefühl. Das Geschrei Tausender Fans hüllte uns ein, und doch war es irgendwie friedlich. Die MMA-Fans in Irland hatten lange darauf gewartet, auf der größten Bühne einem der ihren zujubeln zu können. Jetzt war dieser Augenblick gekommen und sie feierten ihn ausgiebig. Als Conor vorgestellt wurde, war der Lärm lauter als alles, was ich je zuvor gehört hatte – lauter als ein startendes Düsenflugzeug.

Im Kampf machte Conor einen hervorragenden Eindruck, als sei er nie verletzt gewesen. Brandão wollte sein Jiu-Jitsu anwenden, doch Conor hatte wenig Mühe, das zu verhindern. Als er seine Linke einsetzte, war das Spiel für Brandão verloren. Schon nach gut vier Minuten feierte Conor ein Comeback nach seiner Verletzung, indem er Brandão mit einem Punch niederstreckte und ihn dann in der ersten Runde durch technischen Knock-out vollends besiegte.

»Ich habe doch gesagt, dass ich ihn in der ersten Runde fertig mache, und ich habe ihn in der ersten Runde fertig gemacht«, sagte Conor hinterher. »Nichts hätte mich an diesem Sieg in meiner Heimatstadt hindern können. Kein Mann auf dieser Welt kann mich auf diesem Boden besiegen. Ich habe es schon letztes Jahr gesagt: Wir sind nicht hier, um nur mitzumachen. Wir sind hier, um die Macht zu übernehmen.«

Obwohl wir seither viele großartige Abende erlebt haben und viele weitere folgen werden, träume ich oft am helllichten Tag davon, in der Zeit zurückzureisen und diesen Abend noch einmal zu erleben. Er war absolut unglaublich.

Nach jedem unserer Kämpfe ging ich gleich zu meinen Eltern, um einen kurzen Moment der Freude mit ihnen zu genießen. Vier Kämpfe, vier Siege. Der Tag, an dem ich ihnen den »Schuppen« gezeigt hatte und meine Mutter in Tränen ausgebrochen war, war nurmehr eine ferne Erinnerung. In vieler Hinsicht war das gesamte Event – so riesig es auch war – das Ergebnis dessen, was ich vor 13 Jahren in diesem winzigen »Schuppen« begonnen hatte. Meine Eltern waren wirklich stolz.

Als die Leute in ihrer Nähe mich mit meinen Eltern sahen, fragte sie: »Woher kennen Sie John?« Und als sie es ihnen erklärten, baten Fans sie um Selfies. Am Ende des Abends wurden mein Vater und meine Mutter fast auf den Schultern der Fans aus der Arena getragen. Mein Vater sagte, dass er an diesem Tag so stolz gewesen sei wie noch nie in seinem Leben. Ich kann unmöglich mit Worten ausdrücken, wie wichtig das für mich war. Unser Verhältnis war in meiner Kindheit und Jugend schwierig gewesen, deshalb bedeutete ein solches Lob von ihm mehr, als ich je erklären könnte. Jetzt hatte ich endlich das Gefühl, es geschafft zu haben. Selbst wenn ich der beste Ingenieur der Welt geworden wäre, hätte das niemals eine derartige Wirkung haben können.

Nach dem Kampf ließ Conor keine Gelegenheit aus, mir öffentlich zu danken. »John hat unser Leben verändert. Er war für uns alle eine Inspiration. Er ist ein Meister der menschlichen Bewegung, ein Genie in diesem Sport.«

Es war irgendwie lustig, dass er sagte, ich hätte das Leben meiner Kämpfer verändert. Denn meiner Meinung nach hatten sie mein Leben verändert. Ich schätze, in solchen Momenten weiß man, dass man als Team alles richtig gemacht hat.

13

Wenn ich vor und nach diesem UFC-Event in Dublin glücklich war, dann nicht nur deshalb, weil das Team so erfolgreich war. Ich hatte zu dem Zeitpunkt auch die Frau gefunden, mit der ich den Rest meines Lebens verbringen wollte. Drei Tage nach den Wettkämpfen bat ich sie, mich zu heiraten. Keine schlechte Woche.

Wie Sie sich denken können, bekomme ich eine Menge E-Mails und Tweets von Leuten, die sich für die MMA interessieren. Eine E-Mail, die ich im Juli 2013 erhielt, stammte von einem Mädchen in Belfast, die Kickboxen trainieren wollte. Ich empfahl ihr, sich dort an Jamie Crawford zu wenden, einen guten Freund von mir, der ein vorzüglicher Muay-Thai- und Kickboxer ist. Meist belasse ich es dabei, wenn jemand mich um solche Informationen bittet, weil ich keine Zeit für einen weiteren freundlichen Austausch habe. Doch aus irgendeinem Grund schrieb ich zurück, als das Mädchen aus Belfast antwortete. Dann schrieb sie mir erneut, ich antwortete ihr und so weiter. Das ging eine ganze Weile so weiter, und daraus entwickelte sich eine regelrechte Korrespondenz, die einige Wochen dauerte. Wir hatten den gleichen Sinn für Humor und es funkte sofort zwischen uns.

Ende Juli hüpfte sie in einen Zug nach Dublin und ich holte sie an der Connolly Station ab. Dort traf ich Orlagh Hunter zum ersten Mal. Ich brachte sie zu »Pintxo's in Temple Bar«, eine meiner bevorzugten Tapa-Lokale, und seitdem sind wir zusammen. Im Juni des folgenden Jahres, nach ihrem Uniabschluss, zog sie nach Dublin und zu mir.

Orlagh ist ein großer Sportfan mit enzyklopädischem Wissen, vor allem über Fußball. Sie spielte schon als Kind und schwärmt für den

FC Liverpool. Als ich sie meinen Eltern vorstellte, war mein Vater entzückt: Eine wunderschöne Anhängerin des FC Liverpool, die stundenlang über Fußball reden konnte! In seinen Augen hatte ich die perfekte Frau gefunden. Wenn wir sonntags mit meiner Familie in unsere Kneipe gehen, quasseln Orlagh und mein Vater über irgendein Spiel am Tag zuvor oder an diesem Nachmittag. Aus meiner Sicht sprechen sie da eine andere Sprache. Aber zum Glück hegt sie eine ähnliche Leidenschaft für die MMA. Oft ist sie es, die mich mit Informationen über den Gegner eines meiner Kämpfer versorgt.

Da die Kampfsportschule so schnell gewachsen war, brauchte ich etwas Hilfe. Also begann Orlagh nach ihrem Umzug dort ganztägig zu arbeiten. Wir teilen uns ein Büro und sie kümmert sich um die Anfragen wegen einer Mitgliedschaft und um logistische Dinge. Dadurch nimmt sie mir eine große Last von den Schultern. Wir sind den ganzen Tag zusammen, jeden Tag, und ich glaube, dass nur ganz besondere Beziehungen das aushalten. Aber Orlagh ist meine beste Freundin und ich möchte es nicht anders haben. Sie wurde am 12. November 1991 geboren, genau zwei Jahre vor dem allerersten UFC-Kampftag. Es passt gut, dass meine persönliche und meine berufliche Liebe den gleichen Geburtstag haben.

Gunnar Nelsons Sieg in Dublin war sein vierter in der UFC. Er stand jetzt auf Platz zwölf im Weltergewicht und die Leute sahen in ihm endlich einen legitimen Herausforderer.

Elf Wochen nach dem Event in Dublin rief die UFC zu einer großen Show nach Stockholm. Sie brauchten einen Star für den Abend und als beliebter nordischer Kämpfer, dessen Karriere sich gerade sprunghaft entwickelte, war Gunnar genau der Richtige. Gut zwei Wochen nach seinem Sieg über Zak Cummings gab die UFC bekannt, dass Gunnar Nelson und Rick Story bei der UFC Fight Night 53 am 4. Oktober 2014 den Hauptkampf bestreiten würden. Story war im Vergleich zu den bisherigen Gegnern von Gunni der erfahrenste und angesehenste. Gunni war der zweite SBG-Kämpfer innerhalb von wenigen Monaten, den die UFC für den Hauptkampf nominiert hatte. Besser noch, unsere Kämpfer traten an diesem Abend bei UFC-Veranstaltungen in zwei verschiedenen Teilen der Welt an. Wenige Stunden nach dem Event in Stockholm sollte Paddy Holohan bei der UFC Fight Night 54 in Kanada kämpfen. Da wir uns leider noch nicht klonen lassen können, konnte ich nicht in Paddys Ecke in Neuschottland sein. Artem Lobov und Ais Daly betreuten ihn an meiner Stelle. Da Cathal Pendred ebenfalls in Stockholm kämpfen sollte, strebten wir drei Siege in einer Nacht an zwei verschiedenen Orten an.

Aus naheliegenden Gründen bringen mich die Leute meist mit meinen irischen Kämpfern in Verbindung. Aber Gunnar Nelson stand mir menschlich immer am nächsten. Da ich ihn schon kannte, als er noch sehr jung war, hat sich zwischen uns eine sehr enge Freundschaft entwickelt. Er ist bekannt dafür, nie Gefühle zu zeigen, aber ich merke es immer, wenn etwas mit ihm nicht stimmt.

Weil er eine Menge Aufmerksamkeit auf sich gezogen hatte und die Hauptattraktion sein würde, stand er schon während der Vorbereitung auf den Kampf im Scheinwerferlicht. Es war viel mehr Publicity, als er gewohnt war, aber er schien locker damit umzugehen, auch auf dem Weg zum Kampf. Wir hatten enormen Respekt vor Rick Story, der ein großartiger Profi und ein sehr gefährlicher Gegner war. Trotzdem war ich sehr zuversichtlich. Story hatte bereits Schwierigkeiten mit erstklassigen Jiu-Jitsu-Kämpfern gehabt – Demian Maia war ein paar Jahre zuvor einfach durch ihn durchmarschiert –, darum war dieser Kampf meiner Meinung nach für Gunni die ideale Gelegenheit, seine Fähigkeiten unter Beweis zu stellen. Und ich war mir sicher, dass er klar gewinnen würde.

Aber dieses Gefühl verflog beim Aufwärmen vor dem Kampf. Gunni ist der einzige UFC-Kämpfer, mit dem ich noch Aufwärmübungen mache. Mit Conor mache ich das nicht mehr, seitdem er mir vor einem seiner frühen Kämpfe ein Stück eines Zahnes abgebrochen hat. Ich überlasse das lieber Leuten wie Artem Lobov, die sich über Schläge ins Gesicht freuen.

Während des Aufwärmens wirkte er so matt, wie ich es in all den Jahren, seit ich ihn trainierte, nie erlebt hatte. Er war total kraftlos und atmete schwer.

»Gunni, bist du in Ordnung?«, fragte ich.

»Klar, mir geht's gut«, lautete seine wenig überzeugende Antwort. Aber ich merkte, dass er nicht bei der Sache war. Ich kannte Gunnar

Nelson besser als alle anderen Kämpfer, die ich jemals betreut hatte. Er war nicht er selbst.

Kurz bevor Gunni für seinen ersten UFC-Hauptkampf ins Oktagon steigen sollte, hatten wir ein Problem. Das spürte ich. Äußerlich sah Gunni aus wie immer: entspannt und emotionslos. Dan Hardy sagte in seinem Kommentar kurz vor dem Kampf: »Man glaubt es kaum, dass dies der Hauptkampf ist. Gunnar Nelson steht in seiner Ecke und wirkt, als warte er auf den Bus.«

Sein Verhalten mochte das gleiche sein wie immer, doch die Leistung, die dann folgte, war völlig untypisch für ihn. Er begann sogar gut und sah dabei fit aus. Nach knapp zwei Minuten zwang er Story mit einem sehr guten Tritt mit dem Innenrist zu Boden. Doch dann begannen die Alarmglocken zu klingeln. Innerhalb von Sekunden stand Story wieder auf den Füßen. Das hatte ich nie zuvor von einem Mann gesehen, der gegen Gunni gekämpft hatte, weder in der Trainingshalle noch bei einem Wettkampf. Normalerweise bringt Gunni den Gegner einmal zu Fall, dann ist alles vorbei. Genau so soll es sein.

Als Rick Story sich fast sofort nach Gunnis erstem Takedown aufrappelte, bestätigte sich mein Verdacht, dass mit Gunni etwas nicht stimmte. Er verpasste seinem Gegner zwar einige richtig harte Schläge, doch Story kam immer wieder nach vorn und übte Druck aus. Er war eben ein zäher Brocken. Aber Ende der zweiten Runde war Gunnis Tank fast leer. Was konnten wir tun? Ich wusste, dass Story ihn nicht zur Aufgabe zwingen konnte, aber ich fürchtete, dass er ihn ausknocken würde. Ich hoffte, dass er den Kampf durchstand, war mir aber nicht sicher, ob er dafür noch genug Energie hatte. Als der Kampf weiterging, beobachtete ich ihn genau, und ich war noch nie so nahe dran gewesen, für einen Fighter buchstäblich das Handtuch zu werfen.

Nach dem Kampf musste ich eine Menge Kritik einstecken. Der Grund dafür war der Rat, den ich Gunni am Ende der vierten und kurz vor der fünften und letzten Runde gegeben hatte.

»Noch fünf Minuten. Letzte Runde. Reiß dich zusammen. Letzte Runde. Du brauchst nur zu tun, was du bisher getan hast. Wenn er reinkommt, dann nimm einfach die Hände hoch. Er weiß, dass er nach Punkten zurückliegt, darum wird er in dieser Runde mit den Fäusten arbeiten.«

Ich wusste, dass das Fernsehen meine Worte auffangen würde und dass man mich wahrscheinlich dafür abkanzeln würde. Natürlich glaubte ich nicht, dass Gunni gewinnen konnte. Meiner Meinung nach hatte er bereits verloren. Mir ging es nur noch darum, dass er ohne Aufgabe oder Knock-out bis zum Ende durchhielt. Deshalb wollte ich ihn ermutigen, vorsichtig zu sein und auf Nummer sicher zu gehen. Das war alles, worauf wir jetzt noch hoffen konnten. Es war sinnlos, wenn er Risiken einging und den Schaden noch vergrößerte, nur um für einen Sieg zu kämpfen, der außer Reichweite war. Als Coach muss man abwägen, was man gerne sehen würde und wozu der Kämpfer imstande ist. Meines Erachtens konnte er noch fünf Minuten auf Zeit spielen, um dann wenigstens nur nach Punkten zu verlieren. Dann konnten wir hinausgehen und untersuchen, woran es gelegen hatte. Ein Kampf über fünf Runden ist kein Vergnügen. Ich musste vor Rick Story den Hut ziehen, weil er offenbar viel besser vorbereitet war als bei seinen letzten Kämpfen. Auch Gunni war gut vorbereitet, doch irgendetwas stimmte nicht mit ihm.

Nach dem Kampf fragten die Leute mich andauernd, warum ich Gunni nicht geraten hatte, in der fünften Runde einen Takedown zu versuchen – als ob meine Worte diesen Wunsch wahr gemacht hätten. Wir kämpfen doch nicht in einem Videospiel, sondern im realen Leben, und treten gegen die besten Kämpfer der Welt an. Ich hatte gesehen, was andere nicht sahen. Gunni konnte seinen Gegner nicht mehr auf den Boden werfen, weil er total erschöpft war.

Er verlor den Kampf mit 50:44, 49:46 und 47:48 Punkten. Seltsamerweise hatte einer der Punktrichter Gunni vorne gesehen; doch selbst wir waren anderer Meinung.

Gunni reagierte darauf wie nach seinen Siegen. Dies war die erste Niederlage seiner Laufbahn, doch er interessierte sich nur dafür, essen zu gehen und sich auszuruhen.

Früher am Abend hatte Cathal Pendred gegen Gasan Umalatov nach Punkten gewonnen, trotz einer unterdurchschnittlichen Leistung. Und später am selben Abend verlor Paddy Holohan in Neuschottland gegen Chris Kelades nach Punkten. Es war nicht unsere denkwürdigste oder erfolgreichste Kampfnacht, aber wie immer lernten wir eine Menge daraus.

Als wir uns später zusammensetzten, um zu besprechen, was losgewesen war, gab Gunni zu, dass er schon zu Beginn abgelenkt gewesen war, weil ihm ein persönliches Problem zu schaffen machte. Er hatte zwar versucht, das während des Kampfes zu verdrängen, aber es war ihm nicht gelungen, und das hatte seine Leistung beeinflusst.

Das Publikum denkt sehr selten an das Privatleben der Profisportler, wenn sie verlieren oder eine schwache Leistung bieten. Die Fans wollen ihren Lieblingssportler oder ihre Lieblingsmannschaft bei jedem Wettkampf in Bestform sehen. Es kommt ihnen nicht in den Sinn, dass die Athleten auch mal in ihrem Privatleben schwere Zeiten durchmachen so wie andere Menschen. Sie erwarten, dass die Kämpfer jedes Mal auf Autopilot schalten. Die Realität ist jedoch viel komplizierter. Wenn Sie Probleme im Büro haben, werden Sie irgendwie damit fertig und kehren am nächsten Tag in besserer Form zurück, und niemand hat etwas bemerkt. Wenn Ihr Arbeitsplatz jedoch von Millionen Menschen auf der ganzen Welt kritisch beobachtet wird, ist es nicht ganz so leicht, sich zu verstellen.

Nicht einmal ein Tag war nach Diego Brandãos Niederlage gegen Conor vergangen, als dieser schon wieder damit begann, die UFC wegen seines nächsten Kampfes zu löchern. Nachdem er wegen seiner Knieverletzung lange Zeit hatte aussetzen müssen, wollte er die verlorene Zeit nun unbedingt wettmachen und nicht zu lange auf seine nächste Chance warten. Er war immer versessen auf den Kampf. Deshalb bombardierte er Dana White mit SMS und erbot sich, sofort jeden Kampf vom Federgewicht bis zum Weltergewicht anzunehmen. Das hörte erst auf, als wir nur drei Tage nach dem Sieg über Brandão Einzelheiten über Conors nächste Verpflichtung erhielten. Nach diesem Kampf in Dublin hatte Dana angedeutet, dass Conors nächster Kampf wahrscheinlich in Las Vegas ausgetragen werden würde. Die UFC wusste, dass sie ihn in die Kampfhauptstadt der Welt holen musste, wo die größten Events im Pay-TV stattfinden. Dort sollte er am 27. September in der berühmten MGM Grand Garden Arena bei der UFC 178 auf seinen bisher ranghöchsten Gegner treffen.

Dustin Poirier war der Fünftplatzierte in der Federgewichtsklasse, Conor war eben auf Rang neun gestiegen. Obwohl Poirier sechs Monate jünger war als Conor, hatte er viel mehr Erfahrung und bereits zehn Kämpfe in der UFC bestritten. Bei Conor waren es drei. Alle glaubten, dass Poirier eine Nummer zu groß war für Conor, doch obwohl Poirier eindeutig der bisher erfahrenste Gegner war, machte ich mir keine Sorgen. Ich hielt ihn sogar für weniger gefährlich als Brandão und war äußerst zuversichtlich. Ja, Poirier war ein guter Kämpfer, aber er war schon eine ganze Weile im Geschäft und wirkte auf mich so wie ein Mann, der seine besten Kämpfe in der Trainingshalle ausfocht.

Nur zehn Wochen lagen zwischen den Kämpfen gegen Brandão und Poirier – eine ziemlich kurze Zeit –, aber für uns war das keine große Sache. Meine Jungs wollen immer in Wettkampfform sein und bleiben daher aktiver als die meisten anderen. Für uns ist Ricky Hatton, der ehemalige Boxweltmeister, ein Beispiel dafür, wie man es nicht machen soll. Er nahm zwischen den Kämpfen regelmäßig stark zu, weil er seinen Ernährungsplan und sein Training vernachlässigte. Wer immer fit ist, kann jede sich bietende Chance nutzen. Und Conors Chance passte gut.

Es war ein großartiges Gefühl, zum ersten Mal in Las Vegas kämpfen zu dürfen. Nichts wird je die Show in Dublin übertreffen, doch Vegas ist der richtige Ort, wenn man auf der höchsten Ebene des Kampfsports mitmischen will. Als Kind bin ich lange aufgeblieben, um Mike Tyson früh am Sonntagmorgen in Las Vegas kämpfen zu sehen. Dieser nächste Kampf konnte für Conor den großen Durchbruch in Amerika bedeuten. Und als Jon Jones, der UFC-Champion im Halbschwergewicht und Star des Abends, wegen einer Verletzung seinen Kampf gegen Daniel Cormier absagen musste, wurde Conor zu einer noch größeren Attraktion.

Für seinen Sieg gegen Brandão hatte Conor 32 000 Dollar erhalten (plus 5 000 für die beste Leistung des Abends); nun machte er einen deutlichen Sprung nach vorne. Ohne die Zahlungen mehrerer Sponsoren gerechnet, die er inzwischen hatte gewinnen können, bekam er von der UFC einen Garantiebetrag von 75 000 Dollar sowie eine Siegprämie von weiteren 75 000 Dollar. Das machte ihn zum bestbezahlten Kämpfer des Events hinter dem UFC-Champion im Fliegengewicht Demetrious Johnson, dessen Titelkampf gegen Chris Cariaso nun das Hauptereignis war. Auf dem Programm standen noch viele andere Spitzenkämpfer – Donald Cerrone, Tim Kennedy, Dominick Cruz –, die viel länger im Geschäft waren als Conor, aber nicht so hart trainierten wie er. Einige von ihnen waren vielleicht nicht sehr erfreut, doch Conors Einnahmen waren die Folge des Eindrucks, den er innerhalb kurzer Zeit auf die UFC als Unternehmen gemacht hatte. Die Tage, an denen er sich im Postamt von Lucan ans Ende einer Schlange stellen musste, um sein Arbeitslosengeld abzuholen, waren nur noch eine ferne Erinnerung. UFC-Chef Lorenzo Fertitta sagte:

Letztlich ist es ein Geschäft. Dieser Bursche kann eine Menge Leute in einem ganzen Land begeistern. Wenn Conor kämpft, stehen in ganz Irland die Räder still. Er kurbelt das Pay-TV an. Er machte mit seinem ersten Kampf in Irland Schlagzeilen und lockte 1,4 Millionen Zuschauer an. Natürlich belohnen wir Leute, die im Oktagon erfolgreich sind und viele Siege erringen; aber wenn ein Kämpfer eine derartige Begeisterung weckt wie Conor, kann er möglicherweise ein wenig härter feilschen, weil er der UFC viel zu bieten hat.

Um uns zu akklimatisieren, beschlossen wir, schon etwa vier Wochen vor dem Kampf nach Las Vegas zu reisen. Eigentlich sollte Conor mit Artem Lobov und mir fliegen, doch als wir am Flughafen eintrafen, rief er an und meinte, dass er eine Erkältung habe und ihm nicht nach Fliegen zumute sei.

»Macht euch keine Sorgen. Lasst mir einfach ein paar Tage Zeit. Fliegt voraus, ich komme nächste Woche nach.«

Ich zögerte, ohne Conor abzureisen. Aber wenn er sich nicht wohlfühlte, konnte er ohnehin nicht trainieren. Also beschlossen wir, in der Sonne Nevadas auf ihn zu warten. Ich bin froh, dass wir es taten, weil Artem und ich diese paar Tage genossen. Sehr sogar.

Ich war erst einmal in Las Vegas gewesen, vor ungefähr einem Jahr, als wir uns um Conors Visum für den Kampf in Boston hatten kümmern müssen. Damals hatten wir aber wenig Zeit gehabt und das Hotel war ziemlich schäbig gewesen. Diesmal wurden wir am Flughafen abgeholt und zum »Red Rock Resort« gebracht, einem exklusiven Hotel am Stadtrand, etwa eine halbe Stunde von der Hauptgeschäftsstraße entfernt. Es gehört den Brüdern Fertitta, Frank und Lorenzo, die auch Eigentümer der UFC sind. Als wir landeten, hatten wir keine Ahnung, wo die UFC uns unterbringen würde, daher waren wir angenehm überrascht, als wir im »Red Rock« ankamen. Unser Zimmer verschlug uns den Atem. Es hatte einen hübschen Balkon und einen enormen Kühlschrank, vollgestopft mit Snacks und Getränken.

»Conor wird sich ärgern, wenn er sieht, was er versäumt«, meinte Artem.

»Das muss ein Irrtum sein«, erwiderte ich. »Es kann doch nicht sein, dass sie uns einen Monat lang hier unterbringen. Vielleicht übernachten wir hier nur heute, und morgen geben sie uns ein einfacheres Zimmer. Das hier ist zu schön, um wahr zu sein.«

Wir beschlossen, diese Gastfreundschaft in vollen Zügen zu genießen, solange wir durften. In den ersten paar Tagen ersetzten wir alle Drinks aus dem Kühlschrank durch Getränke aus dem Supermarkt, weil wir dachten, das sei viel billiger. Schließlich wollten wir nicht für eine winzige Dose Bier ein Vermögen zahlen. Und weil die Taxifahrt in die City und zurück 100 Dollar kostete, was uns zu teuer war, entschieden wir, von nun an einfach im Hotel zu bleiben. Jedenfalls bis Artem mit einer Russin sprach, die am Empfang arbeitete.

»Fahren Sie heute Abend in die City?«, fragte sie.

»Nee«, antwortete Artem, »das ist uns zu teuer.«

»Warum lassen Sie sich nicht von Dave fahren?«

»Wer ist Dave?«

»Ihr Fahrer.«

»Wir haben einen Fahrer?«

»Er steht Ihnen an sieben Tagen in der Woche rund um die Uhr zur Verfügung und bringt Sie überall hin, wo Sie hinwollen.«

»Kostenlos?«, warf ich ein.

»Selbstverständlich. Für Sie ist alles gratis«, versicherte sie.

»Sogar das Essen und die Getränke?«

»Alles.«

Von ihr erfuhren wir auch, dass das Zimmer, in dem wir wohnten, 1500 Dollar pro Nacht kostete. Artem und ich sahen einander an und zwangen uns dazu, nicht loszuprusten. In den folgenden Tagen verbrachten wir eine Menge Zeit damit, uns von Dave in einer Limousine umherfahren zu lassen. Meist mussten wir überhaupt nicht zu Fuß gehen. Wir waren wie zwei Kinder, denen es großen Spaß machte, durch Las Vegas chauffiert zu werden. Beim Essen und Trinken hielten wir uns ebenfalls nicht zurück, sodass die Rechnung eine enorme Höhe erreichte. Immer wieder leerten wir den Kühlschrank, doch das Hotel füllte ihn fast unverzüglich wieder auf. Eigentlich war das ziemlich kindisch, aber was kann man schon von zwei Männern erwarten, die in Las Vegas sind und viel Freizeit haben?

Als Conor endlich eintraf, frisch und gesund, neckten wir ihn, weil er den ganzen Spaß versäumt hatte.

»Tut mir leid, Conor«, sagte ich. »Wir haben das beste Zimmer schon belegt. Ich fürchte, du wirst dich mit einem ganz normalen Einzelzimmer begnügen müssen.«

Wie sich herausstellte, war unser Zimmer jedoch gar nichts im Vergleich zu der Suite, die man für Conor reserviert hatte. Er wohnte weiter oben, eine Etage unter dem Dach, in einer Suite, die 7500 Dollar pro Nacht kostete, und er hatte zwei Butler. Die einzige noch bessere Suite befand sich im obersten Stock; dort übernachtete Alicia Keys. Dass die UFC ihm einen derartigen Luxus zur Verfügung stellte, zeigte, wie hoch man ihn inzwischen schätzte. Er sollte sich bald daran gewöhnen.

Artem und ich hatten einige schöne Tage gehabt, aber jetzt war Conor da und wir gingen an die Arbeit. Zum Glück litt er nicht an Nachwirkungen seiner Krankheit und konnte daher ein paar Wochen lang richtig hart trainieren. Lorenzo Fertitta hatte ein privates Fitnessstudio im Keller, das sehr gut eingerichtet war, also arbeiteten wir dort. Conor war im letzten Stadium des Trainings in großartiger Form, was meine Zuversicht noch vergrößerte. Ich rechnete mit einem glorreichen Sieg.

Als der Kampf näherrückte, war klar, dass kein anderer Kampf den gleichen Hype auslöste wie McGregor gegen Poirier, obwohl noch viele andere große Kämpfe auf dem Programm standen. Von der UFC hörten wir, dass elf Prozent der 10 500 Eintrittskarten in Irland gekauft worden waren; aber in den Tagen vor dem Kampf ließ die irische Präsenz in der Stadt darauf schließen, das diese Zahl zu niedrig angesetzt war. Vegas wurde von irischen Fans belagert. Es war kaum zu glauben, dass so viele Iren wegen des Kampfes so weit gereist waren. Die Unterstützung und die Sympathie waren unglaublich stark. Wir konnten nirgendwo hingehen, ohne dass Leute uns anhielten und viel Erfolg wünschten. Nicht nur Iren, sondern auch Amerikaner und Menschen aus der ganzen Welt standen hinter Conor, und zwar mit Leidenschaft. Conor scheint keine normalen Fans zu haben. Die Leute, die ihn unterstützen, tun es mit einem fast religiösen Eifer. Wir hatten ja erlebt, wie das alles in Dublin gewesen war, aber jetzt begriffen wir, dass Conor McGregor ein globales Phänomen war.

Einige Tage vor dem Kampf zogen wir in ein Hotel in der Nähe der MGM Grand Garden Arena um. Am Tag vor dem Kampf, am Morgen vor dem Wiegen, lief ich aus meinem Zimmer und die Treppe hinunter und bat in der Lobby um mehr Handtücher, da Conor noch ein wenig abnehmen musste. Während ich durch das Casino lief, hörte ich jemanden meinen Namen rufen.

»He, John! Coach!«

Ich drehte mich um und sah eine Gruppe irischer Jugendlicher, die mir von einer der Bars aus zuwinkten. Davon ausgehend, dass sie mir Glück wünschen wollten, winkte ich nur kurz zurück. »Danke, Jungs.«

Aber sie riefen, dass ich zu ihnen kommen sollte. »Komm rüber, Coach!«

»Warum?«, fragte ich, da ich es ziemlich eilig hatte.

»Um ein bisschen was mit uns zu trinken.«

»Leute«, erwiderte ich, »es ist acht Uhr morgens.«

»Na und?!«

So ist eben Vegas.

Conors Fähigkeit, sich lange vor einem Kampf in den Gedanken seines Gegners festzusetzen, wird oft gerühmt. Den Beweis dafür hatte uns der Kampf gegen Brandão geliefert, und vor dem Kampf gegen Dustin Poirier folgten weitere Beweise. Noch bevor der Kampf angekündigt wurde, hatte Poirier seinen Gegner in den sozialen Medien geraume Zeit herausgefordert. Offenbar waren viele Leute neidisch auf die große Aufmerksamkeit, die Conor erhielt – und auf sein Honorar – und mochten ihn deswegen nicht besonders. Immerhin war er noch ein Neuling. Vor allem Poirier schien sich da aufzuregen. Er behauptete, er werde den Kampf leicht gewinnen, während Conor seinen K.-o.-Sieg in der ersten Runde voraussagte: »Dustin glaubt wohl, das seien nur leere Worte. Aber wenn er mit einem Pflaster auf der Nase aufwacht, wird ihn das eines Besseren belehren.«

Bei Pressekonferenzen tauschten sie Beleidigungen aus, und die zunehmende Aufmerksamkeit erlaubte es Conor, seinem bisher größten Publikum einen Einblick in seine Persönlichkeit zu geben. In Amerika spricht man dabei von *trash talk* (also »unsinnigen« Sprüchen, die den Gegner angreifen), doch Conor sagt seinen Gegnern nur das, was er wirklich denkt. Manche Leute halten das für respektlos, und er ist sicherlich ein paar Mal zu weit gegangen, sodass er sich entschuldigen musste; trotzdem würde ich nie versuchen, diese Seite seines Charakters zu bändigen oder zu beeinflussen. Ich genieße diesen verbalen Schlagabtausch sogar; er gehört zum Kampfspiel und war für Conor immer eine starke Waffe. Für ihn ist das alles ein großer Spaß, und das ist typisch für einen Dubliner. Ich glaube, der Brauch ist in Crumlin entstanden. Dort gehören raue Witze zum guten Ton bei Jungs. Wer keine Hänseleien austeilen und einstecken kann, hat es schwer.

Professionelle Kampfsportler wollen in ihrer Karriere möglichst viel Geld verdienen. Insofern ergibt Conors Verhalten außerhalb und innerhalb des Oktagons Sinn: Er unterhält sein Publikum. Das führt dazu, dass mehr Tickets verkauft und mehr Pay-TV-Verträge abgeschlossen werden und dass die MMA bekannter werden. Muhammad Ali pflegte zu sagen, die Hälfte der Leute wolle, dass er seinen Gegner fertigmache, und die andere Hälfte sähe ihn am liebsten k.o. Das Gleiche gilt für Conor. In unserem Sport riskieren die Athleten schwere Verletzungen und ihre Karriere ist kurz. Conor weiß das und macht keinen Hehl daraus, dass er möglichst viel verdienen will, solange er kann.

Ich engagiere mich für die Kampfkünste, weil sie mich begeistern, nicht wegen des Geldes. Aber ich weiß, dass es wichtig ist, für die Risiken belohnt zu werden. Profis kämpfen hauptsächlich, um ihren Lebensunterhalt zu verdienen. Die MMA sind mit erheblichen Gefahren verbunden. Wenn die Karriere eines Profis mehrere Jahre dauert, setzt er die Gesundheit seines Körpers – besonders des Kopfes – aufs Spiel. Immer wenn mir jemand sagt, er wolle Profi werden, prüfe ich genau, ob er sich der Risiken bewusst ist, die er eingeht. Natürlich kann man die MAA trainieren, um seine Lebensweise und seine Gesundheit zu verbessern, aber es ist etwas völlig anderes, an Wettkämpfen teilzunehmen. Jeder muss mit der Gefahr vertraut sein, vor allem mit dem Risiko einer Gehirnverletzung – was einer der Gründe dafür ist, dass wir von harten Sparringskämpfen abraten. In meiner Zeit als Kämpfer war ich mir der Gefahren sicher nicht so bewusst. Heute sorge ich aber dafür, dass jeder Kämpfer im SBG genau weiß, was auf ihn zukommt, bevor er sich entschließt, in den Käfig zu gehen. Wenn das gewährleistet ist, tue ich alles, was ich kann, damit die Athleten aus ihrer Karriere möglichst viel herausholen. In einer idealen Welt erhalten sie genug Geld, um sich irgendwann zur Ruhe setzen zu können. Das klappt nicht immer, aber es ist auf jeden Fall das Ziel. Natürlich verdienen nur ein paar Auserwählte so viel wie Conor McGregor. Aber viele Kämpfer bekommen immerhin so viel Geld, dass sie und ihre Familie davon gut leben können. Mehr kann man nicht verlangen.

Immer wenn ich den Eindruck habe, dass ein Kämpfer sich in seinem Streben nach Erfolg zu großen Schaden zufügt, greife ich ein und sage ihm meine Meinung. Dann hört er meist auf damit. Das habe ich schon immer so gemacht und ich werde es auch weiterhin tun. Das ist meine Pflicht als Coach.

Das Wiegen vor der UFC 178 glich dem vor dem Brandão-Kampf. Conor wurde festgehalten, während er sein Bestes gab, um Poirier wütend zu machen, der offensichtlich bereits nervös war. Während wir hinter der Tür warteten, hörte ich laute Rufe: »Olé, olé, olé!« Als wir hineingingen, sah ich, dass der Zuschauerraum im MGM Grand gerammelt voll war mit irischen Fans, die bei Conors Erscheinen in lauten Jubel ausbrachen.

Ich drehte mich zu Dana White um und fragte: »Sind wir hier eigentlich in Las Vegas oder in Dublin?«

»Es ist unglaublich«, antwortete er. »So etwas habe ich noch nie erlebt.«

Nach dem Wiegen verlor Poirier die Nerven. Er begann herumzuschreien und zeigte aggressiv auf die Menge, die ihn verhöhnte. Er war voller negativer Energie. Zehn Wochen nach dem Kampf gegen Brandão hatten wir eindeutig ein Déjà-vu-Gefühl. Wir waren auch ziemlich überrascht davon, dass diese erfahrenen UFC-Kämpfer sich derart über einen frechen jungen Kerl aus Dublin aufregen konnten, der immer noch ein Anfänger war. Conor hatte anscheinend alle Beteiligten durcheinandergebracht. Man sollte meinen, dass die älteren Profis das alles schon erlebt hatten, aber anscheinend waren sie noch nie jemandem wie Conor begegnet. Während ich beobachtete, wie Brandão, Poirier und einige andere mit der Situation umgingen, begriff ich, dass die meisten Profis Anfänger in puncto psychologischer Kriegsführung waren. Als Conor in diesem Punkt das Level anhob, gingen viele von ihnen unter.

Irgendwie war es fast irreal, dass wir uns nun anschickten, einen Kampf im MGM Grand auszutragen. Im Laufe der Jahre hatte ich viele Kämpfe gesehen, die dort stattfanden, und jetzt sollte ich selbst an einem beteiligt sein. Die zahlreichen irischen Fans in der Arena machten alles noch surrealer. Wieder einmal standen die meisten Zuschauer hinter Conor, obwohl er in den USA gegen einen Amerikaner kämpfte.

Conor hörte nicht auf, Poirier zu reizen, als Herb Dean, der Schiedsrichter, die Kämpfer einander gegenüberstellte und ihnen letzte Anweisungen gab. Sobald der Kampf begann, griff er mit einem wuchtigen Fußkantenschlag an, der Poiriers Kopf nur knapp verfehlte. Es war klar erkennbar, wie Poiriers Gesichtsausdruck sich veränderte, und er wagte bis zum Ende des Kampfes kaum noch einen Schritt nach vorne.

Conor hatte den Kampf im Griff und sammelte Punkte mit Schlägen, die Poirier sichtbar ins Wanken brachten. Dieser war unfähig zu kontern, außer mit ein paar harmlosen Fußstößen. Nach etwa 90 Sekunden traf ihn Conor schmerzhaft mit der Linken. Poirier taumelte. Sekunden später machte Conor erneut Punkte. Diesmal traf er Poirier hinter dem rechten Ohr – und der Amerikaner ging zu Boden. Nach ein paar weiteren Schlägen, die alles besiegelten, griff Herb Dean ein und verkündete Conors vierten Sieg in der UFC. Offiziell brauchte er dafür eine Minute und 46 Sekunden. Knock-out in der ersten Runde, so wie er es vorhergesagt hatte.

»Ich knocke sie nicht nur aus, ich lege auch die Runde fest«, sagte Conor in seinem Interview nach dem Kampf. »Ihr könnt mich gerne ›Mystic Mac‹ nennen, weil ich das Ende so zuverlässig voraussage. Diese Federgewichtler kapieren nicht, dass Schläge von mir etwas völlig Neues sind. Ich bin nach Amerika gekommen, um der amerikanischen Öffentlichkeit zu zeigen, dass die Ära der ›kämpfenden Iren‹ jetzt begonnen hat, und ich habe mein ganzes Land mitgebracht. Wenn einer von uns in die Schlacht zieht, dann kommen alle mit.«

Die UFC wusste seit Langem, dass sie mit Conor eine Trumpfkarte gezogen hatte, doch nach jedem Kampf nahm der Hype weiter zu. Jetzt hatte er im hellen Scheinwerferlicht von Las Vegas gegen einen der besten Kämpfer der Liga gesiegt. Nur zwölf Monate nach seiner Operation wegen einer Verletzung, die durchaus mehrere Jahre Pause für ihn hätte bedeuten können, hatte er sich in eine Position hochgearbeitet, von der aus der Gipfel in Reichweite war.

»Wow! Das war echt der Hammer, meine Damen und Herren. Eines ist sicher: Conor McGregor macht keine halben Sachen«, sagte Joe Rogan später. »Und bei ihm sieht alles so leicht aus, das ist nicht zu übertreffen. Es war einfach fantastisch. Niemand ist jemals so mit Poirier umgesprungen.«

Nach der Kampfnacht unterhielt Conor die Zuschauer in aller Welt auf der Pressekonferenz in einem nagelneuen elfenbeinfarbenen Anzug. Er empfing die Prämie für den besten Kampf des Abends in Höhe von 50 000 Dollar und verdiente insgesamt 20 000 Dollar. Designeranzüge waren inzwischen das Aushängeschild seines neuen Reichtums. Für die Siegesfeiern in dieser Nacht stibitzte ich mir einen davon.

14

Da sich die MMA für Frauen dank Kämpferinnen wie Ronda Rousey im Aufwind befanden, beschloss die UFC, eine zweite Gewichtsklasse für Frauen zu etablieren. Sie sollte 2014 in einer Sendung von *The Ultimate Fighter* eingeführt werden und die Siegerin sollte der erste UFC-Champion im Strohgewicht sein. Als man Aisling Daly anbot, daran teilzunehmen, sagte sie sofort zu. Denn es war für sie die Gelegenheit, das zu erreichen, was sie sich immer erträumt hatte.

Bei ihrem UFC-Debüt in Las Vegas am 12. Dezember 2014 brachte sie Alex Chambers in der ersten Runde mit einer Armbar zum Aufgeben. Die Freude über den Sieg wurde allerdings etwas getrübt, weil sie zu viel Gewicht auf die Waage brachte. Das hatte es beim SBG in der UFC noch nie gegeben und wird hoffentlich auch nie wieder vorkommen. Trotzdem war der Sieg für Ais ein ganz besonderer Moment, weil sie endlich die Chance bekam, auf der größten Bühne der MMA aufzutreten.

Während Ais zur bislang letzten UFC-Siegerin des SBG wurde, bereitete Conor sich auf seinen nächsten Kampf vor. Obwohl wir ein bisschen enttäuscht waren, dass man uns keinen bekannteren Kämpfer als Dennis Siver als Kontrahenten anbot, wollten wir den Kampf nicht ablehnen, was wir auch bisher noch nie getan hatten. Eigentlich sahen wir es so, dass die Gegner letztlich keine Rolle spielten. Jeder dieser Kerle war nur ein weiteres kleines Hindernis, das zwischen Conor und dem Champion, José Aldo stand. Da ich überzeugt war, dass Conor bereits zu gut für alle anderen war, machte es im Grunde keinen Unterschied, gegen wen er antrat. Conor konnte sie alle schlagen, egal wie sie hießen und was für Erfolge oder Fähigkeiten sie vorweisen konnten.

Nach dem Sieg gegen Dustin Poirier hatte Conor unserer Ansicht nach die Chance verdient, um den Titel im Federgewicht zu kämpfen. Die UFC war da nicht unbedingt anderer Meinung, das Problem war nur, dass Aldo bereits vier Wochen nach dem Poirier-Kampf gegen Chad Mendes antreten sollte, um seinen Titel zu verteidigen. Wenn Aldo gewann, wovon wir ausgingen, würde es bis zu seiner nächsten Titelverteidigung wahrscheinlich längere Zeit dauern, weil er nicht dafür bekannt war, besonders aktiv zu sein. Während seiner dreieinhalb Jahre in der UFC hatte er nur sechs Kämpfe bestritten. Da Conor wegen seiner Knieverletzung schon lange genug außer Gefecht gewesen war, hatte er überhaupt kein Interesse daran, länger herumzusitzen und abzuwarten. Er wollte endlich loslegen, idealerweise noch 2014, und versuchte, die UFC dazu zu überreden, einen weiteren Kampf anzusetzen. Bis zum Jahresende gab es jedoch keine Möglichkeit mehr für ihn, einen Kampf zu bestreiten, aber am 18. Januar 2015 sollte in Boston ein Event ausgetragen werden. Und wer eignete sich in der amerikanischen Hochburg der Iren besser als Zugpferd als Conor McGregor? Er hatte sich im Federgewicht-Ranking auf Platz fünf hochgearbeitet, während Dennis Siver auf Platz zehn abgerutscht war. Natürlich wäre es schön gewesen, gegen einen der Spitzenkonkurrenten anzutreten, aber von denen zeigte – entgegen dem, was sie in Interviews behaupteten – kaum einer Interesse.

Dennis Siver war mit über 30 Profikämpfen ein Veteran des Sports und schon seit 2007 Mitglied der UFC. Ich wusste aus der Zeit, als er in Europa gekämpft hatte, noch ziemlich viel über ihn. Arni Isaksson hatte ihn 2006 im Finale eines Cage-Warriors-Weltergewicht-Turniers zur Aufgabe gezwungen. Erst kürzlich war Siver wegen Dopings gesperrt worden – woran ihn Conor im Vorfeld des Kampfes über die Medien ständig erinnerte. Er nannte ihn einen »deutschen Zwerg auf Steroiden«.

Ich respektierte Dennis wegen seines Könnens und seiner Erfahrung, aber obwohl bei einem Kampf immer alles möglich ist, würde ein klein gewachsener, untersetzter, 36-jähriger Veteran Conor keine großen Kopfschmerzen bereiten. Da war ich mir ganz sicher.

Nachdem Irland sich allmählich an den Gedanken gewöhnt hatte, die Heimat des größten Stars in den Mixed Martial Arts zu sein, stieg das

Medieninteresse für den Sport dramatisch an. Wenn man bedenkt, dass die führenden irischen Medien MMA vorher komplett ignoriert hatten, war das ein Sprung von null auf hundert. Jetzt, da die Öffentlichkeit sich für den Sport interessierte, stürzten sich die Medien auch auf die Frage, ob MMA zu brutal sei. Ich nahm an ein paar medialen Debatten teil, die meist nach ein und demselben Muster abliefen: Ich legte die Fakten dar und die Person, die als Vertreter der Gegenmeinung eingeladen war, sagte so etwas wie: »Die Sache gefällt mir einfach nicht.« Genau dieselbe Diskussion führte ich schon seit Jahren – mit Freunden, Verwandten oder jedem, der seinen Senf dazu gab. Im Grunde war das so, seit ich mit diesem Kampfsport zu tun hatte. Der Unterschied war nur, dass mir jetzt viel mehr Leute zuhörten.

Ob MMA zu gewalttätig ist, hängt letztendlich von der Definition ab. Für mich bedeutet Gewalt, dass eine der an einer Auseinandersetzung beteiligten Parteien eigentlich nicht involviert sein möchte. Ich verstehe daher nicht, wieso dieser Begriff für einen sportlichen Wettbewerb verwendet wird – ob MMA, Boxen oder sonst was –, an dem zwei Erwachsene freiwillig teilnehmen. Ehrlich gesagt finde ich es sogar ziemlich ehrenhaft, wenn zwei Menschen nach bestimmten Regeln, an einem bestimmten Datum, mit einem festgelegten Gewicht und unter der Kontrolle von Schieds- und Kampfrichtern gegeneinander antreten wollen.

Im Vorfeld des Siver-Kampfs rief eine irische Politikerin, Senatorin Catherine Noone, dazu auf, »diesen widerlichen sogenannten Sport« in Irland zu verbieten, nur um im gleichen Atemzug hinzuzufügen, dass sie sich noch nie einen Kampf angesehen habe. Sie knickte danach jedoch schnell ein und gab zu, überstürzt geurteilt zu haben. Unglücklicherweise wurde sie von MMA-Fans daraufhin übel beschimpft, was nicht gerade dazu beitrug, den Ruf dieses Sports und derjenigen, die ihn ausüben, zu verbessern. Meiner Erfahrung nach ist der beste Weg, jemanden umzustimmen, der, ihn oder sie zu einem Event oder zum Training einzuladen. So können die Leute selbst sehen, dass MMA-Sportler ganz normale Menschen sind, die sich gern mit anderen messen, und keine blutrünstigen Wilden. Wir luden Senatorin Noone also zu einem Training ein und sie nahm die Einladung an. Nach ihrem Besuch plädierte sie nicht mehr dafür, MMA zu verbieten, sondern vielmehr dafür, dass es vom Irish Sports Council anerkannt würde. Sie ist eine sehr nette Frau, die aus Unwissenheit ein paar voreilige Bemerkungen gemacht hat. Aber das änderte sich, sobald sie die Gelegenheit bekam zu sehen, worum es in diesem Sport wirklich geht.

Ich akzeptiere voll und ganz, dass die MMA nicht jedermanns Sache sind; damit habe ich kein Problem. Wem es nicht gefällt, der muss es sich ja auch nicht ansehen. Wir leben schließlich in einer freien Gesellschaft und sind in der glücklichen Lage, aus einem breiten Spektrum an Aktivitäten auswählen zu können. Aber nur weil jemand etwas nicht mag, ist das noch kein Grund, es gleich zu verbieten. Ich finde es zum Beispiel seltsam, dass so viele Menschen fasziniert zusehen, wie ein kleiner Kerl ein Pferd über eine Rennstrecke peitscht, aber ich schalte dann einfach auf einen anderen Sender um und denke nicht mehr darüber nach. Statistisch gesehen ist MMA ungefähr so gefährlich wie andere Kontaktsportarten. Häufig wird behauptet, die MMA seien gefährlicher als Boxen. Eine kanadische Langzeitstudie hat jedoch gezeigt, dass Boxer schwerere Verletzungen davontragen als MMA-Kämpfer. Bei MMA zieht man sich genauso viele Prellungen und blauen Flecken zu wie beim Rugby, aber die Quote an ernsthaften Verletzungen ist gering.

Ich habe mich bei den Debatten über die Gewalt in den MMA noch nie wirklich mit jemandem gestritten, war aber in meinen Zwanzigern oft ziemlich wütend wegen der ständigen Diskussionen. Ich versuchte auch, Menschen zu meiner Denkweise zu bekehren, so wie ein Veganer oder CrossFitter, der so von seinem Ding überzeugt ist, dass er ständig darüber redet und nicht verstehen kann, dass andere nicht genauso begeistert sind. Es gab definitiv Phasen in meinem Leben, in denen ich in Radiosendungen anrief und hitzig argumentierte, wenn das Thema auf der Tagesordnung stand. Inzwischen sehe ich die Sache wesentlich entspannter.

Die MMA haben in Irland unglaublich viele neue Fans gewonnen, auf denen nun die Verantwortung lastet, gut für ihren Sport einzutreten. Man muss aber anerkennen, dass MMA ohne seine leidenschaftlichen Fans der ersten Stunde vielleicht gar nicht überlebt hätte. In den Urzeiten der frühen Nullerjahre hatte die UFC kaum Bedeutung und es waren die fanatischen Fans in den Internet-Foren, die den Wettbewerb am Leben hielten, indem sie alle ihre Freunde und Bekannten zu bekehren versuchten. Die Premiere von *The Ultimate Fighter* im Jahr 2005 markierte den Wendepunkt, den Start einer neuen Ära, aber die UFC – und letztendlich der gesamte MMA-Sport – hätte es ohne diese frühen Fans wahrscheinlich nie so weit gebracht. Das darf man nie vergessen. Andererseits erschrecke ich aber oft, wenn ich sehe, was manche Fans online absondern, vor allem wenn ihr Sport kritisiert wird. Anstatt Leute zu beschimpfen, weil sie MMA nicht mögen, sollten die Fans lieber einen positiven Ansatz wählen und Skeptikern den Sport auf freundliche Weise näherbringen. Das ist für MMA-Fans der beste Weg, um Flagge zu zeigen.

Wann auch immer jemand bei uns im SBG vorbeischaut, wird er irgendeinen Jiu-Jitsu-Kurs für Kinder miterleben und intelligenten Menschen wie Owen Roddy und Peter Queally begegnen. Das ist nicht anders als in jedem anderen sportlichen Umfeld. Natürlich heißt das nicht, dass es im MMA keine Arschlöcher gäbe. Wie in jedem Sport werden auch hier nach dem Gesetz der Wahrscheinlichkeit ein paar faule Eier dabei sein.

Übergewicht ist allerdings ein viel größeres gesellschaftliches Problem als die Aggression in manchen Sportarten. Ein ehemaliger Gaelic-Football-Spieler hat mal auf die Frage, ob der »normale« Fußball der Feind seines Sports sei, geantwortet, der einzige Feind sei Bewegungsmangel. Das Wichtigste ist, Kinder dazu zu bringen, physisch aktiv zu sein, egal ob durch Kampfsport, Ballsport, Gymnastik oder irgendetwas anderes.

Während meiner Kindheit bin ich den ganzen Tag draußen herumgerannt, ohne jemals davon wirklich müde zu werden. Heutzutage sind einige Kids während der ersten Trainingsstunde in meinem Club schon nach ein oder zwei Runden auf der Matte völlig außer Puste. Das ist besorgniserregend. Unsere Kinder werden immer unbeweglicher, und das wird in den kommenden Jahren unser Gesundheitssystem massiv belasten, weil da eine Generation mit schwächeren Knochen, mehr Fett, wenig Muskulatur und einem anfälligen Immunsystem heranwächst. All diese Dinge werden uns noch ernsthafte Probleme bereiten. Deshalb unterstütze ich jede Art von Bewegung, die Kinder aktiver macht.

Und dann ist da noch das Problem, dass wir in einer Gesellschaft leben, in der jeder Angst davor hat, verklagt zu werden. Kommunen haben Angst, Spielplätze zu bauen, aus Angst, Ärger zu bekommen, falls ein Kind von der Schaukel fällt und sich verletzt. Aber Kinder fallen nun mal hin und ziehen sich blaue Flecken und Schürfwunden zu; manchmal brechen sie sich sogar etwas. Das gehört zur Kindheit einfach dazu. Bewegungsmangel ist längerfristig viel gefährlicher als ein Kratzer am Knie.

Ich werde manchmal gefragt, ob ich Regeländerungen für die MMA befürworten würde, damit der Sport bei einem breiteren Publikum Akzeptanz findet, und meine Antwort ist immer ganz klar: Nein. Was ich allerdings gerne hätte, wäre eine zehnminütige erste Runde wie früher bei der Pride FC. Noch besser wären 15-minütige Kämpfe ohne Unterbrechungen, also ganz ohne Runden. Ich glaube, die wenigsten dieser Kämpfe würden über die volle Länge gehen. Die Ausdauer der Kämpfer würde auf dem Prüfstand stehen und ihre Fähigkeiten würden viel deutlicher zum Vorschein kommen, weil sie kämpfen müssten und gleichzeitig mit der Anstrengung zurechtkommen müssten. Ich habe schon überlegt, eine Show nach diesen Regeln auf lokaler Ebene zu organisieren, um zu sehen, ob es funktioniert. Meines Erachtens würden so auch Verletzungen zurückgehen. Die einminütigen Pausen zwischen den Runden abzuschaffen würde die gesamte Dynamik verändern. Manchmal ist ein Kämpfer am Ende einer Runde fast vollkommen erschöpft, kann sich dann aber 60 Sekunden lang erholen, nur um in der nächsten Runde vielleicht noch schwerere Schläge einzustecken. Der Kampf zwischen Neil Magny und Hector Lombard in der UFC Fight Night 85 ist dafür ein gutes Beispiel. Lombard musste gegen Ende der zweiten Runde eine ganze Reihe von unerwiderten Schlägen einstecken, bevor er in der dritten Runde nach 26 Sekunden gestoppt wurde. Ohne Pausen würden Kämpfe meiner Meinung nach zur rechten Zeit abgebrochen werden und die Akteure würden weniger Schaden nehmen.

Die Schiedsrichterbewertungen bei MMA werden oft kritisiert. In so ziemlich jedem UFC-Event gibt es eine kontroverse Kampfrichter-Entscheidung. Natürlich gab es schon Vorschläge für ein anderes Bewertungssystem, als es heute gibt: Drei Typen sitzen neben dem Käfig und bewerten, was sie sehen. Doch wird es ein perfektes Wertungssystem wohl nie geben, weil die Einschätzung letztendlich immer subjektiv ist. Man könnte natürlich einfach die Würfe und Schläge zählen, wie beim Amateurboxen, wo die Kampfrichter einen Knopf drücken, sobald ein Schlag gelandet ist, aber das würde für die MMA nicht funktionieren. Denn der Sport ist viel zu komplex und die Bewertung oft Geschmackssache. MMA-Kämpfe zu beurteilen, ist wie das Kosten von zwei Varianten derselben Suppe: Auch wenn sie sich ähneln, wird man eine bevorzugen, und zwar ohne belegbaren Grund. Ich glaube auch, dass jeder Kampfrichter automatisch seine Emotionen mit einbringt. Vielleicht besteht eine Verbindung zu einem der Kämpfer – womöglich ist er mit seinem Coach oder einem Teamkollegen befreundet – oder dem Kampfrichter gefällt nicht, was er in den Medien über den Kämpfer gesehen und gehört hat (dann hat Conor sicher ein Problem!). Ein Juror, der vom Grappling kommt, wertet wahrscheinlich anders als einer mit einem Hintergrund in Kickboxen.

Kurz gesagt: Da, wo Menschen Entscheidungen treffen, wird es immer Grauzonen geben, und das finde ich in Ordnung. Ab und zu gibt es mal eine seltsame Wertung, aber auch das ist normal. Meiner Ansicht nach liegen die Kampfrichter meistens richtig, auch wenn die Fans des Verlierers uns in den Social Media oft vom Gegenteil überzeugen wollen.

Conor trainierte hart für den Kampf gegen Dennis Siver. Es ist erstaunlich, wie sehr er sich zwischen den Kämpfen steigern konnte. Immer wenn man denkt, dass er nicht mehr besser werden kann, beweist er einem, dass es doch noch geht.

Zwei Wochen vor dem Kampf verkündete Dana White, dass Conor für einen Sieg über Siver mit einem Titelkampf gegen José Aldo belohnt werden würde, der den Gürtel im Oktober gegen Chad Mendes verteidigt hatte. Danas Ankündigung war eine ziemlich spektakuläre Neuigkeit, aber für uns änderte sich dadurch nichts. Denn wir hatten fest damit gerechnet, da kein anderer Kampf zu diesem Zeitpunkt noch Sinn gemacht hätte. Nur zwei Jahre nach Conors letztem Kampf bei Cage Warriors war er also nun offiziell nur einen Sieg davon entfernt, um den wichtigsten Titel zu kämpfen, den sein Sport zu vergeben hatte.

Vor dem Kampf gegen Siver Gewicht zu verlieren, erwies sich als schwieriger als sonst, denn der Kampf sollte drei Wochen nach Weihnachten stattfinden und es ist natürlich eine ziemliche Herausforderung, über die Feiertage streng Diät zu halten. Außerdem ist es bei Kälte meist schwerer abzunehmen und in Boston ist es im Januar verdammt kalt. Als wir zwei Wochen vor dem Kampf ankamen, fanden wir wesentlich einfachere Bedingungen vor als in Vegas. In dieser Phase ist es besonders wichtig, das Richtige zu essen. Die Portionen sind ziemlich klein und das Essen besteht meist aus Salaten und ähnlichen Dingen. Die Auswahl auf der Speisekarte des Hotels war allerdings nicht berauschend, was eine weitere kleine Schwierigkeit bedeutete.

Im Laufe der letzten Jahre haben wir bezüglich der Gewichtsreduktion einiges dazugelernt und schaffen es allmählich, es richtig anzugehen. Aber es hat eine Weile gedauert, bis ich den Bogen raus hatte. Ich kann mich noch erinnern, dass ich für einen meiner eigenen Kämpfe eine Abwaage am Tag des Kampfes hatte und wirklich bis an meine Grenzen ging, um nur 66 Kilogramm auf die Waage zu bringen. Und wie tankte ich danach, nur wenige Stunden vor dem Kampf, wieder auf? Indem ich sofort eine riesige Pizza in mich reinstopfte! Ich hatte einfach keinen Plan. Glücklicherweise sind wir nach jahrelanger Erfahrung heute ein bisschen schlauer.

Das Gewichtmachen (Weight-Cut) läuft für jeden Kämpfer anders ab, bedeutet aber in der Regel wochenlange strenge Diät. In der Wettkampfwoche selbst muss der Athlet mehrere Tage viel Wasser trinken, danach folgen intensive 24 Stunden, in denen dem Körper Flüssigkeit entzogen wird – normalerweise durch Saunagänge oder warme Salzbäder. Conor bevorzugt Letzteres, obwohl es ziemlich anstrengend ist. Ich musste wirklich lachen, als ich eines Tages nach Hause kam, nachdem ich einem meiner Kämpfer dabei geholfen hatte, die letzten paar Pfunde in der Wanne zu verlieren, und Orlagh meinte, dass sie das auch mal ausprobieren wolle. Als ob es darum ginge, mit Musik und Kerzenlicht eine Stunde lang ein schönes entspannendes Bad zu nehmen! In Wirklichkeit verbringt man Stunden im heißen Wasser, während Bittersalze den Körper dehydrieren.

In den Wochen vor einem Kampf reduzieren Kämpfer stufenweise die Kalorienaufnahme, während sie gleichzeitig versuchen, das Trainingsniveau aufrechtzuerhalten. Das erfordert ziemlich viel Disziplin, weil überall Versuchungen locken. Am Sonntag vor einem Samstagnacht-Kampf beginnt dann die Wasseraufnahme, bei der man acht bis zehn Liter Wasser pro Tag trinkt, wovon einem richtig schlecht werden kann. Dadurch legt der Kämpfer an Wassergewicht zu. Donnerstagnachmittag geht es dann mit Bädern oder Saunagängen richtig los mit der Gewichtsreduktion. Die Hitze entzieht dem Körper Flüssigkeit und die Pfunde purzeln, aber das dauert lang, ist anstrengend und verdammt unangenehm. Diese letzten paar Pfunde loszuwerden, kann pure Folter sein. Es ist sowohl ein physischer als auch ein mentaler Test und viele zerbrechen schon daran.

Weil ich mit Kämpfern arbeite, fragen Leute mich manchmal, ob ich ihnen Abnehmtipps geben kann. Oft sind das Frauen, die für eine Hochzeit innerhalb kurzer Zeit ein paar Kilos abspecken wollen. Da sie gehört haben, dass MMA-Kämpfer innerhalb von 24 Stunden zehn Pfund verlieren können, wollen sie dann wissen, worin das Geheimnis besteht. Aber es gibt kein Geheimnis. Gewichtmachen und Abnehmen sind zwei völlig verschiedene Dinge. Ein Kämpfer, der seinen Körper für ein paar Stunden vor einer Abwaage völlig dehydriert, wird in den folgenden 24 Stunden wieder an Gewicht zulegen, wenn er etwas trinkt und seinem Körper vor dem Kampf Energie zuführt.

Eigentlich ist das ein fast schon perverses Vorgehen: Den Großteil der Woche würgen die Kämpfer das Wasser förmlich runter, bis sie das Gefühl haben, nie wieder etwas trinken zu wollen, aber am Freitag würden sie für einen Schluck Wasser alles tun. In den letzten 24 Stunden sind Nahrung und Wasser nämlich streng verboten, denn dann geht es nur darum, so leicht wie möglich zu sein. Deshalb ist die Erleichterung dann groß, wenn sie endlich auf der Waage stehen und das Gewicht stimmt. Doch damit ist die Sache noch nicht erledigt. Es ist nicht so einfach, den Körper wieder mit Nahrung und Wasser aufzutanken. Man kann seinen Körper nicht sofort mit Essen und Flüssigkeiten überschwemmen, auch wenn man genau das liebend gern tun würde. Wichtig ist, zur richtigen Zeit Mineralien und Elektrolyte aufzunehmen, damit das System sich regenerieren kann. Am besten isst man in regelmäßigen Intervallen kleine Portionen guter Kohlenhydrate – Nudeln, Kartoffelpüree etc.

Artem Lobov machte es sich selbst immer richtig schwer, wenn es darum ging, Gewicht zu verlieren. Anstatt sein Gewicht im Vorfeld des

Kampfes langsam zu senken, wartete er bis ganz zum Schluss, sodass er in sehr kurzer Zeit sehr viel Pfunde abbauen musste. Wenn ich ihn unterstützen kann, dann läuft alles wie geschmiert, aber wenn er auf sich selbst gestellt ist, sieht die Sache ganz anders aus.

Für einen seiner Kämpfe musste Artem einmal am Abend vor dem Wiegen noch heftige 13 Pfund loswerden. Er wollte die Hälfte davon vor dem Schlafengehen verlieren und die andere Hälfte dann am nächsten Morgen. Nach ein paar intensiven Stunden hatte Artem es tatsächlich geschafft, sieben Pfund weniger zu wiegen, bevor er ins Bett ging. Kurz darauf wachte er auf und fühlte sich schwindelig und leicht benommen. Er war extrem durstig und ihm fiel ein, dass im Kühlschrank noch eine 2-Liter-Flasche Fanta stand. *Ich gehe runter und nehme nur einen kleinen Schluck, um meinen Durst zu löschen,* dachte er. Zehn Minuten später saß er am Küchentisch und starrte auf die leere Fantaflasche. Er hatte sie bis auf den letzten Tropfen ausgetrunken – und das ganze Gewicht wieder drauf, das er am Abend unter so großen Anstrengungen verloren hatte. Kurz nach Sonnenaufgang stand er wieder auf und verbrachte den ganzen Morgen in der Wanne, um seinen Fehler auszubügeln; seine Mutter hielt ihn sogar fest, um sicherzustellen, dass er nicht ausstieg. Artem schaffte sein Gewicht zwar, aber das ist ein gutes Beispiel dafür, wie man es nicht machen sollte.

Das Wiegen beginnt normalerweise um 16 Uhr. Bei Conor bin ich an diesen Tagen um neun Uhr morgens in seinem Hotel und gehe nicht vor 14 Uhr wieder. Fünf lange, schwere Stunden mit einem heißen Bad nach dem anderen. Inzwischen wurde viel darüber geschrieben, dass Conor immer ziemlich viel Gewicht verlieren muss, um das Federgewicht-Limit von 66 Kilogramm zu erreichen. Er sieht nicht gesund aus, wenn er auf die Waage steigt. Wir haben während des Gewichtmachens Fotos aufgenommen und das ist wirklich kein schöner Anblick. Bestimmt wird er die mal vorzeigen, wenn er seine eigene Geschichte aufschreibt. Es ist schwer, dabei zuzusehen, vor allem für seine Freundin Dee. Kämpfer setzen sich schwerer Dehydrierung und Überhitzung aus, um ihr Kampfgewicht zu erreichen – das ist der Teil des Sports, den alle am wenigsten mögen. Am Tiefpunkt dieser Tortur stellt sich bei Conor regelmäßig ein »Nie wieder«-Gefühl ein. Aber wenn er dann mit der irischen Fahne um die Schultern und unter dem Gekreische

Tausender Fans die Bühne betritt, um auf die Waage zu steigen, haut das Adrenalin voll rein und entzündet in seinen Eingeweiden ein Feuer, das ihn davon überzeugt, dass die ganze Quälerei die Sache wert war.

Am Abend nach einem Wiegen, wenn Conor mehrere Stunden Zeit hatte, um seinen Körper gut zu versorgen, schickt er mir immer Fotos, auf denen er wieder wie ein menschliches Wesen aussieht. Trotzdem mache ich mir dann stets Sorgen, dass er nachts Magenkrämpfe kriegen könnte, aber morgens schickt er mir dann eine SMS: »Fühle mich toll. Habe geschlafen wie ein Baby.«

Das ist immer eine totale Erleichterung. An diesem Punkt ist abgesehen von ein paar Kleinigkeiten, die es noch zu erledigen und zu sagen gibt, meine Arbeit getan. Er hat das Gewicht erreicht und nun ist es an der Zeit zu kämpfen – ein befriedigendes Gefühl, weil das ja die Sache ist, um die es eigentlich geht. Wir betreiben MMA, um die besten Kämpfer zu werden, nicht die besten Gewichtsverlierer. Der Weight-Cut ist nur ein notwendiges Übel, das es zu überstehen gilt, bevor der eigentliche Spaß beginnt.

Nachdem im Vorfeld von Kämpfen in Brasilien und den Philippinen Kämpfer gestorben sind, ist das extreme Gewichtreduzieren seit einiger Zeit in der MMA-Welt ziemlich heftig diskutiert worden. Das Ganze ging sogar so weit, dass die Kämpfer schon darum konkurrierten, wer am meisten Gewicht verlieren würde, aber das Blatt scheint sich inzwischen glücklicherweise zu wenden. So hat die UFC intravenöse Rehydratation verboten und andere Veranstalter fangen an, das Gewicht der Kämpfer nicht nur ein einziges Mal am Wettkampftag, sondern über eine längere Zeit hinweg zu kontrollieren. Ich befürworte alles, was die Kämpfer davon abhält, ihre Körper durch extreme Dehydrierung zu schädigen.

In einer idealen Welt wäre ein so radikales Abnehmen nicht nötig und ich achte immer darauf, dass die Tortur nicht so groß wird, dass sie den Kämpfern den ganzen Spaß am Sport verdirbt. Außerdem machen sie in den letzten Trainingswochen weniger Fortschritte, wenn sich die Belastung des Abnehmens auf das Training auswirkt.

Ich denke, dass Conor irgendwann die 66-Kilogramm-Gewichtsklasse hinter sich lassen wird, aber er ist erfahren genug, um diese Entscheidung selbst zu treffen. Bei meinen neueren Kämpfern entscheide ich aufgrund meiner eigenen Erfahrung, welche Gewichtsklasse für sie am besten ist. Aber bei so jemandem wie Conor geht es darum, was für ein Kampf ihm angeboten wird und ob der das Abnehmen auf 66 Kilogramm ein weiteres Mal wert ist. Obwohl er seinen letzten Kampf vor der UFC als Leichtgewicht mit 70 Kilogramm bestritten hatte, wurde Conor von der Organisation als Federgewicht unter Vertrag genommen, weil der Vertrag von Sean Shelby kam, der sich um alle UFC-Kämpfe unter 66 Kilogramm kümmert. Vom Leichtgewicht aufwärts ist Joe Silva zuständig. Wenn das ursprüngliche Angebot von Joe gekommen wäre, wären die Dinge wohl anders gelaufen. Das war einfach Zufall.

Das Wiegen für Conors Kampf gegen Dennis Siver fand am 17. Januar statt, ein Datum, das mir viel bedeutet – und das nicht nur, weil mein Dad an diesem Tag Geburtstag hat. Am 17. Januar 2009 verlor Tom Egan bei der UFC Dublin gegen John Hathaway. Als Team war das unser erster Auftritt auf großer Bühne und er hatte uns gezeigt, was auf diesem höchsten Level verlangt wurde.

Als Conor gewogen wurde, zeigte die Waage zum ersten Mal in der UFC 66 Kilogramm an. Das war ein Statement. In allen vorherigen Kämpfen war er auf 66,5 Kilogramm gekommen, weil bei Nicht-Titelkämpfen ein zusätzliches Pfund als Puffer erlaubt ist. Um den Gürtel ging es diesmal zwar noch nicht, aber Conor ließ die Welt wissen, dass er dafür bereit war.

Um den Hype aufzubauen, brachte die UFC José Aldo nach Boston und ließ ihn direkt neben dem Käfig Platz nehmen. Sie wollten ihn im Falle eines Sieges von Conor nach dem Kampf ins Oktagon führen, aber Aldo weigerte sich mit der Begründung, dass er das Oktagon grundsätzlich nur betrete, wenn er selbst kämpfe – was seltsam war, weil ich gesehen hatte, dass er dort einmal mit Kenny Florian Fußball gespielt hatte, um ihren Kampf im Jahr 2011 zu promoten.

In der Nacht des Kampfes verschaffte Paddy Holohan – der »Berserker« – uns im mit knapp 14 000 Zuschauern gut gefüllten TD Garden einen guten Start. Paddy ließ die erste Niederlage seiner Karriere, die er drei Monate zuvor erlitten hatte, hinter sich und legte gegen Shane

Howell einen dominanten Auftritt hin, der ihm nach einstimmiger Entscheidung den Sieg einbrachte.

Cathal Pendred war als Nächster dran und kämpfte bis zum Schluss, um schließlich gegen Sean Spencer seinen dritten Sieg in Folge in der UFC einzufahren. Nach diesem Kampf gab es jede Menge Diskussionen und viele fanden, dass Cathal Glück gehabt hatte. Auf jeden Fall sprachen zwei der drei Kampfrichter Cathal alle drei Runden zu. Meiner Ansicht nach hatte er die erste Runde verloren, in der zweiten und dritten aber definitiv die Nase vorn gehabt.

Ich glaube, ein Großteil der Diskussionen wurde durch Joe Rogans Kommentar ausgelöst. Wenn Joe einmal einen Kämpfer im Vorteil sieht, ändert er seine Meinung nicht mehr. Da Sean gut anfing, war die Sache für Joe klar. Aber ein Kampf besteht eben nicht nur aus einer Runde.

Schließlich war es so weit: Conor musste das letzte Hindernis überwinden, das vor dem Kampf stand, auf den er seit seinem Eintritt in die UFC hingearbeitet hatte – einen Titelkampf gegen José Aldo. Den Kampf mit Dennis Siver würde ich als geradlinig bezeichnen, obwohl Conors Wahrsagekunst diesmal etwas danebenlag. Er hatte einen weiteren Knock-out in der ersten Runde vorhergesagt, aber es ging noch knapp zwei Minuten in die nächste Runde, bevor der Kampf abgebrochen wurde. Es lief nach einem ähnlichen Muster ab wie seine Kämpfe zuvor: Conor wirkte ruhig und entspannt, während er seinen Kontrahenten mit Druck und einer überlegenen Schlag- und Bewegungstechnik in Schwierigkeiten brachte. Siver war eine harte Nuss, aber es war nur eine Frage der Zeit, bis er geschlagen sein würde. Conor brachte ihn mit einer linken Geraden auf den Körper zu Boden und ging mit einem wunderschönen Übergang in die Full Mount, bevor er nach einer Minute und 54 Sekunden mit Schlägen die Aufgabe erzwang. Conor war enttäuscht, dass er den Kampf nicht innerhalb der ersten fünf Minuten gewonnen hatte, sagte aber hinterher, dass er das Gefühl hatte, nur mit 40 Prozent seiner Leistungsfähigkeit gekämpft zu haben.

Nach dem Kampf wollte ich Sivers Trainer die Hand schütteln, doch als er mich sah, fing er an, mich wütend auf Deutsch zu beschimpfen. Conor hatte Sivers Team im Vorfeld mit einigen seiner Aussagen provoziert, und das nahmen sie uns offensichtlich übel. Siver selbst hatte damit kein Problem, aber der Trainer schien kein guter Verlierer zu sein. Ich stand schon viele Male auf der Verliererseite. Egal, wie der Kampf ausgeht oder was im Vorfeld alles gesagt wurde, ich finde, dass man dem Gegner nach einem Kampf Respekt zeigen und die Streitereien vergessen sollte. Das ist schließlich ein Spiel, wenn auch ein sehr intensives. Wenn man so hart wie möglich gearbeitet hat, sollte man das Resultat akzeptieren, ob man nun gewonnen hat oder nicht. Glück spielt ja auch eine größere Rolle, als wir zugeben wollen. Es ist nicht gut zu streng mit sich selbst ins Gericht zu gehen, wenn man verliert, oder sich zu sehr zu loben, wenn man gewinnt. Das war schon immer meine Maxime und wird es auch immer bleiben.

Conor hatte nach dem Ende des Kampfes andere Dinge im Kopf. Als er José Aldo auf seinem Platz neben dem Käfig entdeckt hatte, ging er schnurstracks auf seinen nächsten Gegner zu. Während der Champion ihn anlächelte, brüllte Conor ihm »Irland! Irland!« ins Gesicht.

Aldo wirkte, als würde er das Spektakel genießen. In einem Interview sagte er anschließend, dass er sich auf den Kampf freue, weil er damit viel Geld verdienen könne und seinen Titel problemlos verteidigen würde. *Mit einem Teil dieser Aussage hast du Recht*, dachte ich.

Die Konfrontation zwischen Conor und José wurde natürlich im Fernsehen übertragen und fachte die Rivalität der beiden noch mehr an. Auch wenn es noch keinen Termin für den Kampf gab, war klar, dass es ein Riesenevent sein würde. Das war der aufregende Abschluss einer weiteren großartigen Nacht für SBG. Drei UFC-Siege, von denen einer einen Titelkampf nach sich zog. Ich konnte mir keine schönere Art vorstellen, meinen 38. Geburtstag zu feiern.

15

Conor McGregors Sieg über Dennis Siver in jener Nacht in Boston bekam natürlich die meiste Publicity, aber es war auch sehr schön, Paddy Holohan wieder auf der Gewinnerstraße zu sehen. Er hatte im letzten Kampf zum ersten Mal in seiner Karriere verloren und brannte nun darauf, diese Niederlage gegen Chris Kelades vom Oktober 2014 vergessen zu machen.

Paddy hatte es nicht geschafft, gegen Kelades sein ganzes Können abzurufen, es war aber dennoch eine positive Erfahrung, weil Paddy, der in seinen ersten elf Profikämpfen ungeschlagen geblieben war, nun wusste, wie es sich anfühlt, zu verlieren. Nichts führt einem den Wert eines Sieges deutlicher vor Augen als eine Niederlage. Was nicht heißen soll, dass Paddy seine bisherigen Siege nicht in vollen Zügen genossen hätte, aber die Niederlage ließ ihn noch motivierter und fokussierter werden. Und das zahlte sich in der hervorragenden Performance gegen Shane Howell aus.

Das war eine aufregende Zeit in Paddys Leben. Endlich kämpfte – und siegte – er in der UFC, was schon immer sein Ziel gewesen war. Aber am Horizont tauchte etwas auf, das ihm vielleicht noch mehr bedeutete.

Es war noch kein Jahr vergangen, dass wir die neue Trainingshalle an der Naas Road eröffnet hatten, doch die Mitgliederzahlen waren so stark angewachsen, dass wir daran dachten zu expandieren. Ende 2015 hatten wir 700 Mitglieder. Ich plante daher einen zweiten Club, das SBG Tallaght, in Dublin zu eröffnen und wir waren uns einig, dass Paddy ihn leiten sollte, was er auch von Anfang an tat.

Da Paddy in Tallaght aufgewachsen ist, bedeutete es ihm sehr viel, dort eine Kampfschule aufzubauen. Sicher hätte er noch viele Jahre auf höchstem Niveau kämpfen können, aber er musste seine aktive Sportlerkarriere 2016 aus gesundheitlichen Gründen aufgeben. Mir war schon seit Längerem klar, dass Paddy mal ein sehr guter Trainer sein könnte – eine Entwicklung, die er im SBG bereits begonnen hat. Ich glaube, man ist zum Trainer entweder geboren oder nicht und Paddy hätte definitiv das Zeug dazu.

Genau wie Owen Roddy. Paddy ist immer noch ein aktiver Kämpfer, fährt also momentan zweigleisig, während Owen seine Karriere als Kämpfer bereits an den Nagel gehängt hat und sich ganz aufs Coachen konzentriert. Als Conor McGregors Boxtrainer erhält Owen allmählich die Anerkennung, die er verdient. Meiner Ansicht nach ist er der Mehrheit seiner Kollegen weit voraus. Sowohl Owen als auch Paddy werden sicherlich viele Jahre erfolgreiche Trainer sein.

Um als Trainer Erfolg zu haben, muss man vor allem die Fähigkeit besitzen, mit ganz unterschiedlichen Menschen kommunizieren zu können. Die größten Fehler, die Trainer machen, lassen sich meiner Meinung nach meist auf schlechte Kommunikation zurückführen. Manche Trainer waren früher selbst große Kämpfer und tun sich schwer damit zu akzeptieren, dass ihre Schüler nicht alles so machen können wie sie. Der Schüler hat aber vielleicht einfach einen anderen Stil, und der Trainer versucht dann möglicherweise, ihm seinen Stil aufzuzwingen.

Man muss da offen sein. Ich halte mich für ziemlich flexibel: Ich kann mit unterschiedlichen Persönlichkeiten und Stilen arbeiten. Erfolgreiche Athleten haben oft große Egos und man muss sie zu nehmen wissen.

Geduld ist ebenfalls enorm wichtig. Wenn du zum Beispiel ein Kraft- und Konditionstrainer bist, träumst du vielleicht davon, olympische Athleten zu trainieren. In Wirklichkeit sind deine Kunden aber wohl eher stinknormale Typen, die nur einigermaßen fit und gesund bleiben wollen. Man muss geduldig sein, wenn man Menschen mit unterschiedlichen Fähigkeiten und Levels unterrichten will. Nicht aus jedem kann ein UFC-Kämpfer werden.

Wenn man nur so tut, als würde einem die Arbeit als Trainer Spaß machen, durchschauen das die Leute schnell. Entweder man liebt diesen Job leidenschaftlich oder nicht. Es gibt da kein Zwischending. Wer ein Sportcenter nur eröffnet, um Geld zu verdienen, wird unweigerlich scheitern. Man muss das lieben, was ich den »Wow-Moment« nenne – wenn man einem Schüler erklärt, wie eine bestimmte Technik funktioniert, und seine Augen beim Trainieren plötzlich aufleuchten, weil es »klick« gemacht hat. Solche Augenblicke befriedigen mich womöglich sogar mehr als ein großer UFC-Sieg einer meiner Kämpfer.

Manche Athleten wollen unbedingt einen Trainer, der selbst mal ein erfolgreicher Kämpfer war. Anderen ist nur wichtig, dass der Trainer ihnen dabei helfen kann, sich kontinuierlich zu verbessern. Greg Jackson in New Mexico zum Beispiel gilt als einer der besten Trainer des Sports – dabei hat er nie selbst gekämpft.

Ob ein Sportler Erfolg hat oder scheitert, hängt natürlich letztendlich immer von ihm selbst ab und nicht davon, wie gut der Trainer im Oktagon war. Ich halte es für ein Zeichen mangelnder Reife oder mangelnden Selbstvertrauens, wenn jemand nur von einem Coach trainiert werden will, der selbst ein großer Kämpfer war.

Als Trainer musst du dich mit allen möglichen Dingen herumschlagen. Du hast ständig mit aggressiven Kämpfern zu tun, die Gewicht machen und sich gleichzeitig mit ihren Freundinnen, Teamkollegen und so ziemlich jedem anderen Menschen in ihrem Leben streiten. Du managst häufig auch halbwegs ihre Karriere, wie ich aus eigener Erfahrung weiß. Außenstehende sehen in mir vielleicht nur jemanden, der das Schlagpolster hält oder eine Übungswiederholung ankündigt, aber der Job ist definitiv komplizierter.

Du musst die Vogelperspektive einnehmen, die Situation aus der Distanz betrachten und das erkennen, was deine Kämpfer nicht sehen können – zum Beispiel, dass ein bestimmter Sparringpartner oder ein Ernährungsberater hinzugezogen werden muss. Die Arbeit als Trainer ist sehr vielschichtig und es kommen ständig neue Aspekte hinzu. Ich lerne immer noch dazu und werde es weiter tun, solange ich in dem Beruf tätig bin.

Ich hoffe, dass ich Leute wie Paddy Holohan und Owen Roddy genauso inspirieren konnte, wie Trainer wie Kieran McGeeney, Eoin Lacey und John Connor mich inspiriert haben. Alle drei haben mir aus ihrer eigenen Erfahrung unglaublich viel darüber beigebracht, wie man die höchsten Standards erreicht.

Eoin und John leiten das Irish Strength Institute in Dublin und unterstützen meine Kämpfer seit 2009 beim Kraft- und Konditionstraining. Kieran stieß 2009 zum SBG, als er noch Trainer der Fußballmannschaft von Kildare war. Er brachte die Spieler mit – in erster Linie aus Neugier –, um sie im Rahmen ihrer Saisonvorbereitung ein bisschen brasilianisches Jiu-Jitsu machen zu lassen. Heute, sieben Jahre später, ist Kieran nicht nur ein Mitglied des SBG, sondern auch einer unserer BJJ-Trainer. In seinem eigenen Sport hat er jahrelang auf höchstem Niveau agiert und ich habe bezüglich des richtigen Denkansatzes für Wettkämpfe viel von ihm gelernt. Kieran ist geradezu obsessiv ehrgeizig und perfektionistisch. Er hat mich stark beeinflusst.

Mir wird oft gesagt, dass ich als Trainer einen methodischen Ansatz habe, bei dem alles schön logisch aufgebaut ist. Cathal Pendred verglich mich mal mit seinem Rugbytrainer in der Schule, der auch Mathe unterrichtete. Es ist vielleicht kein Zufall, dass ich wahrscheinlich Mathelehrer geworden wäre, wenn ich mir auf der Basis meines Studiums einen Job hätte suchen müssen. Manche Leute glauben, dass meine Trainingsmethoden auf meinem akademischen Hintergrund als Ingenieur basieren, aber ich denke, sie reflektieren eher meine Persönlichkeit als meine Ausbildung. Es war zwar meine Mutter, die mich zum Maschinenbaustudium am DIT drängte, aber ich besaß auch die passende Persönlichkeit dafür.

An der Uni liebte ich die Arbeit im Labor, weil alles einem rationalen und logischen Muster folgt – A führte zu B, B führte zu C und so weiter. Es ging im Wesentlichen darum, eine bestimmte Schrittfolge einzuhalten, um zu einer endgültigen Lösung zu kommen. Deswegen mochte ich Mathe und die Naturwissenschaften schon in der Schule mehr als andere Fächer. Das war nicht so wie in Englisch, wo wir zum Beispiel nach unserer Meinung zu *Macbeth* gefragt wurden. Das hasste ich, weil ich einfach keinen Sinn darin sah, dass ein dahergelaufener Teenager aus Dublin versuchte, sich etwas Interessanteres über *Macbeth* aus den Rippen zu leiern als das, was die besten Englischlehrer und Literaturforscher bereits gesagt oder geschrieben hatten. In unseren Schulbüchern gab es Beispielantworten, die nur als Richtlinie dienen sollten, aber ich lernte sie einfach auswendig und gab sie wortwörtlich wieder. Mir zwanghaft eine eigene Meinung dazu auszudenken, kam mir total sinnlos vor.

Bei Mathe hingegen gab es nur eine einzige richtige Antwort, und die musstest du ausrechnen. Keine diskutierbare Meinung, denn wenn du nicht auf diese eine richtige Antwort kamst, hattest du etwas falsch gemacht. Wenn man aber den Schritten folgte, die einem erklärt worden waren, dann gelangte man auch zur richtigen Antwort. Ich glaube, das lässt sich auch auf Grappling- und Schlagsequenzen anwenden. Dahinter steckt keine Magie. Meistens gibt es nur eine begrenzte Anzahl von Positionen, in die jemand geraten kann. Daher kann man auch die richtigen Reaktionen darauf eintrainieren. Das ist die Rolle des Trainers: sicherzustellen, dass der Athlet die richtigen Antworten auf die gängigsten Positionen findet. Danach liegt es am Sportler selbst, den Bereich zu finden, der ihm oder ihr am besten liegt. Ich möchte, dass meine Schüler den Over-under-Clinch sowie den Double-leg- und Single-leg-Takedown bombensicher beherrschen und wissen, wie sie einen Jab setzen. Auf der Basis dieser Grundlagentechnik wird dann ihre Persönlichkeit sie zu spezifischen Kampfstilen führen.

Nach Conor McGregors Sieg über Dennis Siver wurde ich tagelang von Social-Media-Nachrichten von Fans überschwemmt, die beim Titelkampf gegen José Aldo dabei sein wollten. Es hatte Gerüchte gegeben, dass der Kampf im Dubliner Croke Park stattfinden würde, was ich aber für unwahrscheinlich hielt. Alles deutete auf Las Vegas hin und in den Medien wurde die UFC 187 am 23. Mai als heißer Termin gehandelt. Hinter den Kulissen hörten wir jedoch, dass der Kampf eher für die UFC 189 vorgesehen war. Die Fans waren so wild darauf, live mitzuerleben, wie Conor als erster Ire um den Titel kämpfte, dass sie schon Flüge und Hotels in Vegas für den Mai-Termin buchten. Sie tweeteten mir sogar Screenshots ihrer Buchungen.

Etwa eine Woche nach dem Kampf erwähnte ich in einem Radiointerview mit dem Sender Newstalk in Irland (übrigens wieder einmal ein Interview, bei dem die Moderatoren überrascht waren, dass ich nicht größer war und furchterregender aussah), dass noch kein Termin für den Kampf bestätigt worden war und die Fans noch nichts buchen sollten. Aber einige konnten trotzdem nicht abwarten, was sie wohl leider eine Stange Geld kostete. Nur wenige Tage später bestätigte die UFC, dass José Aldo seinen UFC-Titel im Federgewicht bei der UFC 189 am

11. Juli in der MGM Grand Garden Arena in Las Vegas gegen Conor McGregor verteidigen würde.

Ein weiteres Thema, das die Fans brennend interessierte, waren Conors Einnahmen. Ich wurde oft gefragt, ob ich mir keine Sorgen machte, dass das viele Geld ihm zu Kopf steigen und ihn vom Sport ablenken würde. *Wird er nachlassen, jetzt, da er in Geld schwimmt? Wirst du ihn verlieren?*

Bestimmt ist so etwas schon unzählige Male in vielen Sportarten vorgekommen, aber ich kannte Conor inzwischen lang genug, um zu wissen, dass wir uns darüber keine Sorgen machen mussten. Natürlich genoss er es in vollen Zügen, jetzt Summen zu verdienen, von denen er früher nur geträumt hatte. Aber Conor wusste auch sehr gut, dass das alles von heute auf morgen wieder vorbei sein konnte, wenn er nachließ. Letztendlich geht es immer darum, was einen motiviert. Wenn Geld der einzige Anreiz ist, wird der Wille zu siegen schwächer werden, je mehr man seinen Kontostand bewundert. Conor hat öffentlich geäußert, dass Geld ein Motivationsfaktor für ihn ist, aber nur, weil es beweist, dass er lernt, sich verbessert, sich mit anderen misst und gewinnt – seine eigentliche Motivation. Wer nur durch Geld motiviert wird, wird seinen Fokus verlieren, sobald er tonnenweise davon verdient. Mike Tyson wollte Geld und Ruhm, aber er veränderte sich, sobald er es bekam. Manche behaupten, sein Niedergang hing mit dem Tod seines Trainers Cus D'Amato zusammen, aber mir schien das Problem eher Motivationsmangel zu sein.

Eine weitere Frage, die mir manchmal gestellt wird, ist, ob Conor langfristig SBG verlassen und zu einem der großen Teams in Amerika gehen wird.

Darüber mache ich mir ebenfalls keine Sorgen. Conor ist Loyalität wichtig, aber es ist auch eine Frage der Intelligenz. Die Beziehung zwischen Trainer und Kämpfer entwickelt sich nicht über Nacht und Conor weiß das. Er hat viele Freunde aus dem Boxsport, die im Laufe der Jahre zu Clubs wie dem Wild Card Boxing Club in Los Angeles gewechselt sind. Als Neuling musst du dich da hinten anstellen, genau wie beim SBG auch. Neue Kämpfer sind natürlich willkommen, aber sie müssen sich in der Rangordnung erst nach oben arbeiten und beweisen, dass sie es ernst meinen und ein permanentes Teammitglied werden wollen. Ich werde meine Zeit und Mühe schließlich nicht an jemanden verschwenden, der in ein paar Monaten wieder weg ist. Wenn ein Profikämpfer sein Team verlässt, um sich dem SBG anzuschließen, frage ich mich natürlich, wie lange es wohl dauern wird, bis er sich wieder für einen anderen Club entscheidet. Vor allem in den letzten Jahren sind Kämpfer aus allen Ecken der Welt zu uns gekommen. Die Tür steht ihnen offen und sie werden herzlich aufgenommen, aber es braucht Zeit, um das Vertrauen aufzubauen, das man braucht, um sie als vollwertige Teammitglieder anzusehen.

Conor weiß, dass ich ihm von dem Moment, als er zum ersten Mal durch die Tür gekommen ist, alles gegeben habe, was ich zu bieten habe. Und er hat mir alles zurückgegeben, was er hat. Wir sind zusammen groß geworden, und das hat sich für uns beide bezahlt gemacht. Wenn Conor gegangen wäre, um in irgendeinem Kampfclub in den USA mit 100 Profikämpfern ein beliebiger Sparringspartner zu werden, hätte er sich meiner Meinung nach nicht so entwickelt, wie er es getan hat.

Außerdem würde Conors mieses Zeitmanagement sicher verhindern, dass er irgendwo anders erfolgreich trainiert! Wenn jemand in einem großen US-Club die Teamsession um 13.30 Uhr verpasst, ist das sein Problem. Aber 13.30 Uhr, das ist in Conors Zeitzone noch fast mitten in der Nacht. Ich habe gelernt, das zu akzeptieren und tue alles mir Mögliche, um ihm entgegenzukommen. Er hat seinen eigenen Schlüssel für den Club und kommt oft nach Mitternacht zum Training.

Conors Titelkampf gegen José Aldo wurde als größter Kampf in der Geschichte der UFC angekündigt und die Organisation beschloss, im März 2015 mit beiden Kontrahenten eine zwölftägige Medien-Promo-Tour rund um die Welt zu veranstalten. Die Tour sollte in Rio de Janeiro anfangen, in Dublin enden und dazwischen zehn Städte in Brasilien, den USA, Kanada, Großbritannien und Irland ansteuern. Mein erster Gedanke war, dass mir José Aldo ein bisschen leid tat, weil er fast zwei Wochen lang täglich von Conor gepiesackt werden würde, aber es hörte sich nach jeder Menge Spaß für die Fans an und war ein Zeichen dafür, wie wichtig der Kampf für die UFC war. Eine solche Werberundreise hatten sie noch nie auf die Beine gestellt.

Als Conor sich nach dem Siver-Kampf in Boston schreiend vor Aldo aufgebaut hatte, hatte das Aldo anscheinend nicht weiter gestört. Doch im Verlauf dieser Promo-Tour stach, stichelte und hackte Conor permanent auf Aldo ein. Und es war nur allzu deutlich, dass Aldo sich nicht wohl dabei fühlte. Am Set einer TV-Sendung packte Conor Aldo an der Gurgel und klaute ihm den Gürtel, als dieser mal unbeaufsichtigt herumlag. Aldos Trainer André Pederneiras hatte Dana White gebeten sicherzustellen, dass Conor nicht in physischen Kontakt zum Champion kam. Sobald Conor davon erfuhr, konnte er natürlich nicht widerstehen.

Die Kämpfer hatten auf der Medien-Tour einen vollen Terminplan, aber da der Kampf noch vier Monate entfernt war, machte ich mir keine Sorgen, dass Conor zu viel Stress ausgesetzt war. Da Artem Lobov mitfuhr, konnte Conor zudem während der Reise mit ihm trainieren. Wir haben im Laufe der Jahre gelernt, dass man immer Zeit zum Trainieren findet, auch wenn man dafür mal die Betten im Hotelzimmer beiseiteschieben muss.

Außerdem muss man auch den PR-Anforderungen des Sports gerecht werden. Für Conor ist das ein Bereich, in dem er sich einen Vorteil verschaffen kann. Kann das den Ausschlag über Sieg oder Niederlage geben? Ich glaube nicht. Conor hat mehr als genug physische Fähigkeiten, um seine Gegner zu schlagen, ohne sie im Vorfeld psychisch unter Druck zu setzen. Trotzdem, schaden kann es auch nicht. Ich wusste, dass es Aldo Nerven kosten würde, so viel Zeit in Conors Gesellschaft zu verbringen.

John, schlechte Neuigkeiten. Kannst du telefonieren?

Mir drehte sich der Magen um, als ich Artems SMS las. Er und Conor waren auf dem letzten nordamerikanischen Teil der Medien-Tour für die UFC 189 in Kanada, bevor sie den Atlantik überqueren und in London und Dublin haltmachen würden.

Als ich Artem an der Strippe hatte, erzählte er mir etwas, das ich nicht hören wollte: »Conor hat sich am Knie verletzt.«

Artem erklärte, dass Conor und Rory MacDonald – ein kanadischer Weltergewicht-Kämpfer, der in der UFC 189 gegen den Champion Robbie Lawler antreten sollte – am Nachmittag zusammen trainiert hatten. Nichts Anstrengendes, nur ein bisschen Grappling. Aber während der Session landete Rory unglücklich auf Conors linkem Knie – demselben Knie, an dem dieser sich gegen Max Holloway verletzt hatte. Das Knie war angeschwollen und Conor ließ sich gerade von einem Arzt untersuchen. Ich hatte beinahe Angst, die Frage zu stellen, aber ich musste wissen, wie es stand.

»Artem, wie schlimm ist es?«

»Ich will dich nicht anlügen«, antwortete er. »Es sieht nicht gut aus.«

16

Auf José Aldo wurde ich 2008 aufmerksam, als er anfing, sich beim inzwischen nicht mehr existierenden Veranstalter WEC einen Namen zu machen. Er war damals erst 21, wurde aber bereits als zukünftiger World Champion gehandelt. 2015 lag er in der Pound-for-pound-Rangfolge weltweit an erster Stelle und war der dominanteste Champion der UFC. Er hatte in seiner gesamten Laufbahn erst eine einzige Niederlage einstecken müssen, als unerfahrener 19-Jähriger.

Es war also eine große Sache, als Aldo im Rahmen der Promo-Tour für die UFC 189 nach Dublin kam. Einer der ganz Großen im MMA der jüngeren Zeit, eine Ikone, kam in meine Heimatstadt, um einen Weltmeisterschaftskampf gegen einen meiner eigenen Kämpfer zu promoten. Rückblickend weiß ich heute, wie wichtig dieses Ereignis war, aber damals dachte ich darüber nicht weiter nach. Aldo war einfach nur der nächste Gegner. Das letzte Hindernis zwischen Conor und der Position als Nummer eins.

Anders als einige seiner vorangegangenen Gegner machten wir nicht den Fehler, Aldo auf ein Podest zu stellen. Ein weiterer Grund, warum ich bei Aldos Dubliner Promo-Auftritt nicht in Euphorie ausbrach, war die Tatsache, dass ich noch nicht mal sicher war, dass der Kampf wirklich wie angekündigt stattfinden würde. Zwei Tage waren vergangen, seit Conor sich in Kanada beim Training mit Rory MacDonald das Knie verletzt hatte, und wir wussten immer noch nicht, wie ernst es war. Am Telefon hatte Conor mir berichtet, dass das Knie angeschwollen war und schmerzte. Er war aber sicher, dass es nichts so Ernstes war wie der Kreuzbandriss, den er sich im August 2013 gegen Max Holloway zugezogen hatte. Aber ich war nicht überzeugt, denn falls die Verletzung wirklich schwerwiegend war, würde Conor das wahrscheinlich nicht wahrhaben wollen.

Conor erzählte vorläufig niemandem von der Verletzung. Sobald die Promo-Termine absolviert waren, wollten wir unsere nächsten Schritte planen.

Laut Angaben der UFC wollten über 70 000 Fans Tickets für die Pressekonferenz mit José Aldo und Conor McGregor haben, die am Nachmittag des 31. März 2015 im Dubliner Convention Centre stattfand – die letzte Station auf der Media-Tour. Leider passten aber nur 3000 Menschen in das Gebäude, sodass es viele enttäuschte Fans gab. Die Glücklichen, die es geschafft hatten, schienen sich auf jeden Fall zu amüsieren. Conor wurde wie ein Held empfangen, während Aldo ausgebuht wurde. Ich schaute mir das Ganze im Fernsehen an. Aldo wirkte, als hätte er endgültig die Nase voll, während Conor ihn ein letztes Mal mit seinen Mätzchen nervte und ihm unter anderem wieder einmal den Gürtel klaute. Ich musste ständig daran denken, dass sich das gerade Menschen auf der ganzen Welt ansahen und keiner von ihnen wusste, dass der beworbene Kampf wegen Conors Knie vielleicht überhaupt nicht stattfinden würde. Gleichzeitig beruhigte es mich auch, dass Conor in der Lage war, wie ein Wilder auf der Bühne herumzuspringen.

»Ich glaube, es ist okay«, sagte Conor, als wir uns trafen. Ich wollte eine Ultraschalluntersuchung machen lassen, um herauszufinden, was genau das Problem war, aber er zögerte.

»Lass mich das selbst entscheiden«, meinte er. »Ich glaube nicht, dass eine Operation nötig ist.« Da das Trainingscamp für den größten Kampf seines Lebens bevorstand, wollte Conor unbedingt eine Operation vermeiden, denn dann musste der Kampf unweigerlich verschoben werden.

Inzwischen hatte Conor Dana White seine Verletzung gestanden und White empfahl ihm, eine Klinik in Deutschland aufzusuchen, die auf Stammzellentherapie spezialisiert ist. Da Dana an der Menière-Krankheit gelitten hatte, hatte er sich in derselben Klinik erfolgreich einer Stammzellentherapie unterzogen. Conor nahm seinen Rat an, flog sofort nach Deutschland und ließ sich Stammzellen ins Knie spritzen. Nach ein paar Tagen war er wieder im Training.

»Es fühlt sich gut an«, meinte er, »nicht perfekt, das wird aber in den nächsten Trainingswochen besser werden. Lass uns das machen. Ich bin bereit.«

Damit war das letzte Wort gesprochen. Wir steuerten nun mit Volldampf auf den größten Kampf in der UFC-Geschichte zu, trotz einer Knieverletzung, von der wir nicht wussten, wie schwer sie wirklich war. Mir wäre immer noch lieber gewesen, dass Conor eine Ultraschalluntersuchung machen ließ. Zur Not hätten wir dann den Kampf eben um ein paar Monate verschieben müssen. Aber Conor war fest entschlossen und ließ keine Argumente gelten. Schließlich blieb mir nichts anderes übrig, als ihm zu vertrauen und mich voll und ganz seiner Vorbereitung zu widmen.

Conor hatte jede Menge Physiotherapietermine und bekam später auch weitere Stammzelleninjektionen in einer Klinik in Los Angeles. Während ich ihn beim Training beobachtete, gelangte auch ich zunehmend zu der Überzeugung, dass er keine OP brauchte. Was er allerdings brauchte, war etwas Ruhe, doch dafür hatten wir keine Zeit. Conor konnte hart trainieren, aber seine Beweglichkeit war eingeschränkt, was bedeutete, dass er manche Kicks nicht vollführen und überhaupt kein Wrestling machen konnte. Das fand ich aber nicht weiter schlimm. In meiner Kolumne für The42.ie schrieb ich, dass Conor meiner Ansicht nach innerhalb von drei der fünf angesetzten Runden gewinnen würde. Und das war eine vorsichtige Prognose: Ich konnte mir auch sehr gut vorstellen, dass Conor die Sache schon in Runde eins erledigen würde. Wenn er einen frühen Knock-out schaffen würde, dann käme es vielleicht gar nicht erst zum Ringen. Mein Glaube an Conors Fähigkeiten gab mir die Gewissheit, dass wir es trotz der Verletzung packen würden.

Die Situation erinnerte mich an einen Satz, den der ehemalige Boxweltmeister Steve Collins mal bei einem Besuch in unserem Club zu ein paar der Jungs gesagt hatte: »Ich bin lieber physisch bei 75 Prozent und mental bei 100 Prozent als umgekehrt.«

Das traf definitiv auf Conor zu, weil seine Psyche zweifellos in einem perfekten Zustand war. In seinem Kopf bestand nicht der Hauch eines Zweifels, dass er den Kampf würde bestreiten können, und als Trainer konnte ich nichts Besseres tun, als mich voll hinter ihn zu stellen. Aber ich müsste lügen, wenn ich behaupten würde, dass ich mir keine Sorgen machte. Als wir das Trainingscamp vorbereiteten, hatte ich keine Ahnung, wie sich die Dinge entwickeln würden.

*

Weil dies unser erster WM-Titelkampf war, wollten wir uns so gut auf den 11. Juli vorbereiten wie nur irgend möglich. Da so viel auf dem Spiel stand, hatte ich das Gefühl, die Sache ein bisschen anders als sonst angehen zu müssen. Wir beschlossen daher, bereits zehn Wochen vor dem Kampf nach Las Vegas zu reisen, um uns an die Hitze und die Zeitverschiebung zu gewöhnen. Am Kampftermin würden wir uns dort dann bereits wie zu Hause fühlen.

Am Tag vor unserer Abreise nach Vegas war ich im Büro, als Orlagh hereinkam und mir das Telefon gab. »Für dich« sagte sie.

»Ich habe gerade echt viel zu tun«, antwortete ich. »Wer ist dran?«

»Ich glaube, diesen Anruf willst du annehmen. Es ist Royce Gracie.«

Als Orlagh mir das Telefon reichte, konnte ich kaum glauben, dass wirklich Royce in der Leitung war, und war einen Moment lang sprachlos, bevor ich eine Begrüßung stammelte.

»Hallo, John«, sagte er. »Mein Name ist Royce Gracie, von der Gracie-Familie.«

»Ich weiß genau, wer Sie sind, Mr. Gracie. Sie müssen sich mir nicht vorstellen.«

Wie sich herausstellte, war einer von Royces Schülern in Dublin und brauchte einen Club zum Trainieren. Natürlich war ich überglücklich, ihm helfen zu können.

»Wenn ich Sie gerade am Telefon habe«, erklärte ich, »möchte ich Ihnen unbedingt sagen, dass ich Ihnen im Grunde genommen mein heutiges Leben verdanke. Ich habe Sie als ängstlicher 19-Jähriger, der nicht wusste, was er mit seinem Leben anfangen sollte, kämpfen sehen. Und als ich mitbekam, was Sie zu erreichen imstande waren, hat das mein Leben verändert. Ich kann Ihnen nicht genug danken. Sie haben mir ein fantastisches Leben geschenkt. Keiner von uns würde heute da sein, wo er ist, wenn Sie nicht ins Oktagon gestiegen wären.« Er lachte nur und sagte, dass wir das seinem Vater zu verdanken hätten und er dafür nicht die Verantwortung trage.

Was für ein erstaunlicher Anruf kurz vor unserem bisher größten Kampf. Ohne Royce Gracie wäre ich nicht das geworden, was ich heute bin. Dass er einen seiner Schüler zu mir schickte, ist eines der größten Komplimente, die ich je erhalten habe.

*

Wir mieteten uns ein luxuriöses 3500 Quadratmeter großes Haus mit sieben Schlafzimmern in einem privaten, abgeschlossenen Bereich in Vegas. Conor nannte es »The Mac Mansion«. Für mich war es nicht einfach, Dublin zweieinhalb Monate den Rücken zu kehren, und ich wusste, dass es schwierig werden würde, auf einer Seite des Erdballs ein Trainingscamp für einen WM-Kampf durchzuführen und gleichzeitig auf der anderen Seite ein Sportcenter am Laufen zu halten. Wenn es in der Umkleidekabine des SBG auch nur ein verstopftes Klo gab, würde man mich garantiert anrufen.

Conor war nicht der einzige SBG-Kämpfer, der sich in Vegas vorbereitete. In der Woche vor der UFC 189 fand auch die Amateur-WM statt und vier meiner vielversprechenden jungen Kämpfer sollten für Irland antreten. Sinéad Kavanagh, James Gallagher, Frans Mlambo und Kiefer Crosbie zogen also zu Conor, Artem Lobov, Owen Roddy, SGB-Wrestling-Trainer Sergey Pikulskiy und mir ins Haus. Auch Tom Egan kam von Boston herüber und Gunnar Nelson stieß später dazu. Gunni war nach seiner Niederlage gegen Rick Story bereit für ein Comeback gegen John Hathaway – den Mann, der Tom Egan 2009 in Dublin besiegt hatte – und war für die UFC 189 gesetzt. Owen, Tom, Sergey und ich konzentrierten uns auf das Coaching. Sergey war aufgrund von Conors Verletzung in seinem Ringer-Training mit ihm extrem eingeschränkt. Trotzdem setzte er alles daran, ihn auch in diesem Bereich so gut wie möglich vorzubereiten. Als ehemaliges Mitglied der Wrestling-Nationalmannschaft von Moldawien, war er 2008 zum SBG gekommen und seitdem ein wichtiger Bestandteil unseres Trainingsteams.

Auch Artem Lobovs Karriere entwickelte sich positiv: Er war für die neue Serie von *The Ultimate Fighter* ausgewählt worden. Unter dem Dach der »Mac Mansion« arbeiteten also viele Menschen zusammen, die ähnlich gepolt waren; jeder strebte ein bestimmtes Ziel an. So entstand eine sehr produktive Trainingsatmosphäre.

Um alle im Trainingscamp zusätzlich zum Durchhalten zu motivieren, beschloss ich, auch selbst eine strenge Diät einzuhalten. Ich ernähre mich eigentlich immer ziemlich bewusst, aber jetzt folgte ich einem wirklich rigiden Plan. Das alles zielte darauf ab, eine Weltmeister-Mentalität zu fördern. Sogar Conor gab zu, dass meine Solidarität ihm einen zusätzlichen Schub gab. Um die Disziplin zu wahren, hefteten wir eine Liste mit Regeln an den Kühlschrank. Eine davon lautete, dass keine industriell verarbeiteten oder zuckerhaltigen Lebensmittel erlaubt waren. Alle hielten sich daran.

Meines Erachtens lernte in diesem Haus voller willensstarker Individuen jeder im Laufe der zehn Wochen noch dazu und verbesserte sich. Wir machten alle große Sprünge nach vorne, ich eingeschlossen. Was aber nicht heißt, dass wir uns nicht manchmal auch gehörig auf die Nerven gingen. Natürlich kam auch immer mal wieder eine Art Lagerkoller auf, was aber in einer solchen Situation wohl normal ist.

Wir hatten auch eine Menge Spaß. Morgens kühlten wir uns im Pool ab und abends grillten wir. Alle beteiligten sich an der Essenszubereitung – einer marinierte das Fleisch, ein anderer kümmerte sich um den Salat, ein dritter deckte den Tisch und so weiter. So entstand ein richtiges Familiengefühl, was wichtig war, da wir alle für so lange Zeit weg von zu Hause waren.

Conors bevorstehender Kampf mit Aldo rief ein noch nie da gewesenes mediales Interesse hervor und jeder unserer Posts in den Social Media wurde von den Medien aufgegriffen und zu einem Artikel aufgebauscht. Vor allem eine irische Website schien sich nur noch mit den Ereignissen in der »Mac Mansion« zu befassen. *Ihr werdet nicht glauben, was Conor McGregor heute zum Frühstück gegessen hat, klickt hier, um es zu erfahren ... solche Sachen eben.*

Die Bilder und Videos, die wir online stellten, erweckten bestimmt den Eindruck, dass wir uns prächtig amüsierten, aber das waren nur die kurzen Highlights eines jeden Tages. Meistens war unser Leben in dieser Zeit ganz banal und langweilig. Abgesehen von den paar Stunden, die wir täglich in der Trainingshalle verbrachten, saßen wir fast die gesamten zehn Wochen im Haus fest. Ein paar Mal versuchten wir, eine gemeinsame Aktivität zu organisieren, aber das klappte irgendwie nie. Wenn wir zum Beispiel auf dem Weg zum Training eine Werbetafel für eine der Shows in Vegas sahen und einer von uns sagte: »Da könnten wir doch Samstagabend hingehen«, dann war es meistens Artem, der nüchtern bemerkte: »Ja, wir setzen das auf die immer länger werdende Liste mit Dingen, die wir eh nie machen werden.«

Wir waren einfach zu viele Leute, sodass nie alle gleichzeitig Lust hatten, etwas zu unternehmen. Wenn eine Gruppe in Ausgehlaune war, wollte eine andere lieber ausruhen und sich vom Training erholen und umgekehrt. Außerdem ist es nicht gerade leicht, Conor für irgendetwas anderes als das Training aus dem Bett zu kriegen, was die Situation nicht besser machte. Da dies meine erste Erfahrung als Koordinator eines Trainingscamps für einen WM-Kampf war, war ich davon ausgegangen: je länger, desto besser. Nach einiger Zeit musste ich allerdings erkennen, dass zehn Wochen etwas zu lang waren. Es wurde zunehmend schwieriger, die Trainingsintensität aufrechtzuerhalten, und die Jungs waren gegen Ende leicht reizbar. Wieder etwas gelernt! Egal, wie lang man in diesem oder jedem anderen Sport arbeitet: Man macht nie alles richtig. Jeder, der etwas anderes behauptet, lügt.

Weil das Haus in einem abgeschlossenen Bereich lag, mussten wir die Türen nicht abschließen. Da das Grundstück sich aber am Rand der Anlage befand, riefen immer wieder Jugendliche jenseits des Zauns Conors Namen in der Hoffnung, einen Blick auf ihn zu erhaschen.

An einem Dienstagnachmittag hingen wir mal wieder im Haus herum, als die Haustür plötzlich aufgerissen wurde und eine laute und irgendwie vertraut klingende Stimme den Eingangsbereich und das Wohnzimmer durchdrang.

»Ah ... so sieht also das Trainingscamp eines World Champions aus. Warum stemmt hier niemand Gewichte?«

Heilige Scheiße! Es war Arnold Schwarzenegger. Er war Conor schon einmal begegnet – über seine Lebensgefährtin Heather Milligan, die Physiotherapeutin, die bei Conors Genesung von seiner Kreuzbandverletzung so eine wichtige Rolle gespielt hatte. Da Arnie gerade in Vegas war, hatte er beschlossen vorbeizuschauen, um uns anzuspornen. Er war echt cool und es war unglaublich, Besuch von einem so großen Star zu bekommen.

Leuten wie Schwarzenegger, Sylvester Stallone, Jean-Claude Van Damme und Mike Tyson zu begegnen und festzustellen, dass sie alle Conor bewundern, finde ich unglaublich. Schließlich bin ich ein Kind der Achtziger und diese Typen waren alle meine Helden. Jetzt sind sie Fans eines Kämpfers, den ich trainiere. Das ist verrückt.

Als er Tyson zum ersten Mal traf, spielte Conor gerade mit dem Gedanken, sich einen Lamborghini zu kaufen. Mike gab ihm einen finanziellen Rat: »Wenn der Wert sich verringert, mieten. Wenn er sich steigert, kaufen. Das ist alles, was ich dazu zu sagen habe.«

Auch Cristiano Ronaldo kontaktierte Conor, nachdem dieser bei der Abwaage für den Kampf gegen Diego Brandão CR7-Unterwäsche getragen hatte. Für mich ist Conor noch immer derselbe Typ, der vor Jahren in meine Trainingshalle gekommen ist. Aber solche Dinge machen mir immer wieder bewusst, dass er inzwischen ein internationaler Superstar ist.

Mitten im Trainingscamp musste ich für ein paar Wochen nach Mexiko Stadt fliegen, wo Cathal Pendred seinen vierten UFC-Sieg in Folge gegen Augusto Montaño feiern sollte. Ich machte mir Sorgen, dass der festgelegte Tagesablauf, den wir im Haus in Vegas etabliert hatten, während meiner Abwesenheit aufweichen würde. Jeden Abend um 20 Uhr verließen wir alle zusammen das Haus, um im *TUF*-Club zu trainieren, wo *The Ultimate Fighter* gedreht wird. Es gab zwei Gründe dafür, nachts zu trainieren: Zum einen fanden die UFC-Kämpfe auch nachts statt, außerdem sprach Conors Biorhythmus dafür. Wir trainierten ein paar Stunden im *TUF*, bevor wir meist so gegen ein Uhr wieder nach Hause fuhren. Aber während ich in Mexiko war, fing jeder an, sein eigenes Ding zu machen: Aus 20 Uhr wurde schnell 20.30 Uhr, dann 21 Uhr, 21.30 Uhr und so weiter. Wie ich erfuhr hatte das eine negative Auswirkung auf die allgemeine Stimmung im Haus. Dieses kleine bisschen Struktur hatte uns in der Spur gehalten und zielgerichtet arbeiten lassen.

Conor war das ziemlich egal. Er kann zu jeder beliebigen Tages- oder Nachtzeit aufstehen und dann beschließen, dass er trainieren will. Aber die meisten Kämpfer bevorzugen meiner Erfahrung nach eine Routine, einen ganz genauen Trainingsplan. Conor bildet da eine Ausnahme. Sein Trainingsbedürfnis lässt überhaupt kein Muster erkennen, aber das Problem ist, dass nicht alle sich an seinen Rhythmus anpassen können. In meiner Abwesenheit war Conor an manchen Abenden zu später Stunde noch nicht aus seinem Zimmer gekommen, sodass die Jungs annahmen, er würde in dieser Nacht überhaupt nicht mehr trainieren wollen. Gerade, als sie es sich vor dem Fernseher gemütlich gemacht hatten oder zu Bett gehen wollten, kam dann vom oberen Stockwerk die Ansage: »Wir brechen in zehn Minuten auf.« Das war natürlich nicht ideal und ich glaube, dass alle ziemlich erleichtert waren, als ich knapp vier Wochen vor Conors Kampf gegen Aldo nach Vegas zurückkehrte und den alten Ablauf wieder einführte.

Nach meiner Rückkehr musste ich auch feststellen, dass die Jungs sich nicht an unsere strengen Ernährungsregeln gehalten hatten. Der Weg zum Training führte an einer Filiale des Burgerrestaurants »In-N-Out« vorbei. Als ich eines Tages in unseren Minivan stieg, fand ich eine Burger-Verpackung unter einem der Sitze. Ich konnte es nicht fassen. Als ich eine Erklärung verlangte, gestand Tom Egan, dass sie schwach geworden waren, aber nur ein einziges Mal. James Gallagher war da etwas ehrlicher: »Hmmm, ja, wir sind da ständig hingegangen. Sorry, Coach.« Später stellte ich Conor zur Rede.

»Was soll das mit den Burgern?«, wollte ich wissen.

»Wir sind nur einmal da gewesen, ich schwör's«, behauptete er.

»James sagt, dass ihr fast jeden Abend da wart.«

»Also gut, Mist, stimmt, aber damit ist jetzt Schluss. Ehrlich.«

Während ich mit Cathal in Mexiko war, hörten wir aus Brasilien, dass es bei einem Dopingtest von José Aldo Ärger gegeben hatte. Anfang Juni war Ben Mosier, ein Tester der Organisation »Drug Free Sport« anscheinend daran gehindert worden, in Aldos Sportclub in Rio de Janeiro eine Urinprobe von ihm einzusammeln. Dem Tester, der im Auftrag der Nevada State Athletic Commission operierte – die den Kampf in Las Vegas am 11. Juli überwachen würde –, stellte sich ein Polizist entgegen, der Mitglied in Aldos Club war. Der Polizist teilte dem Tester mit, dass er kein gültiges Visum besäße und deshalb nicht in Brasilien tätig werden dürfe. Aldos Camp zog die brasilianische MMA-Kommission hinzu, die die Probe anstelle von Mosier am nächsten Tag von einem ihrer Tester abholen ließ. Laut dem Bericht der NSAC hatte der Polizist Mosiers Pass konfisziert und der brasilianische Tester hatte

Aldo um ein Foto und ein Autogramm gebeten, nachdem er die Urinprobe entgegengenommen hatte. Das alles klang schon ziemlich eigenartig, aber wir konnten nichts dagegen tun. Conor war zwei Wochen zuvor getestet worden, während der UFC 187 im MGM Grand. Ein Tester hatte ihn beiseitegenommen und Conor hatte sowohl Blut- als auch Urinproben abgegeben. So einfach geht das. Die Untersuchungen heißen ja nicht umsonst unangekündigte Stichproben. Ein Test mit 24 Stunden Vorwarnzeit ist keine unangekündigte Stichprobe. Wenn einer meiner Kämpfer einen Dopingtest machen muss, dann verlangen wir keine Papiere oder sonstigen Nachweise. Wir haben kein Interesse daran, einen einfachen Vorgang unnötig zu komplizieren.

Als Team lehnen wir leistungssteigernde Mittel klar und deutlich ab. Allerdings gibt es meiner Ansicht nach in einigen Sportclubs und in manchen Ländern eine regelrechte Doping-Kultur. In den vergangenen Jahren wurden oft Kämpfer aus denselben Teams oder Ländern des Dopings überführt. Wenn jemand das Thema beim SBG anspräche, würde man dieser Person ganz schön den Kopf waschen, da bin ich mir sicher. Natürlich ist es Aufgabe des Trainers, die entsprechende Basis für so eine Haltung zu schaffen. Ich nehme das sehr ernst. Meine allererste Gruppe von Kämpfern und ich haben uns von Anfang an so deutlich gegen leistungssteigernde Mittel ausgesprochen, dass die Neuzugänge wissen, dass sie mit solchen Ideen gar nicht erst anzukommen brauchen. Aber wenn jemand in einem Club trainiert, in dem eine andere Haltung vorherrscht, ist es wahrscheinlich nur eine Frage der Zeit, bis er da mit reingezogen wird.

Eine Woche vor dem geschilderten Vorfall mit Aldos Dopingtest verkündete die UFC strenge neue Regeln im Kampf gegen leistungssteigernde Mittel und holte die United States Anti-Doping Agency mit ins Boot, um ihre Einhaltung innerhalb des Verbands zu überwachen. Ich bin mir sicher, dass viele Kämpfer, die zuvor verbotene Substanzen genutzt haben, durch diese Maßnahme gezwungen wurden, damit aufzuhören. Kämpfer nehmen keine Mittel, um mehr Muskeln zu bekommen, sondern es geht darum, härter trainieren zu können. Der typische Rhythmus für einen sauberen Kämpfer besteht aus zwei Tagen hartem Training und einem leichten Training am dritten Tag. Gedopte Kämpfer können hingegen jeden Tag hart trainieren.

Es ist bisher noch nicht vorgekommen, aber wenn einer meiner Kämpfer andeuten würde, dass er an leistungssteigernden Mitteln interessiert ist, wäre ich erschüttert. Das würde sich fast so anfühlen, als würde man von seiner Freundin verlassen werden. Ich hätte dann das Gefühl, als Trainer dabei versagt zu haben, ein Umfeld zu schaffen, in dem über so etwas gar nicht erst nachgedacht wird. Wer nicht gut genug ist, um ohne Drogen zu trainieren, sollte gar nicht trainieren. Beim SBG kämpft man sauber oder geht woanders hin. Glücklicherweise mussten wir noch nie durchgreifen, aber in Sachen Doping haben wir eine Null-Toleranz-Politik. Und die gilt für jedes einzelne Mitglied.

Gute zwei Wochen vor dem Kampf war Conors Knie fast wieder so gut wie neu und wir waren alle froh, dass das lange Trainingscamp sich seinem Ende näherte. In den letzten zwei Wochen geht es nur darum, den Körper frisch und locker zu halten, deshalb wollten wir nicht noch auf den letzten Drücker irgendwelche Wrestling-Drills in das Training einbauen, die er in den letzten zwei Monaten nicht hatte absolvieren können. Das war mir nicht wichtig. Conor wirkte so fit, dass ich fest mit einem deutlichen Sieg gegen José Aldo rechnete.

Eines Morgens standen Dana White und Lorenzo Fertitta vor unserer Tür. Da sie beide in Vegas arbeiteten, hätte es sein können, dass sie nur mal vorbeischauten, um zu sehen, ob alles in Ordnung war. Das hofften wir zumindest. Doch ihr Gesichtsausdruck deutete auf schlechte Nachrichten hin.

»Sieht so aus, als wäre José raus«, sagte Dana. »Er hat sich wohl einen Rippenbruch zugezogen.«

Mist! Nicht schon wieder. Wir waren zwar inzwischen daran gewöhnt, dass Conors Gegner absagten, und hatten nie Probleme neue Gegner zu finden, aber diesmal war es anders. Andere Kontrahenten waren leicht zu ersetzen, aber eben nicht der Champion. Wir wollten diesen Titel und der einzige Weg, ihn zu bekommen, war, Aldo zu schlagen.

Dana und Lorenzo erklärten, dass es noch ein paar Tage dauern würde, bis die Entscheidung endgültig gefallen war. Anscheinend ließ sich Aldo gerade untersuchen, um den Umfang seiner Verletzung festzustellen, er hatte also noch nicht offiziell abgesagt. Aber es sah nicht gut aus. Also begannen wir damit, über Alternativen nachzudenken.

Insgeheim überlegte ich, ob es angesichts seiner gerade erst überstandenen Verletzung nicht eine gute Gelegenheit für Conor wäre, ebenfalls abzusagen. Aber damit wäre ich nicht durchgekommen. Tausende von Fans hatten bereits viel Geld für den Kampf hingeblättert und das Ganze war auch ein massives Pay-TV-Event für die UFC. Und Conor würde sich nicht einfach aus der Affäre ziehen. Ob nun Aldo auf der anderen Seite des Oktagons stand oder jemand anderes: Conor würde bei der UFC 189 zur Stelle sein.

Dana und Lorenzo fingen also an, nach Ersatzgegnern zu suchen. Mir war von Anfang an klar, wen wir möglichst vermeiden mussten. Da Conor im Laufe dieses Trainingscamps kaum Wrestling-Einheiten absolviert hatte, wäre die denkbar ungünstigste Konstellation ein Kampf gegen Chad Mendes. Der All-American-Wrestler aus der NCAA Division I war einer der Besten seines Fachs. Ohne die Verletzung hätte ich kein Problem mit Mendes gehabt, aber in diesem Fall konnte er die sprichwörtliche Bananenschale sein. Da Mendes als Spitzenkämpfer galt, war sein Name aber mit Sicherheit im Auswahltopf. Eine andere Möglichkeit war Frankie Edgar. Auch der Name Nate Diaz fiel, schien aber eher unwahrscheinlich, da Diaz ein Leichtgewicht war und die UFC einen Federgewichtskampf aufziehen wollte. Sie überlegten sogar, im Falle von Aldos offiziellem Rückzug einen Interims-Titel zu vergeben. Das letzte Wort im Hinblick auf einen neuen Gegner hatte die UFC, aber Conor ließ sie wissen, dass er für jeden Gegner bereit war. Ihm war es egal, gegen wen er kämpfte.

Die Unsicherheit über Aldos Teilnahme zog sich noch eine Woche hin, bis mich Dana endlich elf Tage vor der UFC 189 anrief. Aldo war definitiv raus. Sein Ersatz? Natürlich Chad Mendes.

Der Anruf kam mittags, was in Conors Zeitzone ungefähr dem Morgengrauen entspricht. Ich ging nach oben und klopfte an Conors Tür. Als ich von drinnen ein Grunzen hörte, öffnete ich die Tür.

»Aldo ist raus«, sagte ich. »Es ist Mendes.«

Conor öffnete ein Auge, murmelte »Ist alles das Gleiche« und schlief weiter.

Er war kein bisschen irritiert davon, dass die Torpfosten verschoben worden waren. Gegen unerfahrene Kämpfer setzte Mendes auf seine Fähigkeiten als Boxer. Aber gegen Conor würde er ein Takedown anstreben und den Kampf am Boden gewinnen wollen. Ein Ringer seines Kalibers war auch dazu fähig. Und obwohl es Conors Knie schon viel besser ging, war seine Beweglichkeit immer noch ziemlich eingeschränkt. Seine Sprawls und die Verteidigung gegen Takedowns sind normalerweise hervorragend, doch das war jetzt nicht der Fall. Und in elf Tagen konnten wir nicht wirklich viel tun, um uns auf den Kämpfer mit den besten Takedowns vorzubereiten.

Wie schon erwähnt, richten wir unser Training nicht speziell auf den jeweiligen Gegner aus, aber natürlich analysieren wir die Kontrahenten im Vorfeld. Durch Aldos Ausfall hatten wir es nun mit einem Wrestler statt einem Kickboxer zu tun. Aldo und Mendes verkörperten Positionen an den entgegengesetzten Enden des MMA-Spektrums. Auch wenn ich Mendes für eine ernsthafte Gefahr hielt, war ich nach einigem Nachdenken doch sicher, dass es gut war, die Sache durchzuziehen. Als Jon Jones sich 2012 bei der UFC 151 geweigert hatte, gegen Chael Sonnen zu kämpfen, der in letzter Minute als Ersatz für Dan Henderson aufgestellt worden war, war das gesamte Event ausgefallen. So etwas wollten wir nicht noch einmal erleben.

Wir hatten zwar erwartet, dass für die UFC 189 viele Fans nach Las Vegas kommen würden, aber auf den tatsächlichen Ansturm waren wir nicht vorbereitet. Mindestens 10 000 Iren waren extra für den Kampf angereist. Für so ein kleines Land machen wir uns ganz schön bemerkbar. Auf die Unterstützung der irischen Fans können wir immer zählen. Manchmal, wenn Conor sich beim Gewichtmachen quält und fragt, ob es das wirklich wert ist, zeigen wir ihm ein Video von Fans in Vegas, die seinen Namen rufen. Das erinnert ihn daran, wie viel Bedeutung die Sache hat.

»Sieh dir diese Leute an, Champ«, sagen wir dann, »die haben ihr schwer verdientes Geld ausgegeben und sind den weiten Weg hierhergekommen, nur um dich zu unterstützen. Lass uns eine Show für sie auf die Bühne bringen.«

Diese Dinge geben ihm in harten Zeiten einen kleinen Extrakick.

In den letzten paar Jahren habe ich viele Geschichten von Fans gehört, denen der Erfolg von Conor und SBG insgesamt neuen Lebensmut gegeben hat. Wenn sie sich in einer Krise befanden oder völlig am

Boden waren, hat unser weltweiter Erfolg sie stolz darauf gemacht, Iren zu sein. Es hat sie inspiriert, das Leben zu bejahen und das Beste aus jedem Tag zu machen.

Die Opfer, die sie bringen, um die Kämpfe zu sehen, sind unglaublich. Sie geben jeden Penny, den sie haben, dafür aus. Oftmals haben irische Fans mir nach Kämpfen in den USA erzählt, dass sie nach dem Rückflug direkt vom Flughafen zur Arbeit fahren müssen. Ihr Einsatz ist einfach einmalig. Wir können niemals angemessen in Worten ausdrücken, wie dankbar wir dafür sind.

Ein paar Tage vor dem Kampf gegen Mendes schlenderte ich den Strip in Las Vegas entlang, als jemand mich anhielt und um ein Foto bat. Während das Foto geknipst wurde, gesellte sich eine große Gruppe koreanischer Touristen dazu und wollte auch mit mir fotografiert werden. Ich habe bestimmt 20 Bilder mit jedem Einzelnen gemacht. Als sie endlich alle ihr Foto hatten, fragte einer der Touristen mich: »Und wer sind Sie?« Den koreanischen Markt haben wir anscheinend noch nicht erobert.

Die Leute fragen mich manchmal, ob es den Druck erhöht, so viele Fans zu haben. Wenn man sich auf Kämpfe vorbereitet, vor allem auf diesem Niveau, ist man einfach zu beschäftigt, um darüber nachzudenken. Es hat also keine Auswirkung auf uns und wir müssen darauf achten, dass das auch so bleibt. Wenn der Trainer nervös ist, überträgt sich das auf den Kämpfer. Ein Neuling möchte vor einem Kampf vielleicht noch mal die Taktik mit einem durchgehen, weil er etwas aufgeregt ist. Er möchte dann auch hören: »Du schaffst das. Wir sind bereit.« Aber Conor war nie so. Wir sind beide von Natur aus ziemlich entspannt.

Dass es für den Sieg nur einen provisorischen Gürtel geben sollte statt des wirklichen Titels schwächte die Ankündigung, dass das Hauptevents der UFC 189 der größte UFC-Kampf aller Zeiten sein würde, zwar ein wenig ab, aber in den Tagen unmittelbar vor dem Kampf fühlte es sich definitiv so an, als würden wir auf etwas Großes, nie Dagewesenes zusteuern. Zum ersten Mal überhaupt öffnete die UFC für die Abwaage die gesamte MGM Grand Garden Arena. Über 10 000 Menschen wollten Conor auf die Waage steigen sehen. Noch zweieinhalb Jahre zuvor waren kaum 1000 zum eigentlichen Kampf gekommen.

Wie erwartet war der Staredown zwischen Conor und Mendes ziemlich aufgeheizt. Conor hatte mal wieder einen sehr anstrengenden Gewichtsverlust hinter sich, weshalb er etwas gereizt war. Mendes hingegen wirkte enorm aufgekratzt. Für ihn hatte sich kurzfristig die Gelegenheit für einen großen Kampf eröffnet, für den er mehr Geld bekommen würde als jemals zuvor. Er hatte nichts zu verlieren und sein Auftreten spiegelte das wider.

Vor dem Wiegen gab es im Gang der Arena eine kleine Rangelei zwischen Conor und Mendes' Teamkollegen Urijah Faber, die von den Medien hochgespielt wurde. In Wirklichkeit war nicht viel dran, nur ein spielerisches Grappling, das Conor ärgerte, weil er durch das Gewichtmachen sowieso schon schlecht gelaunt war. Aber es gab eigentlich keine Probleme zwischen den beiden. Wer Urijah Faber nicht mag, mit dem stimmt sowieso irgendwas nicht. Das ist einer der nettesten Typen überhaupt und ich weiß, dass Conor darüber mit mir einer Meinung ist.

Ich weiß nicht, ob ich als Trainer noch mal einen hektischeren Tag erleben werde als den 11. Juli 2015. In dieser Nacht sollte Conor um eine Interims-Weltmeisterschaft kämpfen und zwei weitere Kämpfer von mir auch bei der UFC 189 antreten. John Hathaway musste seinen Kampf gegen Gunnar Nelson absagen, weshalb Gunni nun gegen Brandon Thatch antrat. Und Cathal Pendred war – nur vier Wochen nach seinem Sieg gegen Augusto Montaño in Mexiko – kurzfristig als Ersatz eingesprungen, um gegen John Howard zu kämpfen.

Aber für mich ging es an diesem Tag noch früher los, denn die Finalkämpfe der Amateur-WM waren für den Nachmittag im Flamingo angesetzt, das nur ein paar Minuten den Strip runter vom MGM Grand entfernt liegt. Frans Mlambo und Sinéad Kavanagh hatten es nach einer erfolgreichen Woche beide bis in die letzte Runde ihrer jeweiligen Wettkämpfe geschafft. Sinéad verlor leider das Finale im Federgewicht der Frauen, aber Frans schlug sich hervorragend und wurde Champion in der Gewichtsklasse bis 66 Kilogramm. Der Tag hatte gut begonnen und so machte ich mich hoffnungsfroh auf zum MGM Grand und der UFC 189.

Conor steht an Kampftagen – wie an anderen Tagen auch – erst so um die Mittagszeit herum auf. Dann nimmt er eine Mahlzeit zu sich und eine weitere gegen 16 Uhr. Zwischen dem Wiegen und dem Kampf isst man idealerweise Dinge, die der Körper sofort in Energie umwandeln kann: Fleisch, Fisch, Nudeln, Reis und Kartoffelpüree. Kohlenhydrate mit niedrigem glykämischem Index wie Gemüse bringen nicht viel. Am besten nimmt man das zu sich, was während des Gewichtmachens verboten war. Nach den zwei Mahlzeiten verspeist Conor gegen 18 Uhr noch eine Kleinigkeit wie eine Banane und macht sich dann auf in die Arena.

Ich hatte die Nacht vor dem Kampf nicht in der »Mac Mansion«, sondern im »MGM Grand« geschlafen, und da Cathal einen der ersten Kämpfe bestritt, war ich schon in der Arena, als Conor ankam. Er hatte sich schnell vom Gewichtmachen erholt und gut geschlafen. Das ist immer Musik in meinen Ohren. An diesem Punkt ist meine Arbeit mehr oder weniger getan. Jetzt wird nur noch gekämpft. Manche Leute messen dem, was sich während eines Kampfes in der Ecke des Rings abspielt, zu viel Bedeutung bei. Ich habe schon viel Lob für meine Rolle bei manchen Kämpfen bekommen, aber meiner Meinung nach wird nichts, was ich zu diesem Zeitpunkt tue oder lasse, den Ausgang beeinflussen. Man kann ein paar Ratschläge geben und es beruhigt den Kämpfer zu wissen, das sein Trainer, eine vertraute Person, für ihn da ist, aber das ist auch schon alles.

Als Cathal den Kampf gegen John Howard annahm, strebte er danach, der erste Kämpfer in der UFC-Geschichte zu werden, der in seinem ersten Jahr in der Organisation fünf Kämpfe gewinnt. Leider sollte es aber nicht so kommen, denn er verlor nach Punkten durch eine nicht einstimmige Kampfrichterentscheidung. Das ganze Team in der Umkleidekabine des SBG war bitter enttäuscht, aber wir haben im Laufe der Jahre bei kleineren Shows gelernt, uns von einem einzelnen Resultat nicht die Gesamtstimmung kaputtmachen zu lassen. Die Kämpfer wissen, was von ihnen als Teammitgliedern erwartet wird. Egal, wie ihr Kampf ausgegangen ist: Wenn sie in die Umkleide kommen, schnappen sie sich ihre Taschen und gehen, damit die Kollegen sich auf die noch kommenden Kämpfe konzentrieren können. Das klingt vielleicht kalt und nüchtern, es passiert aber genauso, wenn sie gewinnen. Sie kennen alle beide Seiten der Medaille und wissen es zu schätzen, wenn andere genauso handeln. Cathal wünschte Gunni und Conor viel Glück und verschwand. Wie immer würden wir dann später am Abend wieder zusammenkommen, nachdem der Job erledigt war. So lief das schon immer bei uns ab.

Als Gunni als Ersatzgegner Brandon Thatch zugeteilt bekam, meinten viele, wir seine verrückt, den Kampf anzunehmen. Thatch ist ein großer, effektiver Kämpfer und Gunni musste nach der enttäuschenden Niederlage gegen Rick Story erst wieder in die Spur kommen. Aber der alte Gunni war beim Warm-up wieder zurück und zwang Thatch in der allerersten Runde zur Aufgabe. Der Kampf dauerte kaum drei Minuten, Zeit genug für Gunni, der Welt zu zeigen, was er drauf hatte. Es war eine perfekte Vorstellung.

Dann war Conor an der Reihe. Viele Menschen weltweit sahen sich am Bildschirm zum ersten Mal in ihrem Leben einen MMA-Kampf an, was belegt, wie bedeutend das Event war. Aber die Stimmung in unserer Kabine war unglaublich entspannt.

Es waren auch viele Promis in der Arena, darunter Arnold Schwarzenegger, Mike Tyson, Popstar Bruno Mars und Neymar, der brasilianische Fußballspieler. Ich begegnete im Gang auch Anthony Kiedis, dem Leadsänger der Red Hot Chili Peppers.

»Hey, Coach Kavanagh, wie fühlt Conor sich?«, fragte er. »Ich bin ein großer Fan von euch. Viel Glück!«

Das war fantastisch. Aber ich wusste, dass es in unserer Umkleidekabine jemanden gab, der noch begeisterter sein würde. Als ich Chris Fields, der als Warm-up-Partner für Cathal mit dabei war, von meiner Begegnung erzählte, kreischte er wie ein Teenie-Mädchen auf einem Konzert von One Direction und rannte raus, um Kiedis zu suchen. Chris ist ein Riesenfan der Chilis.

Conor hingegen hatte keinen blassen Schimmer, wer Anthony Kiedis ist. Als Chris zurückkam, fragte er: »Wer ist das? Einer von Guns N' Roses oder so?«

Conor wärmt sich für seine Kämpfe gern mit Artem auf. Kurz bevor es dann losgeht, muss man ihn fast zurückhalten wie einen Hund an der Leine. Es ist bei uns ein Running Gag, dass Artem seine besten Kämpfe in der Umkleide macht, wenn er Conor bei der Vorbereitung hilft.

Endlich klopfte einer vom UFC an die Tür. Es ging los. Der Securitymann kam, um uns in die Arena zu führen. Wir hörten die Menge, die bei jedem Kampf lauter geworden war, aber das war nur eine Art Hintergrundgeräusch. Wie UFC-Kommentator Mike Goldberg sagte: »Das ist wie bei einem Rockkonzert hier.« Doch ich spürte wie immer nur eine seltsame Ruhe, die es mir erlaubte, mich auf die bevorstehende Aufgabe zu konzentrieren. Sinéad O'Connors betörende Stimme begleitete Conor zum Oktagon. Das war ein großartiger Moment und erinnerte an spektakuläre Walk-outs, die man mit Boxern wie Prince Naseem Hamed in den 1990ern verbindet. Auch nachdem wir die Arena betreten hatten und klar war, dass die Mehrheit der Zuschauer auf unserer Seite stand, ließen wir uns nicht ablenken.

Vor dem Kampf war ich mir bereits sicher, dass Mendes mit seinen Takedowns erfolgreich sein würde. Seine Fähigkeiten als Ringer gepaart mit Conors Trainingsrückstand in diesem Bereich ließen daran keinen Zweifel aufkommen. Unser Plan konzentrierte sich deshalb darauf, was nach den Takedowns passieren würde. Es gab keinen Grund zur Panik, weil Conor mit seinem Jiu-Jitsu am Boden gut aufgestellt war. Wichtig war, dass am Boden immer viel Bewegung entstand, was Mendes davon abhalten würde, eine langwierige Entscheidung über fünf Runden zu erzwingen.

Kurz bevor Conor ins Oktagon stieg, umarmten wir uns wie immer und ich sagte »All day«, was Conor wiederholte. Die Botschaft dahinter war, dass es nicht weiter schlimm war, wenn Mendes seine Takedowns bekam. Conor würde einfach so lange wie nötig weitermachen, um diesen Kampf zu gewinnen. Als Artem, Owen und ich unsere Plätze in der Ecke einnahmen und Mendes auf das Oktagon zuschritt, wurde mir so richtig bewusst, dass wir ohne ausreichende Vorbereitung gegen den besten Wrestler seiner Klasse antraten. *Jetzt gibt es kein Zurück mehr*, dachte ich. *Was geschehen soll, wird geschehen.*

Ein Teil unserer Strategie bestand darin, Mendes mit Schlägen gegen den Körper zu attackieren, und das funktionierte von Anfang an gut. Gegen einen kleinen, kompakten Wrestler wie Mendes zu energisch auf den Kopf zu zielen, wäre fatal, da er das nur als Einladung betrachten würde, das Level zu wechseln und ein Takedown zu initiieren. Wir wussten, dass die Takedowns kommen würden, aber wir wollten sie nicht forcieren. Wenn man auf den Körper zielt, besteht immer die Chance, dass man stattdessen den Kopf trifft, wenn der Gegner das Level wechselt. Conor setzte seinen 20-Zentimeter-Reichweiten-Vorteil geschickt ein und die Körperschläge nahmen Mendes den Wind aus den Segeln. Jeder Treffer ließ etwas mehr Benzin aus dem Tank entweichen.

Bis zur Mitte der ersten Runde zeigten sich bei Conor keinerlei Auswirkungen der Knieverletzung. Dann attackierte Mendes für seinen ersten großen Takedown und Conor konnte nicht so gut abwehren wie sonst. Kein Grund zur Panik, denn dies war genau das, was wir erwartet hatten. Als Mendes den Takedown schaffte, gingen mir zwei Dinge durch den Kopf. Erstens: Was für ein wunderbarer Takedown. Zweitens dachte ich, dass es ihn viel Energie gekostet haben musste, einen großen Kerl wie Conor hochzuheben und so auf den Boden zu werfen. Nach gerade zwei Minuten eines potenziell 25-minütigen Kampfes hatte er in dieses Manöver physisch viel investiert. Meine Jungs sind normalerweise eher auf weniger krafttraubende Takedowns nah am Zaun aus, weil ich den Schwerpunkt auf möglichst effiziente Bewegungen lege. Dieser Takedown sah zwar toll aus, benötigte aber so viel Kraft, dass er schon kampfentscheidend hätte sein müssen, um sinnvoll zu sein. Doch Conor fühlte sich wohl in seiner Guard, und obwohl er ein paar Schläge abbekam, war er ein paar Sekunden später wieder auf den Beinen.

Conor kontrollierte weiterhin den Kampf im Stehen, aber ein weiterer Takedown für Mendes in der letzten Minute reichte aus, damit die erste Runde an ihn ging. Trotzdem waren wir nach Runde eins sehr zufrieden. Mendes wirkte bereits erschöpft, während Conor – trotz einer tiefen Schnittwunde über dem rechten Auge – frisch aussah.

»Lasst uns bei den langen Haken bleiben«, sagte ich und ermutigte Conor, das ganze Spektrum auszuschöpfen, obwohl ich von den Spinning Kicks, die er einsetzte, nicht so begeistert war, weil er damit riskierte, zu Boden geworfen zu werden. »Der linke Kick auf den Körper war wunderschön und die Gerade mit der Linken an den Körper auch. Er ist jetzt müde.«

Als die Kämpfer zu Runde zwei antraten, atmete Mendes schwer und Conor winkte ihn mit einem irren Grinsen zu sich heran. Conor landete gleich zu Anfang ein paar wunderbare Schläge und es schien so, als könne es bald zu einer Entscheidung kommen. Aber dann konterte Mendes nach 50 Sekunden mit einem Takedown. Die nächsten drei Minuten verbrachte Mendes in Oberlage am Boden, doch Conor behielt eine starke Guard. Dann landete er eine ganze Reihe von verheerenden Ellbogentreffern gegen Mendes' Kopf, die Mendes als regelwidrig reklamierte, was Schiedsrichter Herb Dean aber abschmetterte. In diesem Moment fing mich eine der Kameras ein: Ich lachte, weil das genau die Taktik war, an der wir gearbeitet hatten. Conor sollte möglichst aktiv bleiben, wenn Mendes oben war. Meines Erachtens war das die richtige Vorgehensweise, um Mendes am Boden in Schwierigkeiten zu bringen, und ich sollte Recht behalten. Idealerweise musste Mendes in der Guard bleiben, aber Conors Ellbogenvorstöße würden ihn schließlich dazu zwingen, einen Positionswechsel zu versuchen. 45 Sekunden vor Rundenschluss wollte er mit einer Bewegung in eine bessere Position gelangen. Dieses Szenario hatte Conor im Training oft geübt. Als Mendes eine Guillotine Choke ansetzen wollte, befreite Conor sich mit einer Bewegung, die wir »Heartbreaker« nennen, und plötzlich standen beide wieder auf den Beinen.

Es ist natürlich im Rückblick leicht zu behaupten, man habe es kommen sehen. Aber als es Mendes nicht gelang, aus dieser Bodensequenz Kapital zu schlagen, war ich mir sicher, dass er geschlagen war. Sein Gesichtsausdruck deutete ebenfalls darauf hin. Sobald sie wieder aufrecht standen, brachte Conor ein paar wunderschöne Kombinationen an. Mendes war unglaublich zäh und kämpfte tapfer weiter, während er von Kicks und Schlägen getroffen wurde, aber es war nur noch eine Frage der Zeit, bis er untergehen würde. Schließlich ging er durch einen linken Cross zu Boden und die Aufgabe kam drei Sekunden vor Ende der Runde.

Ich sprang hoch und atmete vor Erleichterung tief durch. Da Conors Verletzung nicht an die Öffentlichkeit gelangt war, wusste niemand, was dieser Sieg wirklich für uns bedeutete. Er war kurzfristig gegen einen gefährlichen Kontrahenten angetreten, ohne im Vollbesitz seiner Kräfte zu sein, und war daraus trotzdem als Sieger hervorgegangen. Als Conor auf den Zaun kletterte, um mit seinem Team zu feiern, war ich ein sehr stolzer Trainer. Es flossen sogar Tränen des Glücks. Conor war emotionaler als jemals zuvor nach einem Kampf und ich glaube, es ging uns allen ähnlich. Diese Seite von ihm hatte die Welt bisher noch nicht gesehen. Conor ist immer extrem selbstsicher, aber er wusste genau, dass er unter diesen Umständen mit einem Gegner wie Chad Mendes ein Risiko eingegangen war. Das Risiko hatte sich bezahlt gemacht, und das fühlte sich verdammt gut an.

Das Team und Conors Familie versammelten sich im Oktagon, als Dana White ihm einen UFC-Gürtel um die Hüfte band. Margaret McGregor strahlte, während sie ihren Sohn umarmte, den Interims-UFC-Weltmeister im Federgewicht. Dass sie mich damals, 2008, angerufen hatte, hatte sich wirklich bezahlt gemacht.

»Ich möchte meinem Team, meiner Familie und all jenen danken, die mit mir aufgestiegen sind«, sagte Conor in seinem Interview nach dem Kampf. »Die Leute hier haben mich von Anfang an begleitet. Ich möchte einfach allen danken, die mir beigestanden haben.«

Der ultimative Titel würde warten müssen, aber nun ging ein UFC-Gürtel nach Irland. Es dauerte eine Weile, bis mir das so richtig bewusst wurde.

Danach ging ich in den Backstage-Bereich, um einen leeren Raum zu suchen und wie üblich nach einem Kampf ein paar Minuten allein zu sein. Im ersten Raum, den ich betrat, war gerade eine kleine private Party mit Leuten wie Arnold Schwarzenegger, Mike Tyson, Dana White und Sinéad O'Connor in Gang.

»John, komm rein und trink was mit uns«, sagte Dana, aber ich lehnte höflich ab. Ich brauchte erst etwas Zeit, um das alles sacken zu lassen, bevor die Party für mich losgehen konnte.

Als wir dann richtig feierten, war das erste kalte Bier nach zehn Wochen das Beste, was ich je konsumiert habe. Die nächsten zwei Tage hatten wir viel Spaß und nahmen die seltene Gelegenheit wahr, die Bars und Nachtklubs von Las Vegas unsicher zu machen. In einem davon geriet ich mit Artem Lobov in einen kleinen Ringkampf, weil er sich weigerte, nach Hause zu gehen! Wenn Bier und Tanz im Spiel sind, ist Artem einfach nicht zu stoppen.

Doch sobald wir wieder in Irland waren, fingen wir an, uns auf einen Kampf zwischen den zwei Titelverteidigern im Federgewicht zu konzentrieren. Wir besaßen nun zwar einen Gürtel, aber der Gürtel in José Aldos Besitz war der, hinter dem wir von Anfang an her gewesen waren. Es war also an der Zeit, die Jagd wieder aufzunehmen.

17

Lange hatte ich mich dafür eingesetzt, dass meine Kämpfer regelmäßig an unterschiedlichen Orten auf der Welt für die UFC kämpfen durften. Als ich am Mittwochnachmittag nach der UFC 189 emotional ausgelaugt und mit einem Jetlag aus Las Vegas zurückkam, bedauerte ich es fast ein wenig, dass meine Ziele tatsächlich Wirklichkeit geworden waren.

Mir blieben gerade mal 20 Stunden zu Hause in Dublin, bevor ich wieder zum Flughafen musste, um nach Glasgow zu fliegen, wo Paddy Holohan am Samstag, den 18. Juli 2015 bei der UFC Fight Night 72 auf den englischen Veteranen Vaughan Lee treffen sollte. Kurz bevor der Kampf mit Paddy angekündigt worden war, hatte Vaughan noch vorgehabt, sich dem SBG anzuschließen. Er kam eine Zeit lang zu uns und trainierte sogar mit Paddy. Da Vaughan jedoch vom Bantamgewicht in die Federgewichtsklasse wechseln wollte, was ihn zu einem möglichen Kontrahenten von Paddy gemacht hätte, ging das nicht weiter. Jetzt würden die beiden einander in Glasgow gegenüberstehen.

Vaughan ist ein großartiger, sehr ausdauernder und erfahrener Kämpfer, der schon gegen Größen wie T. J. Dillashaw und Raphael Assunção gekämpft hat. Aber da er mit ihm trainiert hatte, war Paddy ziemlich zuversichtlich, und mir ging es nicht anders. Ich erwartete, dass Paddy ihn fertigmachen würde und einige Male war er tatsächlich nahe dran, aber letztendlich mussten wir uns mit einem eindeutigen Sieg nach Punkten zufriedengeben: Die Punktrichter entschieden sich geschlossen für 30 : 27. Durch diesen Sieg erlangte Paddy eine Bilanz von drei zu eins in der UFC. Er war mit der ersten Niederlage seiner Karriere im vorangegangenen Oktober hervorragend fertiggeworden und strahlte jetzt eine ungeheure Kraft aus.

Als ich aus Glasgow nach Hause kam, hatte ich endlich das Gefühl, mir eine kleine Verschnaufpause gönnen zu können, um alle Ereignisse der letzten zwei Wochen noch einmal Revue passieren zu lassen. Nach jedem Sieg in der UFC nahm die Beliebtheit und Verbreitung der MMA in Irland weiter zu. Das machte sich besonders nach Conors Sieg über Chad Mendes bemerkbar. Irland war nun offiziell die Heimat eines UFC-Gürtels. Nur drei weitere europäische Länder – Polen, die Niederlande und Weißrussland – konnten dank Joanna Jędrzejczyk, Bas Rutten und Ander Arlovski bisher das Gleiche von sich behaupten.

Es ist eine Art Familientradition, dass wir uns sonntagnachmittags alle im »Glenside Pub« in Rathfarnham treffen. Diese Zusammenkünfte hatten mir während meiner Zeit in Vegas wirklich gefehlt und es war großartig, rechtzeitig aus Glasgow zurückzukommen, um zu meiner Familie zu stoßen – mit Conors Gürtel im Gepäck. Alle Pubbesucher sprachen ihre Glückwünsche aus, spendierten uns Getränke und machten Fotos mit dem Gürtel. Der Eigentümer des Pubs führte uns für ein Foto eigens hinter die Bar. Aber für mich war die Reaktion meiner Eltern der wohl befriedigendste Aspekt des Sieges. Sie waren einfach unglaublich stolz. Einen Erfolg mit der Familie genießen zu können, das ist unbezahlbar.

Für Conor waren mittlerweile einfache Dinge wie ein Einkaufsbummel in der Dubliner Innenstadt schon zu schwierigen Unterfangen geworden, die einen Fahrer und Bodyguards erforderten. Jetzt wurde sogar ich oft auf denselben Straßen erkannt, auf denen ich die längste Zeit meines Lebens ein Unbekannter gewesen war. Es dauerte eine Weile, bis ich mich daran gewohnt hatte, aber natürlich ist es immer schön, die Unterstützung der Menschen in der Stadt und im ganzen Land zu spüren. Ich fand es bald schon normal, dass ich ein »Alles klar, John?« oder ein Autohupen hörte, wenn ich durch die Straße lief. Auf dem kurzen Weg von meiner Wohnung zur Trainingshalle komme ich an einer Grundschule vorbei. Nach dem Kampf gegen Mendes begannen die Kinder auf dem Pausenhof begeistert zu rufen: »Weiter so, Coach Kavanagh!«

Als das das erste Mal geschah, musste ich lachen. Diese positiven Reaktionen sind natürlich toll, aber es ist erst einmal merkwürdig, auf der Straße erkannt zu werden. Grundsätzlich geht man ja davon aus, ein Fremder für diejenigen zu sein, die einem selbst fremd sind. Erst nach einiger Zeit war ich mir wirklich bewusst, dass dies nun nicht mehr zwangsläufig der Fall war – ein weiteres Beispiel dafür, wie sich unser aller Leben zu verändern begann.

*

Conor erlebte einen gewaltigen Zuspruch, doch sogar nach seinem Sieg über Mendes gab es noch viele Menschen, die nicht ganz von seinen Fähigkeiten überzeugt waren. Lange wurde behauptet, er werde durch die UFC beschützt: Angeblich hielten sie ihn bewusst von den besten Ringern fern. Meiner Meinung nach gab es auf die Frage, ob Conor einen erstklassigen Kämpfer bezwingen konnte, kaum eine bessere Antwort als seinen Sieg über Chad Mendes in der zweiten Runde. Doch anscheinend war das noch immer nicht genug. Stattdessen wurden Entschuldigungen zugunsten von Mendes vorgebracht: Er hatte dem Kampf ganz kurzfristig zugesagt, er hatte die erste Runde gewonnen, der Kampf wurde zu früh beendet.

Meines Erachtens konnte keine dieser Ausreden wirklich gelten. Denn für Conor war es ebenfalls eine kurze Vorbereitung auf diesen Kampf gewesen, da er sich auf eine ganz andere Art von Gegner eingestellt hatte. Und nach dem, was ich gesehen hatte, war Mendes in einer sehr guten Verfassung gewesen. Außerdem wusste er, dass die Wahrscheinlichkeit für eine Anfrage angesichts von José Aldos Vorgeschichte in puncto Kampfabsagen recht hoch war. Als die Anfrage schließlich kam, stellte sie demnach sicher keine große Überraschung für Mendes dar. Er war dafür bereit. Auf diesem Niveau sind die Jungs sowieso immer fit für mindestens drei Runden.

In der ersten Runde mag er der Überlegene gewesen sein, aber das nützt einem wenig, wenn man nicht einmal bis zum Ende der zweiten durchhält. Als Chael Sonnen 2010 viereinhalb Runden lang gegen Anderson Silva dominierte, behauptete, soweit ich mich erinnern kann, auch niemand, dass die Bedeutung von Andersons Sieg, der in der fünften und letzten Runde durch Aufgabe erfolgte, dadurch geschmälert wurde. Im Gegenteil: Silva wurde sogar dafür gelobt, dass er einen zunächst für unwahrscheinlich gehaltenen Sieg hatte erringen können.

Zur Kritik an Ringrichter Herb Deans Entschluss, den Kampf nur drei Sekunden vor Ende der zweiten Runde abzubrechen, sei anzumerken, dass es hierüber keine einzige Beschwerde von Chad Mendes gab. Ich bin mir sicher, er war Herb dankbar dafür, dass er eingeschritten war und ihn vor weiteren Schlägen bewahrt hatte, während er etwas benommen am Boden gelegen hatte.

Nach dem Kampf wurden auch Stimmen laut, die sagten, Conors Schwäche im Grappling sei aufgedeckt worden. Klar, Mendes gelangen einige Takedowns, aber Conor hielt seinen Takedown-Versuchen öfter stand, als er ihnen nachgeben musste. Und sogar wenn er zu Boden gebracht wurde, richtete er da erheblichen Schaden an.

Dennoch nahmen die Fragen und die Kritik kein Ende. Viele Menschen sträubten sich einfach zuzugeben, dass er gewonnen hatte, weil er ein großartiger Kämpfer ist. Mir war schnell klar, dass das alles nicht schlecht für uns war. Denn solange es Fragen zu beantworten gab, würde es auch große Kämpfe auszutragen geben. Konnte er einen Ringer besiegen, der ein vollständiges Trainingslager absolviert hatte? Konnte er einen Champion besiegen? Würde er einen Champion in einer höheren Gewichtsklasse bezwingen?

Fragen sind gut fürs Geschäft. Wenn keine Fragen gestellt werden, sind die Menschen weniger an seinen Kämpfen interessiert. Den Kritikern mögen die Fragen nie ausgehen, aber wir werden alles daransetzen, so viele davon zu beantworten, wie wir können.

Optimalerweise hätte sich Conor nach seinem Sieg über Mendes eine Pause gegönnt. Nachdem er sich von der Verletzung aus dem Kampf gegen Max Holloway erholt hatte, war er innerhalb von sechs Monaten dreimal angetreten, um sich die Chance auf den Titel zu sichern. Dann hatte es eine anstrengende Promo-Tour für die UFC 189 gegeben, bevor er mit seinem anspruchsvollen Trainingslager begonnen hatte, während dem er sich noch mit Knieproblemen und der Änderung des Gegners hatte auseinandersetzen müssen. Das war für uns alle anstrengend gewesen, aber für Conor ganz besonders. Meiner Meinung nach hätte ihm ein Urlaub gutgetan. Aber eine Woche lang am Strand zu liegen, ist eben nicht sein Stil.

Kurz vor dem Kampf gegen Mendes hatte er zugesagt, bei einer Staffel von *The Ultimate Fighter* als Coach aufzutreten. Dafür blieb er weitere sechs Wochen in Las Vegas und betreute ein Team von aufstrebenden europäischen Kämpfern, die gegen Kämpfer aus den USA antraten, für die Urijah Faber zuständig war. Die Dreharbeiten sollten nur wenige Tage nach der UFC 189 stattfinden, also steuerte Conor ohne Pause vom einen großen Einsatz direkt zum nächsten. Einerseits machte ich mir Sorgen, dass er sich zu wenig Ruhe gönnte, andererseits kannte ich ihn auch gut genug, um zu wissen, dass sein Geist ständig beschäftigt werden muss: Während der seltenen Gelegenheiten, an denen er sich ein paar Tage frei nimmt, langweilt er sich. Vielleicht war dies ja der perfekte Kompromiss. Er hatte sechs Wochen zu tun, beobachtete die Kämpfe und Trainingseinheiten aber nur, statt selbst daran teilzunehmen.

Einen Tag vor Beginn der Dreharbeiten wäre er am liebsten noch ausgestiegen. Zu dem Zeitpunkt wollte er einfach nur nach Hause. Einzig die Tatsache, dass Artem Lobov an der Show teilnahm, brachte ihn dazu, doch weiterzumachen. Artem hatte sich schon lange um einen UFC-Vertrag bemüht und im Gegensatz zu vielen anderen Kämpfern weigerte er sich, den einfachen Weg zum Erfolg zu gehen. Er ließ sich regelmäßig auf kurzfristig angesetzte Kämpfe gegen erstklassige Gegner ein und kämpfte von der Feder- bis zur Weltergewichtsklasse. Er nahm Risiken auf sich, die sich nicht immer auszahlten. Seine Bilanz zeigte daher genauso viele Niederlagen wie Siege auf, aber ich hatte keinen Zweifel daran, dass er gut genug war, um in der UFC anzutreten. Er musste nur die Gelegenheit bekommen, das zu beweisen. Die tat sich nun endlich auf, als er bei den Tryouts für *The Ultimate Fighter* überzeugen konnte und als Teilnehmer ausgewählt wurde.

Um sich für die Dauer der Staffel einen Platz in der Show zu sichern, müssen die Kämpfer zuerst einen Vorrundenkampf gegen einen Mitstreiter gewinnen. Artems Kampf sollte am Mittwoch nach Conors Sieg über Mendes stattfinden. Wie immer hatte Artem eine wichtige Rolle in Conors Trainingslager gespielt, also sollte er sich nach der UFC 189 massieren lassen, ein wenig ausruhen und dann auf den wahrscheinlich wichtigsten Kampf seines Lebens vorbereiten. Es lief jedoch alles etwas anders als geplant.

Weil wir uns alle so sehr über Conors Sieg freuten, übertrieben wir es ein bisschen und feierten mehrere Tage – Artem immer mitten im Geschehen. Am Montagmorgen sollte er zu einem Dreh für *TUF* antreten, aber er wachte erst am späten Nachmittag auf und hatte einen schrecklichen Kater als Folge eines zweitägigen Saufgelages.

48 Stunden vor seinem Kampf schaffte er es kaum, aus dem Bett zu kommen. Schließlich gelang es ihm, sich am Montagabend beim *TUF*-Team einzufinden. Den Dienstag verbrachte er dann damit, Gewicht zu verlieren. Als Gegner war ihm mit Mehdi Baghdad einer der Favoriten der Staffel zugelost worden. Als er in das Oktagon stieg, litt Artem noch immer an den Folgen seines Katers und zeigte daher nicht, wozu er eigentlich fähig war. Mehdi Baghdad gewann durch Mehrheitsbeschluss und Artems Traum von einem UFC-Vertrag schien damit geplatzt. Er war am Boden zerstört. Er hatte seine große Chance vertan.

An diesem Punkt nahm Conor die Dinge in die Hand. Trotz der Niederlage konnte er Artem durch die Vergabe einer Wildcard einen Platz im Wettkampf sichern. Es war eine zweite Chance für Artem und niemand hatte sie mehr verdient als er. Er ergriff diese Gelegenheit nun mit beiden Händen und legte als erster Kämpfer in der Geschichte von *The Ultimate Fighter* drei Siege durch Knock-out in Folge hin. Zum Schluss verlor Artem einen frustrierenden Finalkampf gegen Ryan Hall nach Punkten, aber da er genug geleistet hatte, um die UFC davon zu überzeugen, ihm einen Vertrag anzubieten, hatte er seine Mission erfüllt.

Ich war überglücklich für Artem. Er war in Russland aufgewachsen, aber seine Familie war nach Irland gezogen, als er ein Teenager war. Artem hatte keinen Kampfsport betrieben, bis er während seines Betriebswirtschafts- und Spanischstudiums mit 21 Jahren an einem Selbstverteidigungskurs an der Dublin City University teilgenommen hatte. So war er zum Straight Blast Gym gekommen. Noch einige Monate nachdem Artem dem Gym beigetreten war, dachte ich, er sei Brasilianer. Ich habe keine Ahnung, weshalb. Wenn ich mit ihm sprach, versuchte ich immer, meine paar Brocken Portugiesisch anzuwenden, aber er lächelte nur betreten. Irgendwann korrigierte er mich diskret: »Sorry, Coach. In Russland sprechen wir Russisch, nicht Portugiesisch.«

Als ich mir diese Staffel von *The Ultimate Fighter* ansah, war es besonders spannend, Conors Verhalten als Trainer anderer Profikämpfer zu beobachten. Nach einigen Drehtagen schickte er mir eine Nachricht: »Ich bin froh, dass ich das durchgezogen habe. Ich entspanne mich in der Trainingshalle und sehe mir Kämpfe an. Das ist genau das, was ich jeden Tag machen möchte. Es ist perfekt.«

Conor zeigte den Jungs in seinem Team leichtes Flow-Sparring in einem ruhigen Tempo und die meisten waren fasziniert davon. Wie der Großteil der Kämpfer waren sie nur Trainings mit voller Power gewohnt, die einen Kampf simulierten. Es überraschte mich nicht, dass Flow-Sparring für so viele von ihnen ein völlig neuer Ansatz war.

Ich propagierte die Methode schon lange, aber außerhalb des SBG stieß sie oft auf Skepsis.

Von Conors Gesamtleistung als Coach war ich sehr beeindruckt. Dennoch sehe ich seine Zukunft nicht im Trainerbereich, aber das hat nichts mit seinen Fähigkeiten als Lehrer zu tun. Es liegt nur daran, dass er nicht in der Lage ist, jemals pünktlich zu sein! Wenn Conor im SBG Schlagtraining gab, machte er das absolut hervorragend. Sogar heute hilft er im Gym immer seinen Teamkollegen. Das liegt ihm im Blut. Aber wenn man um 19 Uhr ein Training leiten soll, kann man nicht erst um 21 Uhr auftauchen und sich dann darüber wundern, dass alle Schüler schon weg sind. Pünktlichkeit ist wirklich ein extrem wichtiger Bestandteil des Trainerdaseins. Wenn sich Menschen körperlich und mental darauf vorbereiten, zu einem bestimmten Zeitpunkt zu trainieren, darf man sie nicht warten lassen. Vielleicht wird sich Conor das Zuspätkommen ja abgewöhnen, wenn er älter wird und zur Ruhe kommt, aber das kann man sich jetzt kaum vorstellen. Ich arbeite seit zehn Jahren mit ihm zusammen und er war bisher kein einziges Mal pünktlich. Aber wenn jemand Conor auf der Matte eine Frage stellt, dann kann seine Antwort schon mal eine Dreiviertelstunde in Anspruch nehmen. Das habe ich ihn im Training sowohl bei Anfängern als auch Profis oft tun sehen. Er hat zweifellos die Fähigkeit, andere anzuleiten. Aber er schafft es einfach nicht, rechtzeitig dafür aufzukreuzen. Conor hat in den letzten Jahren viel Geld für schöne Uhren ausgegeben. Vielleicht beginnt er ja eines Tages damit, sie tatsächlich zu benutzen.

Der ersehnte Kampf gegen José Aldo war für die UFC 194 am 12. Dezember im MGM Grand in Las Vegas angesetzt. Es würde ein Titelfinalkampf im Federgewicht werden – der amtierende Champion gegen den Interimschampion.

Conor, seine Trainingspartner, die anderen Coaches und ich waren uns einig, dass wir zwar gegen Chad Mendes das gewünschte Ergebnis erzielt hatten, das Trainingslager jedoch viel zu lang und kräftezehrend gewesen war. Das nächste musste daher anders ablaufen. Wir entschieden uns also, das Ganze langsamer anzugehen und Dublin erst drei Wochen vor dem Kampf zu verlassen.

Der Kampf, der im Juli hätte stattfinden sollen, war intensiv beworben und vorbereitet worden und ich machte mir ein wenig Sorgen, ob wir all das ein zweites Mal durchleben mussten, nur um dann wieder mit einer Verschiebung konfrontiert zu werden. Wir waren es durchaus gewohnt, dass Gegner Kämpfe absagten, aber das hier war anders – das war Aldo, der langjährige Champion. Wir wollten diesen Kampf unbedingt.

Conor mochte es nicht, als »Interimschampion« bezeichnet zu werden. Seiner Ansicht nach hatte Aldo einen Rückzieher gemacht, als die Zeit für den Kampf gekommen war, was ihn zum neuen Champion machte. Aber wie alle anderen wusste natürlich auch Conor, dass er den Titel des besten Kämpfers im Federgewicht nicht berechtigterweise für sich beanspruchen konnte, ohne José Aldo geschlagen zu haben. Sogar wenn Aldo der Gürtel abgenommen und Conor nach seinem Sieg gegen Mendes zum alleinigen Champion ernannt worden wäre, hätte er noch nicht behaupten können, der beste Federgewichtskämpfer der Welt zu sein. Das erforderte einen Sieg gegen Aldo und nichts weniger. Aldo war der weltbeste Kämpfer in der 66-Kilogramm-Klasse geworden, weil er in den letzten sechs Jahren die besten Herausforderer des Planeten besiegt hatte. In den meisten Fällen hatte das nicht einmal seine volle Kraft erfordert. So schön es auch war, im Gym einen UFC-Gürtel hängen zu haben, so war er doch nicht mehr als ein Symbol.

Nachdem er seine Aufgabe als Coach bei *The Ultimate Fighter* erfüllt hatte, kehrte Conor im September 2015 nach Irland zurück. Er hatte sich während seiner Abwesenheit mit leichtem Training in Form gehalten und ich war neugierig, wie es nun seinem Knie ging. Zum Glück schien es so gut wie neu zu sein. Es schränkte ihn überhaupt nicht mehr ein. Seitdem hat es ihm nie wieder Probleme bereitet und ich kann nur hoffen, dass es so bleibt.

Ich werde oft um einen Einblick in den Ablaufplan von Conors Trainingslagern gebeten, aber im Grunde gibt es keinen. Manche Coaches organisieren die Lager in Blöcken – in den ersten vier Wochen Krafttraining, in den nächsten vier Wochen die Kraft in Explosivität umwandeln und so weiter –, aber das halte ich im MMA nicht für zweckmäßig. Aufgrund von kurzfristig angesagten Kämpfen, wechselnden Gegnern und Ähnlichem muss man seine Ziele ständig neu stecken.

Im SBG ändert sich unser Training nicht wirklich, egal, ob sich der Athlet gerade auf einen Kampf vorbereitet oder nicht. Wir gestalten auch Trainingslager meist nicht wie andere Teams. In vielen Sportzentren nehmen sich die Kämpfer nach einem Kampf ein paar Wochen frei, achten dann nicht auf ihre Ernährung und trainieren überhaupt nicht. Dann begeben sie sich wieder in ein Trainingslager, um sich auf ihren nächsten Kampf vorzubereiten. So beginnen sie jedes Mal bei null und wechseln vom einen Extrem zum anderen. Wir trainieren lieber das ganze Jahr über in einem gleichbleibenden, beständigen Rhythmus. Conor trainierte früher zweimal am Tag, aber jetzt bevorzugt er täglich ein Training, das drei oder vier Stunden dauert. Es ist nicht von Beginn bis Ende extrem anstrengend. Stattdessen behält er die ganze Zeit ein gleichmäßiges Tempo bei. An einem Tag kann es ums Sparring gehen, am nächsten ist Pratzentraining angesagt und an einem weiteren Tag kann das Grappling im Vordergrund stehen. Das lässt sich alles anpassen. Es gibt keine strengen Regeln. Wenn Conor morgens aufwacht und nicht besonders heiß ist auf das Training, kommt er vielleicht nur für eine kurze Technikeinheit her. Am nächsten Tag strotzt er dann wieder vor Energie, sodass man zehn Sparringpartner für ihn aufstellt. Wenn diese Energie da ist, muss man sie nutzen. Und im seltenen Fall, dass sie es nicht ist, sollte man darauf Rücksicht nehmen. Über einen Zeitraum von sechs, acht oder zehn Wochen gibt es nun mal einige

Tage, an denen man nicht in Topform ist. Die Trainingsinhalte ändern sich täglich. Man passt sie daran an, wie sich jemand fühlt.

Da Conor den Großteil seines Trainingslagers in Dublin verbrachte, musste er unter anderem damit zurechtkommen, dass Menschen auf der Jagd nach Fotos und Autogrammen in der Trainingshalle auftauchten. Conor hat seinen Fans schon immer gerne einen Gefallen getan – er weiß ihre Unterstützung wirklich zu schätzen –, aber für das Gym haben wir eine sehr strenge Regelung aufgestellt: Es ist ein Arbeitsplatz. Wer kein Mitglied ist, kommt nicht weiter als bis zum Empfang. Es sind schon Menschen gekommen, die angaben, extra aus Amerika angereist zu sein für ein Foto. Sie erwarten dann, dass wir sie einfach durchlassen und sie ein Selfie machen können, während sich Conor mitten in einer Trainingseinheit befindet. Manchmal sind die Leute verärgert, wenn wir sie nicht einfach hereinspazieren lassen und sie ihren Willen bekommen. Aber die Trainingshalle ist der Ort, an dem wir trainieren, und er ist für die Öffentlichkeit tabu. Hier üben die Kämpfer ihren Beruf aus und es ist wichtig, dass sie dabei nicht gestört werden.

*

Während wir uns mit voller Kraft Conors Chance widmeten, uneingeschränkter UFC-Champion zu werden, gab es am 24. Oktober ein weiteres großes Event für das SBG: die UFC Fight Night 76 in der 3Arena in Dublin. Und obwohl Conor nicht mit von der Partie war, waren die Tickets innerhalb von Minuten ausverkauft. Das SBG war mit Paddy Holohan, Aisling Daly und Cathal Pendred wieder einmal stark vertreten. Während Ais und Cathal in den Vorkämpfen antreten sollten, war die Konfrontation zwischen Paddy und dem amerikanischen Aufsteiger Louis Smolka einer der Hauptkämpfe. Es war ein wichtiger Kampf und er wurde noch wichtiger, als das Ereignis näherrückte. Zehn Tage vor dem Event führte eine Verletzung von Stipe Miocic zur Absage seines Schwergewichtskampfes gegen Ben Rothwell. Daraufhin wurde Paddys Auftritt zum vorletzten Kampf des Abends hochgestuft. Aber das war noch nicht alles. Am Dienstag vor dem Event erfuhren wir, dass Joseph Duffy wegen einer Gehirnerschütterung nicht wie geplant gegen Dustin Poirier antreten konnte. Das wäre der wichtigste Kampf des

Abends gewesen und so wurde Paddy nur vier Tage vor dem Ereignis zur Hauptattraktion eines UFC-Events in seiner Heimatstadt – genau wie Conor 15 Monate zuvor.

Im Nachhinein betrachtet war es zu viel und zu früh. Nach einer normalen, gut abgestimmten Vorbereitung auf den für Paddy so wichtigen Kampf wäre ein Sieg mit einem Platz auf der Rangliste der Fliegengewichtsklasse möglich gewesen. Aber durch die Hochstufung seines Kampfes zum Hauptevent des Abends hatte er plötzlich eine schwere Last zu tragen. Als irischer Athlet in der Heimat das Hauptevent einer UFC-Veranstaltung zu sein, ist eine heftige Belastung, und das bekam Paddy zu spüren. Er gab sein Bestes, aber wie er mir später anvertraute, konnte er einfach noch nicht damit umgehen. Auch wenn es sein oberstes Ziel war, an solch hochkarätigen Ereignissen teilzunehmen, wollte er sich lieber langsam dorthin hocharbeiten. Die Erwartungen, die an ihn gestellt wurden, belasteten Paddy extrem. Schon der Walkout machte ihm zu schaffen. Sobald er in das Oktagon stieg, fühlten sich seine Beine schwer an. Das geht Kämpfern oft so – es ist ein ganz natürlicher Vorgang, eine hormonbedingte Flucht-oder-Kampf-Reaktion, die dadurch ausgelöst wird, dass vermehrt Blut in die Beine strömt. Aber wenn man sich des ganzen Ausmaßes der Situation bewusst wird, kann sich dieses Gefühl im Kopf festsetzen, auf den ganzen Körper übergreifen und schließlich die eigene Leistungsfähigkeit einschränken. Meist gelingt es einem, die Schwere in den Beinen loszuwerden, wenn der Kampf beginnt, aber wenn man innerlich auch nur den kleinsten Funken Zweifel verspürt, wird sich die Schwere ausbreiten und die körperliche Leistungsfähigkeit vermindern. Genau das erlebte Paddy im Kampf gegen Louis Smolka. Er machte von Beginn an einen schwerfälligen Eindruck und ließ sehr schnell nach. Das war ihm noch nie zuvor passiert. In Kämpfen über drei Runden hatte er immer gut durchgehalten, und das auch gegen Kontrahenten, die ich für stärker hielt als Smolka. Dennoch allen Respekt für Smolka, der die Gelegenheit prompt ausnutzte. Ihm gelang in der zweiten Runde der Sieg durch einen Rear Naked Choke. Es war eine große Enttäuschung, doch Paddy hat viel daraus gelernt und ich freue mich darauf zu sehen, wie er diese Lektion in die Praxis umsetzt.

Die Vorkämpfe gingen mit unterschiedlichen Ergebnissen für uns aus, aber im Grunde gehörte der Abend Aisling Daly. Zum Zeitpunkt des vorherigen UFC-Events in Dublin war Ais mit den Dreharbeiten für *The Ultimate Fighter* beschäftigt gewesen, während ihre Teamkollegen diese Nacht zur größten in der Geschichte des irischen MMA-Sports machten. Das verpasst zu haben, war hart für sie, daher war sie fest entschlossen, nun das Beste aus dieser Gelegenheit herauszuholen. Sie hatte einige Zeit mit Depressionen zu kämpfen gehabt und im letzten April eine Niederlage gegen Randa Markos einstecken müssen, daher hatte sie nun alles darangesetzt, sich bestmöglich auf diesen Kampf vorzubereiten. Ihre Gegnerin, Ericka Almeida, war eine Teamkollegin von José Aldo aus der brasilianischen Akademie Nova União, was auch bedeutete, dass Ais die Möglichkeit hatte, in dieser speziellen Konkurrenz die Überlegenheit des SBG unter Beweis zu stellen.

An dem Abend lief für Aisling alles rund, vom Walkout bis zum Kampf an sich. Bevor wir hinausgingen, sagte ich Ais, sie solle das ganze Erlebnis in sich aufsaugen. Das ist wichtig für Kämpfer, doch manchmal vergessen wir es. Ich möchte, dass all meine Kämpfer eines Tages mit ihren Enkelkindern auf diese Momente zurückblicken können und großartige Geschichten zu erzählen haben. Leider ist es oft so, dass wir regelrecht durch die Kämpfe hetzen und die Stimmung nicht wirklich wahrnehmen, aber man muss für sich Erinnerungen schaffen, an denen man sich festhalten kann und die einem vergegenwärtigen, weshalb man all diese Mühen auf sich genommen hat, wenn man 20, 30 oder 40 Jahre später an seine Karriere zurückdenkt.

Ich riet Ais aber auch, dass sie alles andere ausblenden solle, sobald wir das Oktagon erreicht hatten. Und genau das tat sie. Sie sah mir in die Augen und ich konnte erkennen, dass sie den Schalter umgelegt hatte. Sie war jetzt im Tunnel. Ericka war gut, aber Ais brannte für den Kampf. Der einstimmig beschlossene Sieg war ihre Belohnung für monatelange harte Arbeit.

Für Cathal Pendred war es keine so gute Nacht. Da er innerhalb einer sehr kurzen Zeitspanne viele Kämpfe bestritten hatte – dieser war sein sechster in nur 15 Monaten –, hatte ich versucht, ihn dazu zu bringen, sich eine Pause zu gönnen. Doch er wollte einfach nur weitermachen. Sein Gegner, Tom Breese, hatte weitaus weniger Erfahrung, aber meines Erachtens wird er in Zukunft noch Großes erreichen können. Die beiden unterschieden sich gewaltig in ihren Fähigkeiten, was Breeses Sieg durch TKO in der ersten Runde bewies. Breese gestaltete den Kampf sehr einseitig. Man konnte nur den Hut vor ihm ziehen. Er ist definitiv jemand, den es sich im Auge zu behalten lohnt.

Während der Vorbereitung auf diesen Kampf war Cathal nicht ganz er selbst. An Ehrgeiz und Entschlossenheit, die ihn so weit gebracht hatten, schien es ihm nun zu mangeln.

Als Cathal mir ein paar Wochen später sagte, dass er beschlossen hatte, sich aus dem MMA-Sport zurückzuziehen, war das keine große Überraschung. Er hatte lange Zeit ununterbrochen an sich als Kämpfer gearbeitet und ich spürte, dass seine Motivation langsam nachließ, wie es irgendwann bei allen geschieht. Er interessierte sich zunehmend für Dinge außerhalb der Trainingshalle, was grundsätzlich eine gute Sache ist. Ich ermutige meine Kämpfer immer dazu, einen Plan für den Zeitpunkt zu entwickeln, an dem sie bereit sind für den Ausstieg. Cathal hatte einiges im Visier – mögliche Filmrollen, Medienarbeit und die Eröffnung eines Restaurants. Infolgedessen begann er, Trainingseinheiten zu verpassen, was absolut untypisch für ihn war. Wenn man solche Dinge bemerkt, weiß man, dass der Kämpfer schon mit einem Fuß aus der Tür ist.

Ich bin meinen Kämpfern gegenüber sehr deutlich. Alles ist ganz klar. Sie bekommen meine ganze Aufmerksamkeit, wenn sie auf der Matte sind, aber ich kümmere mich nicht weiter darum, wenn sie Trainingseinheiten auslassen. Denn ich muss meine Energie für diejenigen aufwenden, die tatsächlich im Gym sind. Ich habe jetzt 45 Kämpfer und nicht die Zeit, allen hinterherzurennen, wenn sie nicht auftauchen. Die Jungs wissen, dass das Teil der Abmachung ist. Es ist völlig egal, wie wichtig ein bevorstehender Kampf ist: Wenn jemand nicht da bist, verschwende ich keinen Gedanken an ihn. Wenn wir auf der Matte nicht intensiv miteinander arbeiten, kann ich als Coach nicht viel für jemanden tun. Ich weiß, dass manche Trainer das anders anpacken. Kieran McGeeney ist perfekt darin, seine Spieler ständig im Blick zu haben. Wenn einer von ihnen am Freitagabend ausgeht, erfährt er es sofort und steht am Samstagmorgen bei dem Kerl vor der Tür. Ich kann mir nichts Schlimmeres vorstellen als Kieran vor meiner Tür. Aber diese Art Trainer bin ich nie gewesen. Wenn jemand in der Trainingshalle ist, dann sind wir da zusammen.

Cathal war schon immer ehrlich zu sich selbst gewesen und erkannte, dass er mit Tom Breese bei Weitem nicht mithalten konnte. Nach einer Niederlage wie dieser sollte man sich die Zeit nehmen, realistisch über die eigene Situation nachzudenken. Möchte man wirklich nur der Hilfsarbeiter sein, der als Sprungbrett für die Karriere anderer Kämpfer fungiert? Wenn jemand nicht mit ganzem Herzen bei der Sache ist, steigt auch die Gefahr, sich zu verletzen. Als Cathal mir mitteilte, dass er beschlossen hatte, die MMA aufzugeben, hielt ich das für eine sehr mutige und vernünftige Entscheidung. Ich war stolz auf ihn, weil er sie selbst getroffen hatte, während man den meisten Jungs erst klarmachen musste, dass sie besser aufhören sollten. Cathal hat im MMA Großartiges vollbracht. Als Champion von Cage Warriors viermal in der UFC zu gewinnen ist nur einem weiteren Iren gelungen. Cathal verließ die MMA mit erhobenem Kopf – und das zu Recht, besonders wenn man bedenkt, wie spät er zu dem Sport gekommen ist. Er hat viele Menschen inspiriert, mich eingeschlossen. Wenn man etwas unbedingt erreichen möchte, darf man sich von niemandem weismachen lassen, man könne das nicht schaffen. Früher oder später zahlt sich diese Einstellung aus. Cathal Pendred ist der Beweis dafür.

Drei Wochen vor dem Kampf gegen Aldo flogen wir nach Los Angeles, wo Conors Trainingscamp in die letzte Runde gehen sollte. Wir bereiteten uns auf einen UFC-Titelkampf vor, genau wie es bei der UFC 189 der Fall gewesen war, aber dieses Mal lief alles viel entspannter ab. Damals hatte Conors Knie sehr im Fokus gestanden und wie es die Belastung aushalten würde. Dieses Mal ging es nur um den Kampf. *Nun ist das SBG so weit*, dachte ich. *Das ist unser Level und es ist an der Zeit, ein Zeichen zu setzen. Der beste Kämpfer Irlands gegen den besten Kämpfer der Welt. Es wird sich zeigen, ob wir hierhergehören.* Da das Training perfekt gelaufen war, hatten wir keinen Grund, angespannt oder besorgt zu sein. Wir waren auf alles gefasst und so bereit wie nie zuvor.

Der Plan war, einige Wochen in LA zu verbringen, bevor wir zur Fight Week nach Las Vegas fuhren. Conor hatte schon eine Zeit lang die Arbeit eines Bewegungstrainers namens Ido Portal bewundert und lud Ido ein, uns während der letzten Phase des Trainings zu begleiten. Zu dem Zeitpunkt hatten wir alle harte Arbeit bereits hinter uns. Conor hatte sich fast das ganze Jahr auf diesen Kampf vorbereitet, also war es wichtig, nicht nur seinen Körper, sondern auch seinen Geist frisch und locker zu halten. Idos Fitnessübungen eigneten sich perfekt dazu.

Bei der Pressekonferenz vor dem Kampf, einige Tage vor der UFC 194, interpretierten die Medien in Conors entspannte Haltung viel hinein. Sie nahmen sogar seine Kleidung unter die Lupe. Statt wie gewohnt einen teuren Anzug zu tragen, erschien Conor in Jeans und einem Poloshirt. Während er Aldo bei früheren Pressebegegnungen angeschnauzt und beschimpft hatte, nickte er ihm nach diesem Staredown respektvoll zu. Die Pressevertreter fragten sich, ob Conor versuchte, Aldo durch dieses veränderte Verhalten in weitere Psychospielchen zu verwickeln, aber ich denke, dass sie ihn wohl überanalysierten. Wenn ich mich recht erinnere, waren Conors neue Anzüge einfach nicht rechtzeitig eingetroffen. Außerdem hatten zu dem Zeitpunkt alle genug davon, ständig Werbung für den Kampf zu machen. Conor hatte so viel dafür getan, dass diese besondere Aufgabe für ihn nun ein Ende hatte. Aldo war erschienen und der Kampf würde endlich stattfinden, also war für Conor die Zeit des Redens beendet.

Es war Conors erster Wettkampf, seit die UFC das Verbot intravenöser Rehydratation nach dem Wiegen eingeführt hatte, also würde der Weight-Cut möglicherweise schwieriger werden als sonst, weil diese Methode normalerweise genutzt wurde. Aber dank der Unterstützung von George Lockhart, einem Ernährungsberater und früheren Kämpfer, verlief das Gewichtmachen ganz unproblematisch. Wir waren wirklich perfekt vorbereitet. Ich hätte nichts anders machen wollen. Wenn wir den Kampf nicht gewannen, würde es einfach keine Entschuldigung dafür geben.

Meiner Ansicht nach gab es zwei Möglichkeiten, wie sich der Kampf entwickeln konnte. Entweder würde Aldo vorsichtig vorgehen und in der ersten Runde sehr defensiv und zurückhaltend auftreten, oder aber er würde schon früh auf Conor losgehen und versuchen, ihn so schnell wie möglich zwischen die Finger zu bekommen. Ich hoffte auf Letzteres, denn ich war mir sicher, dass das für Conor von Vorteil war. Er kann ausgezeichnet im Rückwärtsgehen zum Gegenschlag ansetzen und würde Aldo dafür bestrafen, wenn dieser zu weit nach vorne gehen und seine Deckung vernachlässigen würde.

Wieder war eine ungeheure Anzahl irischer Fans nach Las Vegas gekommen. Bei diesem Kampf ging es jedoch nicht so sehr um das Drumherum. Daran waren wir inzwischen gewohnt und wir wussten, dass nichts im MGM Grand das Erlebnis der UFC 189 übertreffen konnte. Hier ging es nur darum, hineinzugehen, José Aldo zu besiegen und den Gürtel mitzunehmen. Alles Weitere spielte keine Rolle.

Als wir zum Oktagon liefen und Conor hineinstieg, machte sich ein gewaltiges Gefühl der Erleichterung breit. Endlich war der Tag da. Es war fast so, als hätten wir als Team zur Ruhe gefunden. Der Kampf würde stattfinden. José Aldo gegen Conor McGregor: Nun war es wirklich so weit und es würde kein Ende geben, bevor nicht feststand, wer der weltbeste Kämpfer in der Federgewichtsklasse war. Seit Conors Zeit bei Cage Warriors hatte ich mir eine Konfrontation zwischen den beiden vorgestellt. Die Menschen hatten gelacht, als Conor nur kurz nachdem er in der UFC unter Vertrag genommen worden war, Aldos Namen in einer MTV-Reportage erwähnt hatte. Das hatte ein debütierender Federgewichtskämpfer noch nie zuvor getan. Man musste es sich erst verdienen, über Aldo reden zu dürfen, geschweige denn gegen ihn anzutreten. Aber Conor meinte es absolut ernst. Er sah keinen Sinn darin, in der UFC zu kämpfen, wenn Aldo nicht sein Ziel gewesen wäre.

Hinterher diskutierten viele Zuschauer über Aldos Auftreten und Körpersprache vor dem Kampf und behaupteten, er hätte während des Walkouts und der Vorstellung angespannt und verängstigt gewirkt. Im Nachhinein hat man immer leicht reden, aber ich würde lügen, wenn ich behaupten würde, dass mir an seinem Verhalten etwas aufgefallen wäre. Bis zum Beginn des Kampfes hielt er seinen Kopf gesenkt, aber das war normal für ihn. Bisher hatte das für ihn immer funktioniert.

Als der Kampf gegen Aldo vor einiger Zeit angekündigt worden war, hatte ich bewusst vorsichtig vorhergesagt, dass Conor »innerhalb von drei Runden« gewinnen würde, doch als ich kurz vor dem Kampf bei der UFC 194 meine Kolumne für The42.ie schrieb, war ich ehrlicher: »Ich kann mir auch vorstellen, dass es keine 60 Sekunden dauern wird.« Ich glaubte wirklich, dass das geschehen konnte, aber das machte es nicht weniger spektakulär, als es schließlich tatsächlich passierte. Auf eine so lange Vorgeschichte folgte der kürzeste Titelkampf in der Geschichte der UFC.

Conor stürmte aus seiner Ecke in die Mitte des Oktagons. Er eröffnete den Kampf mit einer geraden Linken, die ihr Ziel knapp verfehlte, und ließ einen schrägen Tritt gegen Aldos vorderen Oberschenkel folgen. Und dann kam Aldos großer Sturm nach vorne. Er drängte vorwärts und täuschte eine Rechte an, um von einem linken Haken abzulenken, den er tatsächlich landen konnte. Aber Conor war schneller. Er ging einen Schritt zurück, konterte mit einer wunderschönen Linken und der bis dahin unfehlbare UFC-Champion im Federgewicht fiel um wie ein gefällter Baum. Ein Jahr Vorbereitung für nur 13 Sekunden ... Aber wir dachten nicht daran, uns darüber zu beschweren.

Ich sah mit weit geöffnetem Mund verblüfft zu und versuchte zu begreifen, dass da nur wenige Meter von mir entfernt gerade ein historischer Moment für die MMA, ja für den irischen Sport stattgefunden hatte. In der Arena brach ein Höllenlärm aus, zu dem ich bald kräftig beitrug, doch ich brauchte eine Weile, bis mir die Bedeutung des Geschehenen wirklich bewusst wurde. Ich hatte noch nie einen Kämpfer so fallen sehen, vor allem keinen legendären Champion wie Aldo. Aber Conors Sieg war einfach phänomenal. Hatte es in der UFC je ein deutlicheres Statement gegeben? Ich glaube nicht. Conor musste sich nun nicht mehr mit dem ungeliebten Wort herumärgern. Jetzt war er unumstritten.

Nachdem er offiziell zum neuen Champion gekrönt worden war und wir uns wieder in den Backstage-Bereich begeben hatten, suchte ich mir einen ruhigen Raum und legte mich auf den Boden. Orlagh kam mit ihrem Smartphone angeschlichen – das kann sie gut – und fing diesen Augenblick ein. In einem solchen Moment blickt man unweigerlich auch auf seine ganz persönliche Entwicklung zurück. Ich dachte daran, wie ich in Rathmines zusammengeschlagen worden war, wie wir an einem brütend heißen Tag den »Schuppen« in Phibsboro gestrichen hatten, ich dachte an Dave Roche und an all die Trainingspartner aus der Zeit, in der wir kaum gewusst hatten, was wir überhaupt taten. Ich erinnerte mich daran, dass ich nie auch nur einen Cent auf der hohen Kante gehabt hatte, weil ich immer alles in meine Kampfsportausbildung gesteckt hatte. Ich dachte an die harten Nächte als Türsteher, daran, wie ich aus den Räumlichkeiten in Rathcoole herausgeworfen worden war. Ich ließ alle Niederlagen und Rückschläge Revue passieren. Die ganze Zeit über wäre es das Bequemste gewesen, das Handtuch zu werfen. Aber es gibt keinen einfachen Weg zu den Orten, die es sich wirklich zu erreichen lohnt.

Wir genossen natürlich die Feierlichkeiten, aber insgesamt war es ein bittersüßer Abend für das SBG. Während einer der früheren Kämpfe der UFC 194 hatte Gunnar Nelson nach einstimmigem Beschluss gegen Demian Maia verloren. Schon kurz nach Conors Sieg dachte ich an Gunni. Es ist schon immer so gewesen, dass ich sogar an unseren erfolgreichsten Abenden gedanklich bei einer Niederlage verweile. Wenn wir neunmal gewinnen und einmal verlieren, ist es die Niederlage, die mir anschließend nicht aus dem Kopf geht. Ich war mir nicht sicher, wie Gunni damit umgehen würde. Ich fürchtete, dass er mit den MMA aufhören würde. Aber als wir einige Tage später zusammensaßen und etwas heilsamen Abstand zu dem Kampf gewonnen hatten, waren seine Worte wie Musik in meinen Ohren.

»Ich war mir noch nie sicherer, dass ich diesen Gürtel im Weltergewicht gewinnen kann. Ich bin zu 100 Prozent überzeugt davon. Ich liebe das alles und will nichts anderes machen. Ich werde Champion.«

Es machte mich überglücklich, dass Gunni das sagte. Er hatte begriffen, dass diese Niederlage eine wichtige Lektion für ihn darstellte, und brannte schon darauf, das Gelernte in die Tat umzusetzen. Das war ein deutliches Zeichen dafür, wie sehr sich seine Einstellung verändert hatte, denn die Niederlage gegen Rick Story hatte er nicht so positiv aufgenommen. Gunni hätte Maias Sieg so werten können, dass sein Gegner viel stärker war als er selbst und es gar keinen Sinn hatte, weiter als Kämpfer zu arbeiten. Stattdessen konzentrierte er sich auf die Tatsache, dass er drei Runden lang gegen den wohl besten Brasilianischen-Jiu-Jitsu-Kämpfer der MMA durchgehalten hatte, ohne aufzugeben. Sicher gab es auch Momente, an denen er fast aufgegeben hätte, was die meisten Jungs wahrscheinlich getan hätten, aber Gunni hielt durch. Natürlich hatte er in dem Kampf körperliche Fehler gemacht, aber die würden sich allesamt beseitigen lassen. Und da er zehn Jahre jünger ist als Demian Maia, hat Gunni mehr als genug Zeit, um aus seinen Fehlern zu lernen.

Von Weihnachten hatte ich 2014 nicht viel gehabt, da Conor sich damals auf seinen Kampf gegen Dennis Siver vorbereitet hatte. 2015 glich ich das wieder aus, indem ich während dieser Zeit zehn Tage mit meiner Familie in Spanien verbrachte. Normalerweise steige ich nur in ein Flugzeug, wenn ich in Sachen MMA unterwegs bin, daher war das mal eine willkommene Abwechslung. Für die Dauer des Urlaubs gehörten Kämpfe nicht zu unseren Gesprächsthemen, und das war genau das, was ich brauchte.

Eines wusste ich: Sobald ich in Dublin wieder aus dem Flugzeug aussteigen würde, würde sich Conor auf die Suche nach einer Herausforderung begeben, die noch nie zuvor jemand gemeistert hatte.

18

Als ich den Artikel zum ersten Mal las, glaubte ich, es sei ein Scherz. »Irisches Parlament debattiert über Petition: Conor McGregors Gesicht bald auf 1-Euro-Münze?«, lautete der Titel.

Es klang lächerlich, aber anscheinend war der Antrag ernst gemeint. Ein irischer Regierungsausschuss sollte die Petition, die ein Bürger eingereicht hatte, nun prüfen. Natürlich war es nicht überraschend, dass sie schließlich abgelehnt wurde – aber die Angelegenheit war ein weiteres Beispiel dafür, wie drastisch sich Conors Stellung innerhalb der irischen Gesellschaft verändert hatte. Die meiste Zeit, die ich ihn kenne, hatte er nicht mal eine 1-Euro-Münze in der Tasche. Und jetzt wurde darüber diskutiert, ob sie mit seinem Gesicht versehen werden sollte. Es war absolut verrückt, aber so liefen die Dinge nun mal. Er war der größte MMA-Star aller Zeiten geworden, hatte der UFC Rekordumsätze beschert und den Sport in die Wohnzimmer von Menschen gebracht, die sich zuvor nie damit befasst hatten. Nach jedem Kampf denkt man, er könne unmöglich noch eine Schippe draufschlagen, aber jedes Mal beweist er das Gegenteil.

Die Diskussion um die erstaunliche Münzpetition fand nur 24 Stunden nach der offiziellen Bekanntgabe von Conors nächstem Kampf statt. Er hatte sich bereits dazu verpflichtet, bei der UFC 200 zu kämpfen, was wieder ein gewaltiges Event werden würde, aber erst am 9. Juli stattfinden sollte. Ich wusste, dass Conor nicht so lange auf einen Kampf würde warten wollen – vor allem, da der Kampf gegen José Aldo nur 13 Sekunden gedauert hatte. Er würde sich unter keinen Umständen sieben Monate lang mit einem Zuschauerdasein zufriedengeben.

Nach dem Kampf gegen Aldo wurden in den Medien mehrere Optionen diskutiert. Eine davon war eine Revanche gegen Aldo, aber das ließ sich kurzfristig kaum realisieren, da Aldo durch den Knockout wohl eine ganze Weile lang nicht trainieren konnte. Eine weitere Möglichkeit war die Verteidigung des Federgewichtstitels gegen Frankie Edgar. Als ehemaliger Champion in der Leichtgewichtsklasse konnte Edgar auf fünf solide Siege in Folge in der Gewichtsklasse bis 66 Kilogramm aufbauen – der letzte davon erfolgte durch einen Knock-out von Chad Mendes in der ersten Runde, nur 24 Stunden vor Conors Sieg gegen Aldo. Conor gefiel die Idee, es mit Frankie Edgar aufzunehmen. Er war der einzige ernst zu nehmende Herausforderer um den Federgewichtstitel, gegen den Conor noch nicht gekämpft hatte. Das war reizvoll, aber Conor bevorzugte als nächsten Schritt einen Kampf, der gar nicht in der Federgewichtsklasse stattfinden würde.

Wir hatten bereits über einen Aufstieg in die Leichtgewichtsklasse gesprochen, früher oder später führte kein Weg daran vorbei. Denn beim Weight-Cut 66 Kilogramm zu erreichen, war für Conor harte Arbeit, 70 Kilogramm waren da schon viel einfacher. Außerdem tat sich hierdurch die Möglichkeit auf, Geschichte zu schreiben. Noch nie zuvor war ein Kämpfer in zwei Gewichtsklassen gleichzeitig UFC-Champion gewesen. Nach seinem schnellen Sieg gegen Donald Cerrone im Dezember benötigte der Leichtgewichtschampion Rafael dos Anjos einen neuen Herausforderer und die Titelaspiranten in dieser Gewichtklasse hatten nicht gerade für Begeisterungsstürme gesorgt. Conor erkannte seine Chance, und wenn er sich etwas in den Kopf gesetzt hat, ist er einfach nicht davon abzubringen. Er gab die Gewichtsklasse bis 66 Kilogramm nicht völlig auf, aber für den Moment hatte die höhere Gewichtsklasse mehr für ihn zu bieten. Conor wollte unbedingt das wiederholen, was ihm bei Cage Warriors in der UFC gelungen war: Er wollte einen Gürtel auf jeder Schulter.

Trotz der Proteste einiger UFC-Leichtgewichtskämpfer war der Kampf zulässig und wurde am 12. Januar 2016 offiziell angekündigt. Der Kampf von Rafael dos Anjos gegen Conor McGregor um den UFC-Leichtgewichtstitel bei der UFC 197 – die wegen Umstrukturierungen seitens der UFC später zur UFC 196 wurde – sollte am 5. März in der MGM Grand Garden Arena in Las Vegas stattfinden. Es war die Möglichkeit, etwas noch nie zuvor Erreichtes zu schaffen, etwas bisher Einmaliges. Nur wenige Wochen nach einer historischen Nacht in Las Vegas begannen schon die Vorbereitungen für die nächste.

Rafael dos Anjos' Kampfstil war nichts Neues für uns. Vereinfacht ausgedrückt ist er ein wenig wie José Aldo als Rechtsausleger. Dos Anjos war in guter Form und hatte Kämpfer wie Anthony Pettis, Benson Henderson und Nate Diaz besiegt. Was seinen Status als Champion anging, hatte er die Durststrecke in der Leichtgewichtsklasse meiner Meinung nach gut genutzt. Auf diesem Niveau ist kein Kampf einfach und wir würden natürlich der Bedeutung des Ereignisses entsprechend trainieren. Doch ich war mir sicher, dass Conor aufgrund seiner überragenden Fähigkeiten den Kampf ziemlich einseitig gestalten und einen weiteren Sieg in der ersten Runde erzielen würde.

In einigen der Kolumnen, die ich schrieb, während der Kampf näher rückte, widmete ich mich Conors Aufstieg in die Gewichtsklasse bis 70 Kilogramm, die wohl am ehesten seinem natürlichen Körpergewicht entsprach, und erwähnte, dass ich auch einen anschließenden Schritt in die nächsthöhere Gewichtsklasse – Weltergewicht bis 77 Kilogramm – nicht ausschließen würde. In vielen Medien wurde das als Herausforderung des McGregor-Lagers an den amtierenden Champion im Weltergewicht Robbie Lawler interpretiert. Auch Conor ließ öffentlich verlauten, dass er einen Kampf in der 77-Kilogramm-Klasse als mögliche Option für die Zukunft sah. Die Presse stürzte sich sofort auf diese Nachrichten. Wir hatten noch nicht einmal um den zweiten Gürtel gekämpft, als die Leute schon vom dritten sprachen. Conor war noch nie in der Weltergewichtsklasse angetreten. Und auch wenn wir grundsätzlich nicht abgeneigt waren, hatten wir noch nie detailliert darüber gesprochen. Wie es der Zufall wollte, sollte das Debüt in der 77-Kilogramm-Klasse viel früher stattfinden als erwartet.

Nur zwölf Tage vor dem Kampf erfuhr ich die schlechten Neuigkeiten durch eine SMS von Conor: »Dos Anjos ist raus.«

Das war an einem späten Montagabend. Am Dienstagnachmittag war die Nachricht, dass sich Dos Anjos am Fuß verletzt hatte, schon in aller Munde. Wieder einmal hatte Conors Gegner abgesagt. Bei seinen letzten zwölf Kämpfen war das nun zum sechsten Mal geschehen.

Das sorgte bei der UFC für gewaltigen Zeitdruck, um den Hauptkampf eines großen Pay-TV-Events zu retten, denn ein Rückzieher Conors stand niemals zur Debatte. Wir waren bereit. Es war Aufgabe der UFC, einen Ersatzmann zu finden. Einige Kämpfer standen zur Verfügung, aber ich wusste von Anfang an, wer die Zusage bekommen würde.

Als Conor das erste Mal den Wunsch geäußert hatte, nach dem Kampf gegen Aldo in die Leichtgewichtsklasse aufzusteigen, gab es eigentlich nur zwei Möglichkeiten – zum einen die Chance auf den Titel in einem Kampf gegen Dos Anjos und zum anderen ein Aufeinandertreffen mit Nate Diaz, der sowohl im Leichtgewicht als auch im Weltergewicht antrat. Letzteres war ehrlich gesagt schon sehr reizvoll gewesen, aber der Option, in die Geschichte einzugehen, konnten wir nicht widerstehen. Nun, nach der Absage von Dos Anjos, war die Situation innerhalb von 36 Stunden geklärt. Diaz wollte gegen Conor antreten, Conor wollte gegen Diaz kämpfen und die Fans wollten das Kräftemessen zweier der unterhaltsamsten und beliebtesten Kämpfer des Sports sehen. Das ergab absolut Sinn. Diaz war die Nummer fünf der Leichtgewichtsrangliste, doch das spiegelte seine Fähigkeiten und sein Ansehen im MMA nicht wirklich wider.

Natürlich waren wir enttäuscht, dass die Chance auf den zweiten Gürtel für den Augenblick verflogen war, aber es nutzte nichts, darüber zu jammern. Ein Kampf gegen Nate Diaz stellte immerhin eine ziemlich gute Alternative dar. Ich war bereits lange ein Bewunderer der beiden Diaz-Brüder, Nate und des älteren Nick. Wer ein MMA-Fan ist, muss diese Jungs einfach mögen. Sie sind jetzt schon Ikonen des Sports. Nick und Nate haben seit Jahren ihr eigenes Ding durchgezogen; sie wollen sich nicht anpassen und ihre Einstellung gefällt mir. Sie treten jedes Mal mit der Absicht an, ihre Gegner zu zerlegen. Ungeachtet des Ergebnisses hat es nie einen Moment gegeben, an dem die Diaz-Brüder den Erwartungen der Fans nicht gerecht wurden. Langweilige Kämpfe sind nicht ihr Ding und sie scheinen sogar von Runde zu Runde stärker und besser zu werden. Sie stecken die Schläge des Gegners ein und versuchen, ihn auszuknocken. Ich war mir sicher, dass die Kombination aus dieser Methode und Conors eigenem einzigartigen Stil einen fesselnden Kampf versprach, der allen Beteiligten viel Spaß machen würde – den Fans, den Medien und den Kämpfern selbst. Außerdem war ich überzeugt, dass Conor in der Lage war zu gewinnen. Diaz hatte bei seinem Sieg über das Top-fünf-Leichtgewicht Michael Johnson im Dezember beeindrucken können, aber er hatte seinem Gegner viele Treffer ermöglicht. Meiner Ansicht nach würde Conor diesen Schwachpunkt nutzen.

Die einzige Hürde, die es bei der Vereinbarung dieses Kampfes zu überwinden galt, war die Frage des Gewichts. Aufgrund der kurzfristigen Anfrage wollte Diaz nicht in der 70-Kilogramm-Klasse kämpfen. Daher wurde zunächst ein Kampfgewicht von bis zu 73 Kilogramm vorgeschlagen, womit Diaz anfänglich einverstanden war. Aber dann änderte er seine Meinung und bat um eine Obergrenze von 75 Kilogramm. An dem Punkt der Verhandlungen hatte Conor das Hin und Her satt.

»Sag Nate, er soll sich entspannen«, sagte er. »Ich möchte auch nicht, dass er hinterher mit Ausreden ankommt. Lass uns 77 Kilogramm festlegen.«

Und das war's. Innerhalb von zwölf Wochen sollte Conor in zwei UFC-Hauptevents kämpfen, und zwar sowohl im Federgewicht als auch im Weltergewicht. Die Leichtgewichtsklasse übersprang er einfach.

»Noch nie da gewesen« wurde allmählich zu einem festen Bestandteil seines Vokabulars. Er fühlte sich unangreifbar. Das Wer, Wo oder Wann der Situation spielte keine Rolle.

Die Vorbereitungen auf dieses Aufeinandertreffen waren kurz, aber unterhaltsam, da die beiden Jungs nicht auf den Mund gefallen waren und sich während der Pressekonferenzen gegenseitig Beleidigungen an den Kopf warfen. Dass Diaz Conor beschuldigte, leistungssteigernde Dopingmittel eingenommen zu haben, war für mich jedoch enttäuschend und ziemlich irritierend. Angesichts der Tatsache, dass einige von Diaz' Teamkollegen in der Vergangenheit wegen der Verwendung leistungssteigernder Substanzen bestraft worden waren, kam es mir besonders seltsam vor. Wahrscheinlich war es nur ein Versuch, Conor zu ärgern. Aber auch wenn Diaz hoffte, Conor wütend zu machen, hatte er damit keinen Erfolg. Ich bin schon immer der Meinung gewesen, dass Kämpfer wissen, ob ihr Gegner ehrlich kämpft. Ich halte Diaz für einen ehrlichen Kämpfer, der im Grunde wusste, dass seine Behauptungen völlig haltlos waren.

Conor war gerade erst in Begleitung von Artem Lobov und Ido Portal in den USA angekommen, als er von Rafael dos Anjos' Rückzug erfuhr. Wieder war Los Angelos der Ausgangspunkt, bevor es weiter nach Las Vegas ging. Ich kam eine Woche später nach und landete am Montag. Da am vorangegangenen Samstagabend sechs Kämpfer des SBG bei einem Event des britischen MMA-Veranstalters BAMMA in Dublin angetreten waren, hatte ich nicht früher abreisen können.

Als ich in L.A. zu den Jungs stieß, waren sie unglaublich gelassen. Sogar im Vergleich zu der Vorbereitung auf den Kampf gegen José Aldo war die Atmosphäre sehr entspannt. Es war fast so, als bereiteten wir uns auf einen amüsanten Schaukampf vor statt auf ein Pay-TV-Hauptevent der UFC. Da er sein Gewicht nicht reduzieren musste, war Conor in seiner Ernährung deutlich weniger eingeschränkt, was sich in seinem Gemütszustand widerspiegelte. Ich hatte ihn während einer Kampfwoche noch nie so gut gelaunt erlebt.

Dass Conor nicht an seinem Gewicht arbeiten musste, veränderte die Situation für uns erheblich. Denn in den letzten Tagen geht es gewöhnlich fast nur um die Anzeige auf der Waage. Ohne diesen Druck musste ich mir manchmal fast in Erinnerung rufen, dass wir uns tatsächlich auf einen Kampf vorbereiteten. Diese Änderung des Ablaufs warf uns tatsächlich etwas aus der Bahn. Als wir im Backstage-Bereich darauf warteten, zum Wiegen gehen zu können, merkte ich plötzlich, dass ich nicht einmal eine Flasche Wasser dabeihatte. Aber wir brauchten auch keine, da Conor nicht dehydriert war und mit 76 Kilogramm deutlich unter der Gewichtsgrenze lag. Trotzdem suchte und fand ich eine, denn so machen wir das normalerweise nun mal.

Ich bin schon immer der Ansicht gewesen, dass es gut ist, einen Kampf entspannt anzugehen, aber vielleicht kann man auch etwas zu entspannt sein. Sowohl im Backstage-Bereich als auch in der Arena herrschte bei der UFC 196 im MGM Grand eher Partystimmung. Es war ganz anders als bei allen vorherigen UFC-Events, an denen ich teilgenommen hatte. Sogar unmittelbar davor, als wir in den Umkleidekabinen waren, fühlte es sich nicht wirklich so an, als würde ein Kampf unmittelbar bevorstehen. Mit Conor war alles in Ordnung. Das Aufwärmen verlief gut und er sah so fit aus wie immer. Aber es war das vierte Mal innerhalb von

18 Monaten, dass wir in dieser Umkleide standen, und diesmal war es einfach anders.

Zum ersten Mal liefen wir im MGM nach dem Gegner zum Oktagon. Während wir darauf warteten, bis wir an der Reihe waren, beobachtete ich das Geschehen auf einem der TV-Bildschirme im Backstage-Bereich. Für den Bruchteil einer Sekunde dachte ich tatsächlich: »Oh cool, Nate Diaz wird kämpfen.«

Dann riss ich mich zusammen und erinnerte mich daran, dass ich nicht zu Hause auf dem Sofa saß und mir ein UFC-Event ansah. Ja, Nate Diaz würde kämpfen, aber wir waren die Jungs in der gegenüberliegenden Ecke.

Als wir hinausliefen und uns neben dem Oktagon in Stellung brachten, war ich aufgeregt. Diese beiden Alphamännchen würden die direkte Konfrontation miteinander angehen. Es standen keine Gürtel auf dem Spiel, es hatte kein Drama wegen des Gewichtmachens gegeben. Es war ein Boxkampf der alten Schule. Zwei MMA-Athleten, die sich aneinander messen wollten. Bei diesem Kampf ging es rein um das Können. Als Zuschauer war ich darauf gespannt, wie er sich entwickeln würde. Dieses Aufeinandertreffen miterleben zu dürfen, war ein Privileg.

Die erste Runde verlief in etwa so, wie ich es erwartet hatte. Als sie vorbei war, war ich relativ zufrieden, aber nicht vollkommen glücklich. Conor hatte viele gute Treffer gelandet, aber mir war schon früh aufgefallen, dass er mit seiner linken Hand weit ausholte. Er fiel seinen Schlägen gewissermaßen hinterher, was er für gewöhnlich nie tat. Er traf einige Male gut und glaubte, dass Diaz dadurch geschwächt wurde, was normalerweise geschah, wenn er solche Schläge landen konnte. Er hatte das Gefühl, kurz vor dem Triumph zu stehen, und das veranlasste ihn dazu, mit seiner linken Hand in der Hoffnung auf den Siegtreffer immer weiter auszuholen. Er investierte viel Energie in diese Schläge, statt die saubere Technik anzuwenden, für die er bekannt geworden war.

Zum Ende der Runde hin erlag Conor einem Single Leg Takedown. Er konnte sich jedoch mit seiner Jiu-Jitsu-Technik gut herauswinden, für die er bisher nie gewürdigt worden war. Es war ein großartiger Erfolg, die Runde gegen einen BJJ-Schwarzgurt so positiv zu beenden. Die erste Runde hatten wir mit 10:9 für Conor schon mal in der Tasche.

Sobald die Runde vorbei war, stieg ich ins Oktagon. Ich erschrak, als sich Conor auf den Stuhl setzte. Sein Mund war weit geöffnet und er atmete schwer. *Okay*, dachte ich. *Das habe ich bisher noch nicht gesehen.* Das war beunruhigend. Er hatte viel Energie darauf verwendet, mit einem Schlag einen Knock-out zu erzielen, und das hatte offensichtlich sehr an seinen Kräften gezehrt.

Nate Diaz bringt man nicht so einfach zur Strecke. Das hatte er schon im Verlauf seiner neun Jahre in der UFC bewiesen, während der er in 21 Kämpfen nur einmal besiegt worden war. Ich ermutigte Conor, die zweite Runde langsamer anzugehen, mit der Führhand zu arbeiten, Diaz einige Beintritte zu verpassen und dabei auf Distanz zu bleiben, um die bisherige Intensität des Kampfes zu verringern. Das kann man sich gegen Diaz leisten. Er ist nicht darauf aus, seinen Gegner zu quälen. Wenn nötig, kann man sich eine Runde lang außerhalb seiner Reichweite bewegen, um wieder zu Atem zu kommen. Und genau das sollte Conor tun. Wir hatten es ja nicht eilig, diesen Kampf zu gewinnen. Da noch 20 Minuten verblieben, würden sich früher oder später Möglichkeiten für einen Sieg auftun.

Aber schon während der ersten Schläge der zweiten Runde steckte Conor wieder all seine Kraft in seine linke Hand und machte dort weiter, wo er aufgehört hatte. Vielleicht spürte er etwas, das ich nicht spüren konnte – darauf vertraute ich –, aber ich wusste, dass dieses Vorgehen seine Energiereserven aufbrauchte. Ich konnte nur hoffen, dass sich das nicht rächen würde.

Conor war zu Beginn der Runde noch der Überlegene, aber bald wendete sich das Blatt. Nach etwas mehr als der Hälfte der Zeit landete Diaz eine schöne gerade Linke direkt in Conors Gesicht. Dann sah ich etwas, das ich noch nie erlebt hatte: Conor schwankte. Noch nie war er durch einen Schlag ins Wanken geraten. Er war verletzt. Seit zehn Jahren arbeiteten wir nun zusammen, und das war das erste Mal, dass ich sah, wie Conor so sauber getroffen wurde. Wenn Conor einen Schlag einstecken muss, ist seine gewöhnliche Reaktion, seinen Gegner anzulachen, nach vorne zu gehen und drei oder vier Konter auszuteilen. Aber diesmal gab es nichts zu lachen. Er hatte Schwierigkeiten, und das erschreckte mich.

Eine Situation wie diese stellt eine Herausforderung für mich dar. Der Coach in mir will den Athleten weiter für den Kampf motivieren, damit er den Sieg erreicht. Aber als Freund, als Bruder und als Betreuer erwacht der Beschützerinstinkt in mir und dann steht die Sicherheit des Kämpfers an erster Stelle. Wenn ich einen meiner Kämpfer so stark angeschlagen sehe, dann spielt das Ergebnis für diesen Teil von mir keine Rolle mehr.

Conor gab alles, um im Rennen zu bleiben, und konnte Diaz ein paar gute Schläge versetzen, obwohl er unter Druck stand. Aber etwas mehr als eine Minute vor Ende der Runde begab er sich durch einen schwerfälligen Takedown-Versuch in Gefahr. Diaz gelang ein Sprawl, bevor er zu einem Guillotone Choke ansetzte. Genau wie er es gegen Chad Mendes getan hatte, versuchte Conor sich mit dem »Heartbreaker« zu befreien, da es ihm aber – wahrscheinlich aufgrund seiner Erschöpfung – nicht gelang, die Rolle vollständig auszuführen, konnte er sich nicht freikämpfen. Diaz behielt die obere Position und ging zu einem Full Mount über und landete harte Treffer. Die Situation ließ für Conor nichts Gutes erwarten. Am Ende seiner Kräfte und einem erstklassigen BJJ-Kämpfer ausgeliefert, versuchte er ein weiteres Mal, sich zu befreien, und exponierte dabei für einen Moment seinen Rücken. Diaz zögerte keinen Moment und nutzte die Gelegenheit. Er nahm Conor in einen Rear Nacked Choke, aus dem es kein Entrinnen mehr gab. Conor klopfte ab, und Ringrichter Herb Dean schritt ein, um den größten Sieg in Diaz' Karriere zu bestätigen. Angesichts Conor McGregors erster Niederlage in der UFC trat im MGM Grand eine unheimliche Stille ein.

Während der Rest der Welt die Bedeutung des so schockierenden Kampfausgangs zu begreifen versuchte, verschwendete ich in diesem Moment keinen einzigen Gedanken an das Ergebnis. Ich musste wissen, ob es Conor gut ging. Die gerade Linke hatte ihn verletzt und auch danach hatte er noch einige Schläge einstecken müssen. Sogar wenn er gewonnen hätte, wären meine ersten Gedanken nicht anders gewesen. Er hatte mehr als genug abbekommen. Viel später, als ich über die Folgen der Niederlage nachdachte, sagte ich mir: »Ich werde alles dafür tun, dass er nie wieder so schwer verletzt wird.«

Als ich nach dem Kampf das Oktagon betrat, war ich erleichtert zu sehen, dass er körperlich anscheinend okay war, aber emotional war er am Boden. Ich umarmte ihn und versuchte, ihn zu trösten.

»Wer sonst außer dir macht so was? Wer sonst wäre dazu bereit, mit einem Vorlauf von weniger als zwei Wochen zwei Gewichtsklassen aufzusteigen und es mit einem erstklassigen Gegner aufzunehmen? Du hättest das Ganze abblasen können, als Dos Anjos abgesagt hat, und niemand hätte ein negatives Wort darüber verloren. Das hätte jeder andere getan, aber du dachtest nicht einmal daran. Geh jetzt bloß mit erhobenem Kopf vors Mikrofon und bleib positiv. Sei stolz auf das, was du gemacht hast, denn ich bin es auf jeden Fall. Denke daran, was Fedor Emelianenko gesagt hat: ›Nur wer niemals fällt, wird auch niemals wieder aufstehen.‹«

Als Nächstes sprach Conor mit Joe Rogan – das erste Mal als Verlierer. Es war eine bittere Pille für ihn, aber er meisterte die Situation mit Würde und Bescheidenheit. Das schien die Menschen im Nachhinein zu überraschen, aber ich hatte nichts anderes von ihm erwartet. Er hatte schon früher in seiner Karriere Niederlagen erleben müssen. Er kannte also das Gefühl. Doch dieses Mal lag der Unterschied darin, dass die ganze Welt ihm dabei zugesehen hatte.

»Ich bin das Risiko eingegangen, in der Klasse bis zu 77 Kilogramm anzutreten, und dachte schon, Nate in der ersten Runde geknackt zu haben. Aber ich habe meine Kräfte nicht effektiv genutzt. Doch ich bin realistisch, egal ob ich gewinne oder verliere. Ich respektiere Nate. Er ist gekommen, hat den Kampf kurzfristig angenommen und hat abgeliefert. Er war effizient. Ich war ineffizient. Das war's, denke ich. Es ist, wie es ist. Ich muss das hinnehmen wie ein Mann, wie ein Champion, und ich werde zurückkommen und wieder gegen ihn antreten.«

Trotz der Niederlage setzte Lorenzo Fertitta das fort, was zu einer Tradition nach Kämpfen geworden war, und brachte eine Flasche Midleton Very Rare Whiskey mit in die Umkleide. Dieses Mal konnten wir zwar keinen Sieg feiern, stießen aber auf einen unvergesslichen Kampf an. Allerdings schenkte Conor dem kaum Beachtung. Er hing schon über einem Smartphone und sah sich die Aufnahmen des Kampfes an.

Was die Menschen bei der ganzen Sache oft vergessen, ist die Tatsache, dass Conor das Kämpfen einfach liebt. Alles andere – Geld, Gürtel und Ruhm – ist für ihn nur ein Bonus. Es ist wichtig, dass die Leute das verstehen. Er geht Gefahren und Risiken ein, wenn er späten Gegnerwechseln zustimmt und sich in unterschiedlichen Gewichtsklassen versucht. Wer außer ihm würde das machen? Und er tut es immer wieder, weil ihm das Ganze einfach Spaß macht. Er geht diese Risiken ein, weil er weiß, dass er es sonst bereuen würde – ungeachtet der Konsequenzen. Ein strategischer Fehler in der zweiten Runde hatte in diesem Kampf den Unterschied zwischen Sieg und Niederlage bedeutet. Trotzdem ging am nächsten Tag die Sonne wieder auf, genau wie sie es getan hätte, wenn er gewonnen hätte.

Wir waren aufs Ganze gegangen und diesmal hatte es sich nicht ausgezahlt. Das wird nichts daran ändern, wie wir unsere Arbeit anpacken. Wir werden uns auch weiterhin bemühen, immer so gut wie möglich vorbereitet zu sein. Das gibt uns das Selbstvertrauen, jede Herausforderung annehmen zu können. Wenn nötig, werden wir das Risiko wieder eingehen. Wir haben unsere Lektion gelernt und werden daraus Konsequenzen ziehen. Zwei Wochen in den USA zu verbringen, reicht vor einem Kampf wie diesem nicht ganz aus. Wir benötigen mindestens drei, idealerweise vier Wochen Zeit.

Merkwürdigerweise gaben viele Fans Ido Portal die Schuld für diese Niederlage, genauso wie manche von ihnen ihm den Sieg gegen José Aldo zuschrieben. Tatsächlich war Ido für keines der beiden Ergebnisse verantwortlich. Als ich noch in Dublin war und meine anderen Kämpfer auf das BAMMA-Event vorbereitete, bekamen die Fans viele Aufnahmen von Conors leichtem Bewegungstraining mit Ido zu sehen. Sie konnten nicht verstehen, warum er nicht mit mir sparrte und trainierte, obwohl wir oft betont hatten, dass es in den letzten zwei Wochen vor einem Kampf nur darum geht, fit und locker zu bleiben. Als wir in Vegas ankamen, wurde ich von Menschen im Hotel angehalten und gefragt, warum ich nicht mehr Conors Coach war. Das war lächerlich. Conors Einheiten mit Ido machen ihm am Ende eines langen Trainingslagers einfach Spaß. Im Gegensatz zu anderen Camps wird bei uns in diesem Zeitraum nicht mehr gesparrt. Das Sparring kurz vor dem Kampf ist eine der Ursachen für die vielen verletzungsbedingten Absagen, die es aus anderen Trainingslagern gibt. In den letzten beiden Wochen vor dem Event werden wir immer genauer beobachtet, aber die Intensität unserer Trainings nimmt in dieser Zeit ab. Die acht bis zehn Wochen davor, in denen wir einige große Einheiten absolvieren, nehmen die Leute gar nicht wahr.

Frankie McConville, ein ausgezeichneter Muay-Thai-Trainer in Belfast, sagte einmal zu mir: »Es gibt nichts Langweiligeres, als für einen Kampf zu trainieren, denn man weiß genau, wie viele Kilometer man rennen und wie viele Sparringrunden man durchlaufen muss. Das ist öde.« Von Zeit zu Zeit nimmt man daher etwas Neues und Spannendes in das Training mit auf, um etwas Abwechslung hineinzubringen. Und das war Idos Aufgabe während der letzten Kämpfe und ich bin der Meinung, dass es ihm gelungen ist.

Dass Conor für den Kampf gegen Diaz kein Gewicht verlieren musste, war zwar angenehm, aber rückblickend betrachtet war es zweifellos ein Nachteil. Der Weight-Cut mag nicht viel Spaß machen, aber er lässt einem bewusst werden, dass man sich auf einen Kampf vorbereitet. Er hilft dabei, sich mental zu fokussieren, und stellte schon immer einen wichtigen Bestandteil unserer Vorbereitungen dar. Ohne dieses Ritual war das Ganze einfach eigenartig. Wir fühlten uns dadurch alle irgendwie anders.

Die Routine, die wir etabliert hatten, fehlte plötzlich. Dass ein Kämpfer Gewicht verlieren muss, hilft ihm dabei, sich auf das Wesentliche zu konzentrieren, und erinnert ihn daran, dass ein Kampf kurz bevorsteht. Wenn jemand am Verhungern ist, ist er im Überlebensmodus. Das sorgt für einen klaren Geist und aktiviert das reptilische Gehirn. Während des Weight-Cuts sieht Conor seinen Gegner als ein Hindernis, das seiner nächsten Mahlzeit im Wege steht. Es ist ein ganz natürliches Empfinden. Andererseits will man sich, wenn man ausgiebig zu Abend gegessen hat, eigentlich nur noch vor dem Fernseher entspannen. Das Feuer, das in einem lodert, wird durch Essen ersetzt. Wer rundum satt ist, wird sich nur schwerlich seine kämpferische Einstellung bewahren können.

Vor seinem nächsten Kampf in der Weltergewichtsklasse wird sich Conor wieder an eine strenge Diät halten müssen. Denn wir wissen nun, dass das eine wichtige Komponente seiner Vorbereitung ist, dann wird er eben mit etwa 75 Kilogramm zum Wiegen antreten. Und es wird keinen Cheesecake gaben! Seine Ernährung wird auf optimale Leistungsfähigkeit ausgerichtet sein.

Conors Niederlage war eine Lektion, aus der vor allem die kommende Kämpfergeneration lernen kann. Er bahnt den Weg für die jüngeren

Kämpfer, die vorwärtsstreben. Sie können seinen Werdegang verfolgen und von all seinen Erfahrungen profitieren.

Es wurden Fehler gemacht und als Trainer übernehme ich dafür die Verantwortung. Wir hätten früher in die USA fliegen sollen. Wir hätten unsere gewohnte Vorbereitung beibehalten und unsere Wettkampfmentalität aufrechterhalten sollen. Wir werden keinen Nachtisch mehr in uns hineinschaufeln, nicht mehr in protzigen Autos herumfahren und keinen Unsinn mehr bauen. Na gut, vielleicht wird es weiterhin schicke Autos geben, aber alles, was unseren gewohnten Standard an Vorbereitung negativ beeinflusst, wird aus dem Trainingslager verbannt. So müssen wir es machen und so wird es passieren, denn niemand ist kritischer als Conor sich selbst gegenüber.

Für mich war es schwierig, nach der Niederlage gegen Nate Diaz einfach dazusitzen und mitzuerleben, was Conor durchmachte. Schlimm war nicht, dass so viele seiner Kritiker das Ergebnis feierten und glücklich waren, dass es ihm dieses Mal nicht gelungen war, seine großspurigen Versprechen einzulösen. Diese Reaktionen der Öffentlichkeit kamen für uns nicht überraschend. Da Conor sich davon nicht stören ließ, machte es mir auch nichts aus. Jedoch kannte ich Conor gut genug, um zu wissen, dass die Niederlage und die Fehler, die wir gemacht hatten, an ihm nagen, ihn nachts wachhalten und jede Minute, jede Stunde und jeden Tag beschäftigen würden – das machte mir zu schaffen. Aber es war ein erheblicher Trost zu wissen, dass diese Erfahrung Conor nur stärker und klüger machen würde. Das ist so großartig an diesem Sport: Sogar, wenn man die Spitze schon erreicht hat, hört man nicht auf, dazuzulernen. Im Grunde werden die Lektionen sogar noch wertvoller als je zuvor.

EPILOG

Kurz vor der Fertigstellung dieses Buches trat einer meiner Athleten bei einem Kampf an, der zum Tod eines Mannes führte. Mein Kämpfer, Charlie Ward, gewann durch technischen Knock-out in der dritten Runde gegen den Portugiesen João Carvalho am Samstag, dem 9. April 2016 im National Stadium in Dublin. Es war ein sehr ausgeglichener Kampf, der so oder so hätte enden können. João war einige Male kurz davor, Charlie zu bezwingen, doch in der letzten Runde wendete sich das Blatt zugunsten von Charlie. Schließlich brachte er João mit einem rechten Haken zu Boden und ließ weitere Schläge folgen, bis der Ringrichter einschritt und den Kampf beendete.

Später in dieser Nacht erfuhr ich, dass João in das Beaumont Hospital gebracht worden war, da er sich nach dem Kampf in der Umkleidekabine unwohl gefühlt hatte. João geriet in einen kritischen Zustand und wurde einer Notoperation am Gehirn unterzogen. Innerhalb von 48 Stunden war er tot.

Da ich in der gegnerischen Ecke gestanden hatte, traf mich Joãos Tod hart. In der Nacht, nachdem ich die schrecklichen Neuigkeiten erfahren hatte, machte ich kein Auge zu. Es ging mir wirklich elend. João war nach Irland gereist, um das zu tun, was er liebte: den Sport ausüben, dem er sein Leben gewidmet hatte. Daran zu denken, was seine Familie wohl durchmachen musste, zerriss mich innerlich.

Ich habe ausführlich über alles nachgedacht und gebe offen zu, dass ich mich fragte, ob ich weiterhin in der Welt des MMA leben wollte. Aber dem Sport den Rücken zu kehren erschien mir zu keinem Punkt als der richtige Schritt.

Nach einem solchen Ereignis wechseln sich die Emotionen ständig ab. Für mich war es schon nicht leicht, damit umzugehen, aber Charlie fiel es natürlich noch viel schwerer. Rational betrachtet ist es Tatsache, dass die Kämpfer sich während des Kampfes lediglich an die Regeln einer Sportveranstaltung gehalten haben. Aber wenn die emotionale Seite zum Tragen kommt, frägt sich ein Kämpfer mit Sicherheit – und zu Unrecht –, ob er nicht doch die Schuld daran trägt, was passiert ist. Das muss Charlie durchstehen, aber zum Glück erfährt er dabei von seinen Trainern und Teamkollegen jegliche Unterstützung, die er braucht.

Einige Tage später erhielt er etwas Trost durch das Fernsehinterview von Joãos Bruder, der betonte, dass niemand für das Geschehene verantwortlich war, dass João den Sport geliebt hatte und ihn nichts jemals davon hätte abhalten können, seinen Traum von einem erfolgreichen Leben als MMA-Kämpfer zu realisieren. Beide Kämpfer betraten den Käfig mit derselben Absicht. Charlie weiß, dass genauso gut er der Unglückliche hätte sein können.

Ich habe bei fast 1000 Kämpfen als Coach in der Ecke gestanden und kann ehrlich sagen, dass dieser im Vergleich zu anderen nicht härter war. Im Kampf gab es viel Grappling und es wirkte sehr kräftezehrend. Als ich danach hörte, dass João in der Umkleide zusammengebrochen war, ging ich davon aus, dass das der Erschöpfung geschuldet war. Obwohl er den Kampf gewonnen hatte, war auch Charlie ziemlich mitgenommen. Es hatte nicht so ausgesehen, als hätte einer der beiden eine Menge harter Treffer landen können. Während der gesamten Auseinandersetzung wurden wahrscheinlich weniger Schläge ausgetauscht als während einer Runde eines professionellen Boxkampfes. Ich würde den Kampf mit Sicherheit nicht als besonders brutal beschreiben.

Das Ende erinnerte mich sogar an Conor McGregors Kampf gegen Chad Mendes. Als João in der Bankposition war, fiel Charlie über ihn her und teilte neun weitere Schläge aus, wovon die meisten auf Joãos Schulter und Unterarm landeten. Bei Conors Sieg gegen Mendes beklagten viele, dass der Kampf zu früh beendet worden war. Aber dieses Mal meinten Kritiker, der Ringrichter hätte João und Charlie zu spät getrennt. Im Nachhinein kann man sich leicht über den Zeitpunkt des Abbruchs beschweren, aber die Wahrheit war, dass es in dem

Moment nicht unangemessen aussah. Der Ringrichter gab João die Gelegenheit sich zu erholen, als er zu Boden ging. Sobald einige von Charlies Schlägen seinen Kopf trafen und deutlich wurde, dass João nicht mehr zurückschlagen oder sich vernünftig verteidigen konnte, schritt der Ringrichter ein.

Nach dem Kampf habe ich João backstage nicht getroffen, aber andere sind ihm begegnet und hatten den Eindruck, dass es ihm gutging. Er bat Conor sogar um ein Foto. An der ganzen Situation wirkte nichts ungewöhnlich, was den tragischen Ausgang des Kampfes umso erschütternder machte.

Joãos Tod wurde weltweit in den Medien behandelt, was zeigt, wie selten und unerwartet ein solches Ereignis in den MMA ist. In den darauffolgenden Tagen wurde ich mit Anrufen und Nachrichten der größten Pressekanäle aus der ganzen Welt überflutet. Schließlich musste ich sogar meine Nummer ändern, da das Telefon einfach nicht aufhörte zu klingeln. Ein Großteil der Berichterstattung befasste sich mit den Forderungen, MMA zu verbieten, und Journalisten wollten unbedingt meine Meinung dazu hören.

In einem solchen Moment befindet man sich in einer merkwürdigen Situation. Es war schwierig für alle, die mit dem SBG in Verbindung standen. Jeder Kämpfer und jeder Coach wurde von den Medien verfolgt. Wir bekamen eigentlich kaum Gelegenheit zu trauern, weil wir versuchen mussten, für die Öffentlichkeit eine Fassade aufrechtzuerhalten, um den Sport, der unter Beschuss geriet, in einer positiven Art und Weise zu vertreten.

In jeder Sportart gibt es tragische Vorfälle und nicht immer trägt dafür jemand die Schuld. Ich habe erst kürzlich einen Artikel gelesen, laut dem auf zehn erfolgreiche Besteigungen des Mount Everest ein Todesfall kommt. Dennoch gibt es keine entrüsteten Forderungen, das Bergsteigen zu verbieten. In vielen Sportarten sind bereits Menschen ums Leben gekommen – im Radsport, beim Rugby, beim Boxen und so weiter –, aber es wird behauptet, bei den MMA sei das anders, da man hier auf seinen Gegner einschlägt. Meiner Meinung nach sollte die Entscheidung über ein Verbot nicht auf die Art des Sportes oder auf die Wahrnehmung in der Öffentlichkeit gestützt sein. Eine Sportart sollte nur verboten werden, wenn bewiesen werden kann, dass sie im Vergleich zu anderen unverhältnismäßig gefährlich ist. Statistiken belegen aber, dass die MMA bei Weitem nicht der gefährlichste Sport ist, was Verletzungen und Todesfälle angeht. Wenn es keine Forderungen nach Verboten anderer Sportarten gibt, wieso sollte dann für die MMA etwas anderes gelten?

Eine Sportart wegen eines Todesfalls zu verbieten würde dazu führen, dass es auf der Welt – wenn überhaupt – nur noch wenige Sportarten gäbe. Wenn man so argumentiert, sollte man lieber für den Rest seines Lebens im Haus bleiben und fernsehen. Aber das ist auch nicht die sicherste Option. Gar keinen Sport zu treiben ist viel gefährlicher, als an sportlichen Wettkämpfen teilzunehmen. Es liegt in der menschlichen Natur, die eigenen körperlichen Grenzen austesten zu wollen. Manche Menschen treten dazu gegen einen Ball oder besteigen einen Berg und andere bevorzugen es, Kampfsport zu betreiben. So ist es schon seit Langem, und das wird sich auch nicht ändern.

Während ich dieses Buches schreibe, wird eine Obduktion zur Untersuchung der genauen Todesursache von João Carvalho durchgeführt. Lag bereits eine Erkrankung vor oder entstand die Verletzung durch einen der Schläge, die er einstecken musste? Ich kenne die Antwort hierauf nicht, aber ich bin mir sicher, dass es früher oder später eine geben wird.

Nach dem Kampf war eines der größten Gesprächsthemen in den Medien die Tatsache, dass MMA durch die irische Sportbehörde Sports Ireland (ehemals Irish Sports Council) nicht als Sportart anerkannt wird. Ohne Anerkennung oder Vorgaben seitens der Regierung unterliegt MMA in Irland keinerlei offiziellen Standards. Derzeit kann jeder in diesem Land ein MMA-Event abhalten und es gibt auch keinerlei Mindestanforderungen bezüglich der Kampfrichter, der medizinischen Versorgung oder irgendetwas anderem. So sollte es aber nicht sein. Die Organisatoren sind meist Geschäftsleute, die an erster Stelle Gewinn erzielen wollen, also sollte das Niveau der Betreuung der Kämpfer nicht in ihrem Ermessen liegen. Niemand kann einen davon abhalten, ein MMA-Event mit den niedrigsten Standards zu veranstalten, wenn man es möchte. Eigentümer von Sportschulen, wie ich es einer bin, können sich entscheiden, nicht mit solchen Organisatoren zusammenzuarbeiten, aber irgendwo finden sie immer willige Kämpfer.

Der Kampf zwischen Charlie Ward und João Carvalho wurde durch den Veranstalter Total Extreme Fighting organisiert. Direkt nach dem Kampf musste ich zurück in den Backstage-Bereich, um einen meiner anderen Kämpfer, Luka Jelčić, auf seinen Auftritt später am Abend vorzubereiten. Daher konnte ich die medizinische Versorgung, die an diesem Abend geleistet wurde, nicht genauer unter die Lupe nehmen. Aber bei flüchtiger Beurteilung schien alles auf einem hohen Niveau abzulaufen. Die Ärzte begutachteten Kopfverletzungen sogar zwischen jeder Runde jedes Kampfes, was ich zuvor noch bei keinem Event erlebt hatte. Ich hatte den Eindruck, dass alles korrekt durchgeführt wurde, allerdings kann ich die Leistung der Ärzte nicht beurteilen oder sicher sagen, ob das Regelwerk in allen Punkten befolgt wurde. Ich konnte nicht jeden Aspekt der Show überblicken, aber soweit ich es mitbekommen habe, schien alles in Ordnung zu sein.

João Carvalhos Tod rückt einem ins Bewusstsein, dass die MMA mit Risiken und Gefahren verbunden sind, obwohl Ereignisse wie dieses äußerst selten sind. Vor dieser Tatsache bin ich noch nie zurückgeschreckt. Ich verteidige meinen Sport leidenschaftlich und schätze die Gefahrenlage realistisch ein, aber ich ignoriere die Probleme auch nicht. Deshalb sind klare Vorschriften für MMA-Events in Irland so wichtig. Wir können die Risiken nicht eliminieren, aber mit der Unterstützung der Regierung können wir die Wahrscheinlichkeit, dass solch tragische Vorfälle vorkommen, minimieren.

Keinem Todesfall kann man etwas Gutes abgewinnen, aber dennoch müssen wir sichergehen, dass wir hierauf richtig reagieren. Ich finde es wichtig, dass es ein Regelwerk für MMA-Events in Irland gibt, und obwohl es absolut bedauerlich ist, dass ein Mann sterben musste, damit sich die Entscheidungsträger endlich zusammentun, um dieses Ziel zu erreichen, scheinen wir uns nun zumindest in die richtige Richtung zu bewegen.

In meiner Rolle als Präsident der Irish Amateur Pankration Association – ein Verband, der den MMA-Sport in Irland vertritt – führe ich Gespräche mit der Regierung und Funktionären von Sport Ireland. Ich würde gerne dem Vorbild Schwedens folgen: Dort gibt es seit 2007 einen nationalen Dachverband, der alle Aspekte rundum MMA reguliert.

Dafür zu sorgen, dass MMA in Irland offiziell als Sport anerkannt wird, bleibt eine beachtliche Herausforderung. Es gibt immer noch viel zu tun. Aber diesen Punkt zu erreichen wäre wichtiger für unseren Sport in Irland als jeder Weltmeistertitel und jedes UFC-Event.

Leider können wir nicht garantieren, dass es nie wieder einen Todesfall geben wird. Aber ich weiß, dass ich alles mir Mögliche dafür tun werde, damit jeder Einzelne, der in Irland – und auch auf der ganzen Welt – an MMA-Kämpfen teilnimmt, anschließend gesund und wohlbehalten zu seiner Familie zurückkehrt.

Immer wenn ich Menschen von den schwierigen Phasen meines Werdegangs erzähle, gehen sie offenbar automatisch davon aus, dass das Einzige, das mich weitermachen ließ, die Hoffnung darauf war, eines Tages der Trainer eines UFC-Champions und des größten MMA-Superstars aller Zeiten zu sein. Als ob ich gewusst hätte, dass ich später einmal an einigen der bedeutendsten Ereignisse in der Geschichte des Kampfsports beteiligt sein würde, als ich einen Kredit aufnahm, um unseren Trainingsschuppen in Phibsboro zu mieten. Natürlich war das mein Traum, aber nur die wenigsten dürfen je die Erfahrung machen, an der absoluten Spitze ihres Berufszweiges tätig zu sein. Angesichts des Erfolges, den das SBG in letzter Zeit erleben durfte, kann ich verstehen, weshalb die Leute heute glauben, dass es einfach so kommen musste. Aber so ist es wirklich nicht.

Es war eine Achterbahnfahrt. Es gab genauso viele Tief- wie Höhepunkte auf dem Weg hierhin. Phasenweise wäre es vielleicht sinnvoll gewesen, einfach aufzuhören und etwas anderes anzugehen, aber ich bin zweifellos froh, dass ich das nie getan habe. Ich habe mein langjähriges Engagement in diesem Sport nicht vom Erfolg in der UFC abhängig gemacht. Ehrlich gesagt war das nicht mehr als ein Bonus, wenn auch ein sehr großer. Dass ich durch meine Arbeit im Bereich der MMA meine Rechnungen bezahlen konnte, war alles, was ich je erreichen wollte. Solange das der Fall war, wollte ich nicht damit aufhören. Es gibt in Irland viele andere Coaches, die seit den Anfangstagen des Sports dabei sind. Sie haben keine erfolgreichen UFC-Kämpfer trainiert, aber ihre Leidenschaft für den Sport ist so groß wie eh und je. Ich könnte genauso gut einer von ihnen sein.

Ich bin wirklich dankbar dafür, eine goldene Generation junger Kämpfer unserer kleinen Insel miterleben zu dürfen, die auch noch von einem der bemerkenswertesten Athleten und Persönlichkeiten in der Geschichte des MMA – und sogar des gesamten irischen Sports – angeführt wird. Oft heißt es, es sei Zufall, dass so viele so talentierte Kämpfer zur selben Zeit in Erscheinung traten, aber ich denke, dass es da gar nicht so sehr um Talent geht. Meiner Meinung nach ist das Entscheidende, dass so viele Kämpfer mit einer so unglaublichen Arbeitsmoral und Lernbegierde gleichzeitig aufgetaucht sind.

Ich war Irlands erster MMA-Kämpfer, erster Schwarzgurt im Brasilianischen Jiu-Jitsu und erster Coach eines UFC-Champions. Natürlich sind das bedeutende Errungenschaften, auf die ich zurückblicken kann, aber es ist nicht das, was mich am Ende eines Arbeitstages zufrieden macht. Wenn ich mich später an die Ereignisse meines Lebens erinnern werde, wird das Wichtigste sein, dass ich mein Leben lang das getan habe, was ich liebe. Nichts bereitet mir größere Zufriedenheit als das.

Der Höhepunkt im Dasein eines MMA-Coaches ist es, einen UFC-Champion zu trainieren. Das habe ich bereits erreicht und doch kommt es mir vor, als würden wir gerade erst beginnen. An diesem Punkt fühle ich mich wie ein Anfänger. Conor McGregor ist mein erster Weltmeister. Er führt meine erste Erfolgswelle an. Aber ich denke, dass uns die schwierigste Arbeit noch bevorsteht. Wir müssen uns die Jugendlichen, die Vierzehn-, Fünfzehn- und Sechzehnjährigen holen und sie zu Weltklasseathleten machen. Ich weiß jetzt so viel mehr als zum Zeitpunkt von Conors Debüt in der UFC. Ich lerne jeden Tag dazu und auch wenn sich mein 40. Geburtstag nähert, gehe ich davon aus, dieses ewige Lernen noch mindestens 20 weitere Jahre fortführen zu dürfen. In meinem Beruf ist man nie allwissend, dafür ist er einfach zu komplex. Ich werde in meiner Branche bis zu meinem Lebensende ein Schüler sein.

Es geht auch gar nicht nur um Wettkämpfe. Das SBG kümmert sich um Sportler aller Niveaus und mit den unterschiedlichsten Zielen. Der Großteil unserer Mitglieder trainiert nicht, um an Kämpfen teilzunehmen. Für sie ist das Training Teil ihres Lebensstils. Über die Jahre hat es einige großartige Erfolgsgeschichten gegeben von Menschen, die schwierige Zeiten durchgemacht und wieder neue Freude in ihrem Leben gefunden haben, nachdem sie sich dem SBG angeschlossen haben. Es macht mich genauso glücklich zu sehen, wie jemand ein Fitnessziel erreicht, als zu erleben, wie meine Profikämpfer große Siege einstreichen.

Jahrelang war meine Familie von meinem Engagement in den MMA nicht begeistert. Das darf man aber nicht als mangelnde Unterstützung missverstehen. Tatsache ist, dass ich es ohne den Rückhalt meiner Familie nie so weit gebracht hätte. In den Anfangstagen waren sie der Meinung, ich sollte mich mit meinem Abschluss lieber um einen »normalen« Job bemühen, als in irgendwelchen Hallen Kämpfe auszutragen. Und wer wollte ihnen das übelnehmen? Es wäre sogar fahrlässig gewesen, wenn sie mir diesen Rat nicht gegeben hätten. Eine vielversprechende Karriere zu gefährden, um hauptberuflich zu trainieren, war im Nachhinein schierer Wahnsinn, aber für mich das Beste. Meine Familie hat das verstanden. In Anbetracht der Tatsache, wie gut alles geklappt hat, freut sich niemand mehr für mich als mein Vater Alan, meine Mutter Margaret, meine Schwester Ann und mein Bruder James. Ihre Unterstützung bedeutet mir mehr, als ich je ausdrücken könnte. Ohne den Zuspruch, den ich von meinen Eltern erhalten habe, die Hilfe, die mir Ann über die Jahre gegeben hat, und die Inspiration, die James für mich darstellte, wäre dieser Erfolg nie zustande gekommen und hielte niemand dieses Buch in den Händen.

SBG Ireland ist als Trainingshalle für ein paar Anfänger in einem kleinen, feuchten, übel riechenden Schuppen entstanden. Jetzt sind wir ein hochmodernes Gym und zählen über 700 Mitglieder. Um die ständig wachsende Nachfrage zu decken, haben wir weitere Standorte in Swords, nördlich von Dublin, und in Tallaght im Südwesten eröffnet. Wir sind landesweit mit zehn Trainingszentren in ganz Irland vertreten, die dem SBG angegliedert sind. Heutzutage kann sich jeder dem SBG anschließen und innerhalb von sechs Monaten das erlernen, wofür ich sechs Jahre benötigt habe.

Wir sind die sportliche Heimat eines UFC-Weltmeisters und etlicher Titelanwärter sowie einiger vielversprechender junger Kämpfer, die europaweit bei einem Spitzenevent nach dem anderen erfolgreich sind. Die Mitgliederzahlen steigen stetig, aber unsere Philosophie bleibt unverändert.

Vielleicht ist es nur passend, dass diese unglaubliche Erfolgsgeschichte mit einem Rückschlag endet. Wir vom Straight Blast Gym gewinnen und verlieren, aber jedes Mal lernen wir dabei. Diese Einstellung hatten wir schon, als wir eine kleine Gruppe waren, von der niemand in der UFC je etwas gehört hatte. Wir haben weitergemacht und uns bis ganz nach oben gekämpft. Auch jetzt, da wir dort angelangt sind, bleiben wir dem Motto treu, das uns hierhergebracht hat. Es ist jetzt sogar wichtiger denn je, denn eine Niederlage wird uns nicht an den Anfang unserer Geschichte zurückwerfen. Es liegen Herausforderungen vor uns, die unsere Fähigkeit, die Lektionen des Hochleistungssports zu lernen, auf die Probe stellen werden. Mir ist bewusst, dass manche dieser Herausforderungen zu Siegen und andere zu Niederlagen führen werden. Aber ich freue mich auf sie alle. Ungeachtet des Ausgangs eines jeden Wettkampfes sind die Sieger diejenigen, die am meisten lernen.

DANKSAGUNGEN

John Kavanagh
Es gibt so viele Menschen, denen ich dafür danken möchte, dass sie dieses Buch möglich gemacht haben: Da ich fürchte jemanden zu vergessen, wenn ich alle persönlich nenne, danke ich einfach jedem, der mich auf meinem Weg begleitet hat. Ich denke, ihr wisst, wer gemeint ist. Besonderer Dank geht an Conor McGregor, der sich die Zeit genommen hat, das Vorwort für dieses Buch zu schreiben. Ich möchte mich außerdem bei Paul Dollery bedanken, der seine Zeit und seinen Sachverstand darin investiert hat, mir dabei zu helfen, diese Geschichte in Worten auszudrücken, sowie bei Tommy Lakes und Dolly Clew, die ihr Bildmaterial beigesteuert haben. Zuletzt gebührt ein besonderer Dank meiner wunderschönen baldigen Frau Orlagh Hunter, die die wenig beneidenswerte Aufgabe hat, tagtäglich meine MMA-Besessenheit zu ertragen.

Paul Dollery
Meiner Frau und besten Freundin Sinéad, ohne deren Rückhalt ich die größten beruflichen und privaten Herausforderungen meines Lebens nicht hätte meistern können; meinen Kollegen von The42.ie, vor allem Adrian Russel, dessen Geduld, Unterstützung und Ermutigung meine Mitarbeit an diesem Buch ermöglicht haben; Niall Kelly, Fintan O'Toole und Jackie Cahill für ihren Rat; Artem Lobov, Cathal Pendred und Conor McGregor für ihre Mitwirkung; Orlagh Hunter für das Füllen von Johns Gedächtnislücken; Brendan Barrington, Michael McLoughlin und dem Team von Penguin für die Weitergabe von Wissen, Erfahrung und ihre Anleitung; Ciarán Medlan für seine Hilfestellung; und John Kavangh für die Ehre, seine inspirierende Geschichte erzählen zu dürfen ... Ich danke euch allen.

STICHWORTVERZEICHNIS

A

Aldo, José 96, 149 f., 155, 160 ff., 167, 169 f., 172 f., 177, 180 ff., 192, 195, 200, 204, 206 ff., 212 f., 214 f., 217, 222
– UFC (Las Vegas) 101, 123, 139 ff., 149, 167 f., 180, 184 f., 193, 200
Alers, Jim 83 f., 87
Ali, Muhammad 145
Almeida, Ericka 204
Arlovski, Andrei 194
Assunção, Raphael 193
Attar, Audie 100, 108
Attonito, Rich 77

B

Bäckström, Niklas 71
Baghdad, Mehdi 198
Batten, Danny 35, 79
Bielkheden, David 79, 120 f.
Brady, Hugh 71, 110
Brandão, Diego 103, 125 ff., 132, 139 f., 144, 146 f., 179
Brasilianisches Jiu-Jitsu (BJJ) 11, 19 f., 25 f., 33 f., 36, 51 ff.
Breese, Tom 204 ff.
Brimage, Marcus 91, 93 ff., 99 f., 111
Buchinger, Ivan 87 ff., 92
Buffer, Bruce 65
Burrows, Andy 30
Byrne, Robbie 18, 25, 29, 36

C

Cage Warriors 35, 39, 46, 68 f., 71, 73 f., 78 ff., 82 f., 87 ff., 91 f., 99, 119, 121 f., 150, 155, 206, 208, 213
Cariaso, Chris 140
Carvalho, João 225, 228 f.
Cerrone, Donald 141, 213
Chambers, Alex 149
Clarke, Derek 12, 31
Coleman, Mark 62
Collins, Steve 174
Condit, Carlos 110
Connelly, Chris 94 f.
Connor, John 70, 90, 93, 106, 112, 165 f.
Cook, Garry 95
Coonan, Peter 93
Cormier, Daniel 140
Crawford, Jamie 134
Crosbie, Kiefer 176
Cruz, Dominick 141
Cummings, Zak 132, 135
Curran, Jimmy 43 f.

D

Daly, Aisling »Ais« 46, 49, 53, 71, 74, 79, 117, 136, 149, 202 f.
– UFC Fight Night 76 (Dublin) 202
D'Amato, Cus 168
Dean, Herb 147, 191, 196, 220
Degorski, Adrian 35, 39

Devlin, Dee (CMcGs Freundin) 90, 93, 158
Diaz, Nate 183, 214 ff., 218 ff., 223 f.
Diaz, Nick 215
Dillashaw, T. J. 193
Donnelly, Jimmy 112
Donnelly, John 41
Dos Anjos, Rafael 213 ff., 217, 221
Duffy, Joseph 68 ff., 73, 202
Duran, Stitch 106

E

Edgar, Frankie 183, 213
Egan, Tom 7, 46, 49, 51, 53, 63 ff., 69, 77, 102, 104, 123, 160, 176, 180
– UFC (Dublin) 63 ff., 77, 160, 176
ElAttrache, Dr. Neal 110
Emelianenko, Fedor 76, 221

F

Faber, Urijah 186, 197
Fertitta, Frank 142
Fertitta, Lorenzo 101, 141 ff., 182, 221
Fields, Chris 66, 78, 119, 122, 124, 188
Florian, Kenny 96, 160
Franklin, Rich 62

G

Gallagher, James 176, 180
Gewichtmachen 156 ff., 184, 186 f., 207, 218
Goldberg, Mike 189
Gordeau, Gerard 19
Gracie, Royce 19 f., 24 f., 33 f., 42, 53, 175 f.
Griffin, Forrest 32
Grimaud, Gael 91

H

Hall, Neil 80
Hall, Ryan 198
Hardy, Dan 64, 137
Hasar, Tamel 34
Hasdell, Lee 29
Hathaway, John 64 f., 160, 176, 186
Hatton, Ricky 140
Hayes, Angela 74
Heagney, Francis 41
Healy, Cian 119
Healy, Professor Dan 116
Helwani, Ariel 92
Henderson, Benson 214
Henderson, Dan 62, 184
Hill, Dave 79 ff., 83, 92
Hill, Leighton 30
Holloway, Max 100 ff., 104 f., 108, 171, 173, 196
Holohan, Paddy 66, 103, 119, 124 f., 128 f., 136, 138, 160, 163 ff., 193, 202 f.
– UFC Fight Night 72 (Glasgow) 193
– UFC Fight Night 76 (Dublin) 202
Horn, Jeremy 77 f.
Howard, John 186 f.
Howell, Shane 160, 163
Hunter, Orlagh (J. K.s Verlobte) 134

I

Irish Fighter 26
Isaksson, Arni 45, 150

J

Jackson, Greg 165
Jahnsen, Aaron 71 ff., 78
Jędrzejczyk, Joanna 194
Jelčić, Luka 229
Jimmerson, Art 19
Johnson, DaMarques 77 f.
Johnson, Demetrious 140
Johnson, Michael 216
Jones, Dave 27
Jones, Jon 52, 140, 184

K

Karagiannidis, Bobby 31, 33

Kavanagh, Alan (Vater) 10 ff., 27 f., 60 ff., 108, 133, 135, 232
Kavanagh, Ann (Schwester) 9, 36, 62, 116, 232
Kavanagh, James (Bruder) 9 f., 20, 62
Kavanagh, John
- Abschluss als Ingenieur 28, 61, 133, 166
- Anfängliche Reaktion der Eltern zur MMA-Karriere 27, 61 f.
- Arbeit als Türsteher 21 ff., 37, 47, 82, 209
- Aufgaben eines Trainers außerhalb des Käfigs 164 ff., 181 f., 199
- Bedeutung des Todes von João Carvalho 229
- Beschreibung der Atmosphäre direkt am Ring bei Kämpfen 98
- Beziehung zwischen Kämpfer und Coach 131, 168
- Coachen und Kämpfen miteinander vereinbaren 34 ff.
- Einstellung gegenüber leistungssteigernden Substanzen 181 f.
- Eröffnung des Gyms in der Naas Road 107, 112, 114 f., 163
- Erreichen des Schwarzgurts im BJJ 53, 231
- Erste körperliche Auseinandersetzung 22 ff.
- Erstes Gym (der »Schuppen«, Phibsboro) 26, 38, 209, 230
- Flow-Sparring 86, 199
- Freunden als Rivalen gegenüberstehen 84
- Gym an der Long Mile Road 61 f., 71, 107, 115, 119
- Gym in Harold's Cross 38, 42, 46 f., 82
- Gym in Rathcoole 48 f., 51 f., 60 ff., 82, 209
- Mobbing in der Kindheit 15, 19, 21, 23
- Notwendigkeit der Anerkennung und Regulierung von MMA 228 f.
- Rolle der Körpersprache bei Kämpfen 17
- Selbstverteidigungskurse leiten 21
- Training mit John Machado 25, 33
- Über den Tod von Kamil Rutkowski 116 ff.
- UFC Fight Night (Dublin) 62 ff., 77, 128 f., 172 f., 202
- Veranstaltungen im Ringside Club 40 f.
- Verbindung mit Island 45
- Weg zum Karate 13 ff.
- Wettkampfkarriere 29, 34 ff.
- *s. auch* SBG Ireland (Straight Blast Gym) 7, 33 f., 45, 79, 86, 198, 232 f.

Kavanagh, Margaret (Mutter) 10, 12, 16, 20, 24, 27 f., 36, 57, 127, 133, 166, 232
Kavanagh, Sinéad 176, 186
Keatley, Ian 119
Kelades, Chris 138, 163
Kennedy, Tim 141
Kiedis, Anthony 188
King, Mike 129 ff.
Krauss, Pascal 76 f.
Kusch, Pavel 78

L

Lacey, Eoin 165 f.
Lamont, Tom 40
Lawler, Robbie 170, 214
Lee, Vaughan 193
Leonard, Mick 39
Lewis, Lennox 31
Liaudin, Jess 40
Lobov, Artem 66, 84, 95, 136, 140 ff., 157 f., 170 f., 176, 188 f., 192, 197 f., 217
- *The Ultimate Fighter* 176, 198

- Weight-Cut (Gewichtmachen) 156 ff., 184, 186 f., 207, 218
Lockhart, George 207
Lombard, Hector 154
Loughran, Greg 46

M

McConville, Frankie 223
MacDonald, Rory 170 f.
McGeeney, Kieran 37, 116, 165, 205
McGinley, Kevin 16
McGrath, Dermot 30
McGregor, Conor 7 f., 49 ff.
- Ablauf des Weight-Cuts 156 f.
- Aufstieg in die Leichtgewichtsklasse 213 ff.
- Aufstieg in die Weltergewichtsklasse 197, 214
- Aussage nach dem Tod von Kamil Rutkowski 117 f.
- Coach bei *The Ultimate Fighter* 197 ff., 201
- Debüt als professioneller Kämpfer 54 f.
- Entwicklung als MMA-Kämpfer 70, 74
- Entwicklung von Geschäftssinn 112
- Faszination des MMA-Publikums 99
- Frühe Kämpfe 49 ff.
- Gegen Max Holloway 100 ff., 104 f., 108
- Loyalität gegenüber Teamkollegen und Freunden 168
- Managementteam 100
- Petition, sein Gesicht auf irischer 1-Euro-Münze abzubilden 212
- Psychospielchen vor dem Kampf 207
- Rolle der irischen Unterstützer 184
- Rückkehr nach Verletzung am vorderen Kreuzband 123 f.
- Trainingstechniken 201 f.
- Training vor dem Kampf 201 f.
- UFC 178 (Poirier) 139, 146
- UFC 189 (Mendes) 167, 170 ff., 176, 183 ff., 193, 196 f., 206 ff.
- UFC 194 (Aldo) 200, 207 f., 210
- UFC 196 (Diaz) 213, 217
- UFC-Debüt (Brimage) 91, 93 ff., 99 f
- UFC Fight Night (Brandão) 125 ff., 132, 146 f.
- UFC Fight Night (Siver) 160 ff.
- Umgang mit den amerikanischen Medien 170
- Verletzung 105 f.

McGregor, Margaret 57, 192
Machado, John 25, 28, 33
Machida, Lyoto 52
Magny, Neil 154
Maia, Demian 136, 210
Markos, Randa 204
Mars, Bruno 188
Martial Arts Illustrated 17
Mayweather, Floyd 85
Mendes, Chad 150, 155, 183 ff., 200, 213, 220, 226
- UFC 189 (Las Vegas) 183 ff.
Miller, Cole 123, 125 f.
Milligan, Heather 110 f., 178
Miocic, Stipe 202
Mir, Frank 52
Mitchell, Danny 74, 120
Mlambo, Frans 176, 186
MMA (Mixed Martial Arts) 7 f., 30, 36, 42 ff., 81 ff., 99, 119, 153, 204
- Ablauf des Gewichtmachens (Weight-Cuts) 156 f.
- Beliebtheit von MMA in Irland 27 ff., 44, 53, 63, 113, 132, 152, 194
- Gefahr der Verletzung von Kämpfern 34, 145, 227
- Mediendebatten über die Gewalttätigkeit des Sports 151 f., 227 f.

- Medieninteresse an MMA 89, 99, 125, 129, 150 f.
- Notwendigkeit der Anerkennung und Regulierung 228 f.
- Schwierigkeiten bei der Kampfbewertung 154 f.
- Zuwachs in den Frauen-MMA 79, 149
- *s. auch* UFC (Ultimate Fighting Championship) 18, 98

Montaño, Augusto 179, 186
Mooney, Paddy 40
Moore, Rodney 43
Mosier, Ben 180
Mousasi, Gegard 43
Mulpeter, Philip 75

N

Nelson, Gunnar »Gunni« 45, 53 f., 76 ff., 89 ff., 124 f., 132, 135 ff., 176, 186 ff., 210
- UFC 189 (Las Vegas) 186 ff.
- UFC 194 (Las Vegas) 200, 210
- UFC Fight Night 132, 135

Nelson, Halli 54, 90, 99
Neymar 188
Noone, Senatorin Catherine 151

O

O'Connor, Sinéad 189, 192
Ogle, Andy 100
O'Keefe, Steve 78 f.
Olivier, Robbie 35

P

Pederneiras, André 170
Pendred, Cathal 66, 71, 74 f., 79 f., 82, 91, 103, 119 ff., 129 ff., 136 ff., 161, 166, 179 f., 186 ff., 202, 204 ff.,
- UFC 189 (Las Vegas) 186 ff. UFC Fight Night (Boston) 160 ff.
- UFC Fight Night (Dublin) 77 ff.

Penn, B. J. 54
Pettis, Anthony 214

Pickett, Brad 35
Pikulskiy, Sergey 176
Poirier, Dustin 139 f., 143 ff., 202
Portal, Ido 206, 217, 222

Q

Queally, Peter 153

R

Rahman, Hasim 31
Remedios, Leigh 34
Ringside Club (Dublin) 40 f.
Roche, Dave 24 ff., 39, 209
Rock, Jim 42
Roddy, Owen 39, 49, 53, 95, 103, 114, 153, 164 f., 176
Rogan, Joe 89, 105, 148, 161, 221
Ronaldo, Cristiano 179
Rothwell, Ben 202
Rousey, Ronda 149
Rua, Maurício 62, 102
Rutkowski, Kamil 115 ff.
Rutten, Bas 194
Ryan, Andy 27, 39, 53

S

Sampo, Josh 129
Santiago, Jorge 89
SBG Ireland (Straight Blast Gym) 7, 33 f., 45, 79, 86, 198, 232 f.
- Etablierung als eines der besten MMA-Teams 46 f., 66, 82, 230
- Pläne zur Ausweitung 38 f.
- »Rings«-Veranstaltung (2005) 43 f.
- SBG Tallaght 163 f.
- »Siege oder lerne«-Philosophie 45
- Teil einer weltweiten Familie 45, 115, 131

Schiavo, Samy 40
Schwarzenegger, Arnold 110, 178 f., 188, 192
Sexton, Rosi 79
Shamrock, Ken 19

Shelby, Sean 90, 160
Silva, Anderson 195 f.
Silva, Joe 63, 160
Singer, Rory 32, 65
Sitenkov, Artemij 55 ff., 68 f.
Siver, Dennis 46, 149 ff., 155, 160 ff., 167, 170.
– UFC Fight Night (Boston) 160 ff.
Smolka, Louis 202 f.
Sonnen, Chael 102, 184, 195
Spencer, Sean 161
St.-Pierre, Georges 110, 125
Stallone, Sylvester 179
Story, Rick 135 ff., 176, 188, 210

T

Tanswell, Karl 45, 87
Thatch, Brandon 186, 188
The Ultimate Fighter 68, 119, 149, 153, 176, 179, 197 ff., 204
Thompson, Geoff 17 f., 20 ff., 33
Thornton, Matt 33, 36, 43, 45, 52, 65, 86, 93
– »Aliveness«-Methode 33 f.
Tyson, Mike 140, 168, 179, 188, 192

U

UFC (Ultimate Fighting Championship) 18, 98
– Erste Veranstaltung (UFC 1) 34, 42, 53
– UFC 72 (Belfast) 63, 65
– UFC 93 (Dublin) 63 ff., 102, 123
– UFC 178 (Las Vegas) 139, 146
– UFC 189 (Las Vegas) 167, 170 ff., 176, 183 ff., 193, 196 f., 206 ff.
– UFC 194 (Las Vegas) 200, 207 f., 210
– UFC 196 (Las Vegas) 213 f., 217
– UFC Fight Night 46 (Dublin) 125, 128, 132
– UFC Fight Night 53 (Stockholm) 135
– UFC Fight Night 54 (Kanada) 136
– UFC Fight Night 59 (Boston) 160 f.
– UFC Fight Night 72 (Glasgow) 193
– UFC Fight Night 76 (Dublin) 202
– UFC Fight Night 85 (Brisbane) 154
– Zunahme von Veranstaltungen 19
Ultimate Fighter, The 68, 119, 149, 153, 176, 179, 197 ff., 201, 204
Umalatov, Gasan 138

V

Van Damme, Jean-Claude 179

W

Ward, Charlie 225, 229
Weir, Mark 30
Welch, Peter 102
White, Dana 64, 96, 101, 108, 127, 129, 139, 146, 155, 170, 173, 182, 192

Y

Young, Micky 41